特殊教育课程论

杨中枢◎主　编

TESHU JIAOYU KECHENGLUN

北京师范大学出版集团
BEIJING NORMAL UNIVERSITY PUBLISHING GROUP
北京师范大学出版社

图书在版编目(CIP)数据

特殊教育课程论/杨中枢主编. —北京：北京师范大学出版社，2021.12

全国高等院校特殊教育专业精品教材

ISBN 978-7-303-27615-8

Ⅰ.①特…　Ⅱ.①杨…　Ⅲ.①特殊教育－教学研究－高等学校－教材　Ⅳ.①G76

中国版本图书馆 CIP 数据核字(2021)第 269409 号

营 销 中 心 电 话　010-58802135　010-58802786
北师大出版社教师教育分社微信公众号　京师教师教育

TESHU JIAOYU KECHENGLUN

出版发行：北京师范大学出版社　www.bnupg.com
　　　　　北京市西城区新街口外大街 12－3 号
　　　　　邮政编码：100088

印　　刷：保定市中画美凯印刷有限公司
经　　销：全国新华书店
开　　本：787 mm×1092 mm　1/16
印　　张：11.5
字　　数：226 千字
版　　次：2021 年 12 月第 1 版
印　　次：2021 年 12 月第 1 次印刷
定　　价：50.00 元

策划编辑：王剑虹　　　　　责任编辑：张筱彤
美术编辑：焦　丽　　　　　装帧设计：焦　丽
责任校对：丁念慈　　　　　责任印制：马　洁

丛书编委会

顾　　问　朴永馨

主　　编　肖　非

副 主 编　邓　猛

编 委 会　王　雁　刘全礼　朱宗顺　张树东

　　　　　苏雪云　杨中枢　胡晓毅　赵　斌

　　　　　昝　飞　钱志亮　盛永进　戚克敏

　　　　　程　黎　雷江华

总　序

　　经过两个多世纪的发展，特殊教育已逐渐形成自己的学科体系，具备独特的研究范畴及研究方法。党和国家一直关心和支持特殊教育的发展。2016 年 8 月，国务院印发的《"十三五"加快残疾人小康进程规划纲要》特别指出，要"大力推行融合教育，建立随班就读支持保障体系，在残疾学生较多的学校建立特殊教育资源教室，提高普通学校接收残疾学生的能力，不断扩大融合教育规模"。2017 年 7 月，教育部等七部门联合印发了《第二期特殊教育提升计划(2017－2020 年)》，该计划是巩固一期成果、进一步提升残疾人受教育水平的必然要求，是推进教育公平、实现教育现代化的重要任务，是增进残疾人家庭福祉、加快残疾人小康进程的重要举措。2017 年 1 月，国务院对《残疾人教育条例》进行修订，修订后的条例强调保障残疾人教育机会平等、积极推进融合教育、加强对残疾人教育的支持保障，体现了国家对残疾人平等受教育权的尊重、对残疾人的关爱以及对残疾人公平接受教育机会、融入社会的关切。该条例的修订也是我国残疾人教育发展的新突破、新起点、新征程。

　　特殊教育对于残疾儿童和少年而言，是促进社会化发展、提高生活质量的必要途径。同时，特殊教育解决的不仅是残疾人的个人问题，更是家庭问题和社会问题。特殊教育的发展水平是社会文明和科学进步的体现，具有重要的社会效益。现代社会的特殊教育被纳入全民教育体系，不再单纯是一种福利式、慈善型教育，而是专业化教育。发展特殊教育是推进教育公平、实现教育现代化的重要内容，是坚持以人为本理念、弘扬人道主义精神的重要举措，是保障和改善民生、构建社会主义和谐社会的重要任务。

　　从特殊教育的发展史来看，它走过了一条从隔离到回归主流再到融合的道路，一些发达国家的特殊教育现在已经到了融合的阶段。从 20 世纪 90 年代开始，越来越多的教师、学生家长、法律工作者、各级行政管理人员都在不断地表达这样的希望：创造一个融合的社会环境，所有的儿童都可以进入普通学校接受有质量的教育。这导致了发达国家的教育政策发生了巨大的改变。而我国的特殊教育发展也具有自己的特色，也存在着相应的问题。尽管近几十年来我国的特殊教育发展迅速，但仍需要指出：相较于普通教育，特殊教育的理论研究和学科建设还较为薄弱，发展还不均衡，经费短缺，办学条件亟待改善，办学规模远不能满足社会发展要求，教师队伍还有待进一步加强，具有中国特色的特殊教育学科体系还不够完善。因此，我国的特殊教育还承担着艰巨的变革与发展的任务，需要一代又一代特殊教育工作者的不断努力和进取。

为了进一步完善我国的特殊教育体系，发展具有中国特色的特殊教育，更好地满足残疾儿童少年对更公平、更高质量的特殊教育的需求，本丛书汇集国内知名专家，从特殊教育体系、不同类型特殊儿童教育、特殊儿童的相关服务以及西方先进特殊教育研究等不同板块来编写较为系统、完善、前沿的特殊教育教材，一方面促进特殊教育学科的发展，另一方面也为新生的特殊教育力量提供坚实的知识和实践基础。最后，期待在未来的日子里，残疾人进入普通学校学习的障碍会越来越少，我国的教育系统能够越来越自觉地给包括残疾学生在内的所有学生提供有质量的教育，也期待我们的教育可以满足每一个孩子的需要。

肖　非

前　言

当今社会科学技术飞速发展、日新月异。我们身处一个前所未有的信息爆炸时代，互联网＋、大数据、人工智能、虚拟仿真等新技术、新名词涌现，令人目不暇接。教育发展与改革获得了前所未有的先进技术条件，一些曾经难以破解的学校教育难题似乎变得容易解决，曾经难以实现的理想也似乎唾手可得。新技术的确为教育带来了新气象——你即使足不出户也能学习世界名校的高水平课程，或者坐在教室里毫无风险地完成复杂的实践操作任务……总之，学习者个性化学习需求的满足在新技术的助力下已不再遥不可及。然而，我们必须承认，新技术的应用也让一些原有的教育问题更加严重，而且导致了一些新问题。我们一边叹服新技术的强大力量，憧憬科技带来的无限可能；一边抱怨数字鸿沟带来的无助和孤独，深陷新技术无形的控制。在此情况下，我们必须要思考：学校教育变革的关键到底为何？如果没有高品质课程的建设，仅有单纯技术层面的所谓推陈出新，会不会只是"新瓶装旧酒"？

其实人们早已取得一定共识，即课程是教育发展和改革的核心。那些注重内涵式发展、特色发展的各类学校，都通过提升学校课程的品质让每一位学生受益。2007年教育部颁发《盲校义务教育课程设置实验方案》《聋校义务教育课程设置实验方案》《培智学校义务教育课程设置实验方案》以后，特殊教育学校以落实新课程方案为契机，掀起了新一轮课程建设热潮。尤其是一些培智学校，从学生的实际需要出发，依照新课程方案的要求开发了富有特色的学校课程，在国家课程校本化实施中进行了有益探索，提升了学校课程的质量，推动了培智教育的发展。2016年，教育部发布《盲校义务教育课程标准(2016年版)》《聋校义务教育课程标准(2016年版)》《培智学校义务教育课程标准(2016年版)》，并要求各地要结合实际，针对学生的特殊需求，大力开发课程资源，对特殊教育学校课程建设提出了要求。新的改革刚刚起步，有机遇也有挑战，挑战之一便是如何为特殊学生建设适合的、高质量的课程，真正促进特殊教育学校的内涵发展。

在很长一段时期内，我国将课程问题作为教学论的一部分内容进行讨论。后来，在借鉴英美国家课程研究的过程中，我们逐渐认识到课程不是给定的教学内容，而会在教师、学生、相关资源和环境等因素的影响下发生各种变化。因此，推动课程与教学一体化研究和改革就很有必要。在教育改革不断深化的过程中，教师必须突破习以为常的"教书匠"思维，在教学中逐渐形成课程意识，从课程变革的旁观者转变为课程变革的参与者，做课程变革的主人。而在我国的教师教育课程体系中，往往缺少一般课程论的专门课程，相关学科课程与教学法虽有涉及，但远远不够。特殊教育起步晚、发展相对落后，特殊教育学校相对孤立封闭，致使特殊教育教师在课程素养上的问题更为突出。在特殊教育学校越来越重视学校课程建设和课程品质的背景下，教师教育更加需要用课程理论和相关知识滋养教师的课程意识。

作为一个独立、专门的研究领域，课程论形成于欧美国家。19世纪末20世纪初，自然科学取得了前所未有、令人瞩目的成就，显示了与众不同的解释世界的魅力。自然科学的成功意味着其研究方法的成功，建立在实验、观察等经验手段之上的实证研究范式因此受到推崇，分析方法得到了广泛应用。科学管理学之父温斯洛·泰勒将分析方法用于提高工厂的生产效率并大获成功，拉开了影响深远的社会效率运动的序幕。社会学、心理学、教育学等学科也纷纷将自然科学的实证研究范式及分析方法引入，以彰显自己的科学性。早期致力于专门的课程研究的学者所提出的课程开发方法大多以"工作分析"或"劳动分析"为名，明显受到自然科学分析方法的影响。拉尔夫·泰勒的课程开发理论(也称"泰勒原理")框架清晰、简洁明了、容易操作，成为影响课程改革的经典理论。虽然后来的许多课程专家对泰勒原理进行了批判，但始终未能从根本上动摇其地位。

20世纪六七十年代以来，理解取向的课程研究逐渐兴起，多尔的后现代课程思想更为激进，其使用的概念和具体主张与拉尔夫·泰勒大为不同。我们不能草率地、不负责任地批评或偏袒某一方，他们各自关注了课程中的不同方面。泰勒原理如同物理学中的牛顿理论，是很经典的基础理论，在当下乃至将来仍然具有重要的、不可替代的价值。

课程论的一般原理是特殊教育及其课程实践的重要理论基础，特殊教育课程的基本概念应与一般课程论的概念保持一致，基本原理应与一般课程论的基本原理统一。拉尔夫·泰勒提出，课程开发包含确定目标、选择内容、组织内容、评价结果四个相互联系、不断循环的环节，每一个环节都需要权衡学科、学生、社会三方之间的关系以做出选择。特殊教育课程开发与此并无根本不同，只是特殊教育更加强调学生的学习需要，把学生作为思考课程问题的出发点。在特殊教育课程改革实践中，一些存在争议的问题从根本上讲都是课程论中的基本问题，需要回到课程的基本理论寻找答案，泰勒原理便十分重要，因此，本教材根据泰勒原理制定框架，由特殊教育课程目标、特殊教育课程组织、特殊教育课程实施、特殊教育课程评价等主要内容组成。

本教材针对特殊教育本科阶段学生的学习需求，在确保体系完整的同时，紧密结合特殊教育学校课程改革实际，对特殊教育课程的一些基本问题进行梳理，希望有益于特殊教育课程与教学实践。感谢北京师范大学教育学部特殊教育研究所(系)肖非教授给予我们的鼓励，感谢北京师范大学出版集团王剑虹老师提供的帮助和支持。本书的编写具体分工如下：杨中枢(前言、第一章、第二章)，李琴(第三章)，王智盼(第四章)，程朝洁(第五章)，安晓艳(第六章)，李素莹(第七章)，张佳薇(第八章)。由于编者水平所限，本教材疏漏在所难免，诚挚欢迎各位专家同人批评指正。

编者

2020年12月

目　录

```
                                        ┌─── 中国古代的学校课程
                                        │
                    ┌─ 中国学校课程历史发展概述 ─┼─── 中国近代的学校课程
                    │                   │
                    │                   └─── 中华人民共和国成立后的
  学校                │                        学校课程变革
  课程                │
  历史                │                   ┌─── 古希腊时期的学校课程
  发展 ───────────────┤                   │
  概述                │                   ├─── 古罗马时期的学校课程
                    │                   │
                    │                   ├─── 中世纪时期的学校课程
                    │                   │
                    └─ 西方学校课程历史发展概述 ─┼─── 文艺复兴和启蒙运动时期
                                        │        的学校课程
                                        │
                                        ├─── 资本主义时期的学校课程
                                        │
                                        └─── 当代西方学校课程改革
```

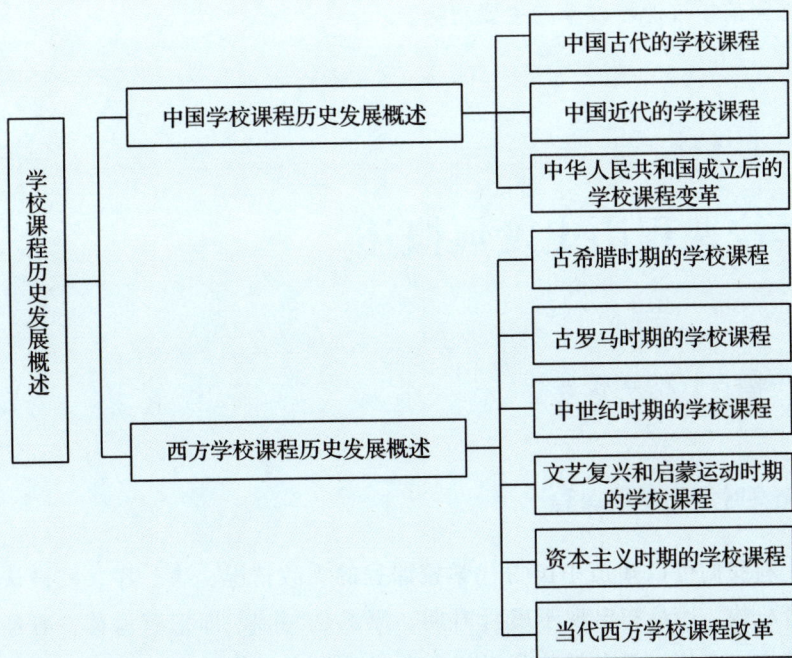

本章导读

　　课程是学校教育的核心问题之一。虽然课程理论形成得较晚——成为独立的研究领域是 20 世纪初的事情，但课程实践一直随着学校的变迁不断发展，学校变迁的历史也是课程实践发展的历史。要全面了解人类学校教育发展的历史，就必须将学校课程发展作为重要内容进行考察。实践既是人类认识不断提升的重要基础，也能直接反映人类的认识水平。形态各异的课程实践构成了丰富的学校课程发展历史，是我们了解课程思想和理论发展的重要视角，同时对促进当代课程理论的发展、解决当前课程改革遇到的问题等具有现实意义。特殊教育课程实践是课程实践的组成部分，相关史料相对较少，因此，从一般学校课程的发展历史去洞察特殊教育课程是必要且有意义的。

学习目标

　　①了解中国及西方古代、近代和现代的学校课程发展的历史脉络。
　　②了解中国和西方不同时期学校的主要课程内容。
　　③把握当前学校课程改革的主要趋势。

第一节
中国学校课程历史发展概述

一、中国古代的学校课程

（一）先秦时期的学校课程

　　通过史料我们可以知道中国古代学校课程的大致情况。庠、序、校被认为是较早的专门教育机构。庠最初出现于虞舜时期，原意是"养"，即把有道德、有经验、有知识的老人养在一个地方，专门从事对年青一代的教育工作。序从"广"，金文的"序"字像人在"广"中射箭，因此，可推断序为习射之地，军事技能是其重要的课程内容，相关史料记载也能够证实这一点。如《山海经·海外西经》曰："大乐之野，夏后启于此舞九伐。"校是夏代的一种学校机构。校从"木"，意为"木囚"，即用木头或竹子围成栅栏，原是养马的地方，之后演变为习武和比武之地。到商代，学校进一步发展，统治阶级对学校的控制也更加严格。除庠、序、校等学校机构，还出现了学和瞽宗。《礼记·王制》写道："殷人养国老于右学，养庶老于左学。"右学即大学，在西郊；左学即小学，在国中王宫之东。殷人重祭祀、崇礼乐，所以特设瞽宗。瞽宗的教育内容以礼乐为主，包含一些道德教化成分。西周之后"学在官府"之象渐成，学校进一步被统治阶级控制，课程设置逐渐固定，形成以礼、乐、射、御、书、数为主的六艺课程。六艺有大艺和小艺之分，书指书写文字，数指计算，它们作为小艺，是小学的课程；礼指政治伦理课，乐指综合艺术课，射与御指军事训练课，它们作为大艺，是大学的课程。在课业的进程和考核方面，《礼记·学记》记载道："比年入学，中年考校：一年视离经辨志，三年视敬业乐群，五年视博习亲师，七年视论学取友，谓之小成；九年知类通达，强立而不反，谓之大成。"由此可见，夏商周时期学校的课程内容不断丰富，从单一的生产生活拓展到军事、宗教及议政等诸多方面。

🔗 拓展阅读

孔子定六经

公元前770年周平王迁都洛邑后，动荡不安的春秋时期开始了。这一时期，原有的宗法制度逐渐崩溃，新的封建生产关系已经产生，社会逐渐由奴隶社会向封建社会过渡，教育也随之发生了重要的变化。孔子在这个重要的历史转折时期对六艺进行了改革，提出了适应新的社会需要的课程，为长达两千多年的中国封建社会教育奠定了基础。

孔子的教育目的是培养士即从政君子，是有道德、有文化的人才。为了实现这种教育目的，他有选择地安排教学内容。孔子继承西周贵族六艺教育的传统，采择有用学科，又根据现实需要创设新学科，实行六经（《诗》《书》《礼》《乐》《易》《春秋》）教育。孔子对西周的六艺都做出了调整、充实了内容。

《论语·述而》记载道："子以四教：文、行、忠、信。"所谓"文"，主要是西周的《诗》《书》《礼》《乐》等典籍，而且品行、忠诚和诚信都是道德教育的要求。文、行、忠、信实际上属于两方面。孔子主张"行有余力，则以学文"，即首先要做一个品行符合道德标准的社会成员，其次才是通过学习提高文化知识水平。所以在孔子的整个教育中，道德教育居于首要地位。但对于道德教育，孔子并没有专设学科，而是把道德教育要求贯穿于文化知识教学，通过文化知识的传授灌输道德观念，传授文化知识的基本任务在于为道德教育服务。

虽然孔子在春秋末期创立了较为完备的课程体系，但儒家思想并没有立即成为国家的指导思想，经学也没有立即成为官方课程。

中国特殊教育发展历史悠久，最早的特殊教育学校产生于先秦时期。据《尚书》记载，早在尧舜禹时期，部落文化教育的管理活动就有残疾人参与。据考证，周代已出现公有性质的残疾人学校。宫廷和官府设有专门培养瞽矇（盲人乐师）的机构，由大师和小师负责教育工作。当时瞽矇兼任乐官和学员，大师和小师也是从优秀的瞽矇中选拔出来的。据记载，周代的瞽矇教育已具有一定规模，"太师下大夫二人，小师上士四人；瞽矇上瞽四十人，中瞽百人，下瞽百又六十人"。周代除瞽矇外，还有对聋哑（聋聩、喑哑）、肢残（跛、断）、侏儒等其他类型残疾人的教育。[①] 有史料记载，周代的残疾人教育已不是盲目的实践，开始形成早期的理论。例如，人们已认识到"生而学，非学不入"，残疾人只有通过一定的教育和训练才能获得一技之长和谋生手段。由此可见，先秦时期已经有了对残疾人的教育，其内容主要集中于音乐、谋生手段等方面，同时还出现了对各类残疾人要因材施教的教育思想。根据《国语·晋语》记载，晋国大夫胥臣向晋文公建议，对驼背、侏儒、聋哑和愚昧等八类残疾人应因材施教。[②]

拓展阅读

孔子思想中的特殊教育观念

孔子是儒家学说的创始人，他虽未直接从事残疾人教育实践，也没有关于残疾人教育的论述，但其儒家学说和教育思想是后来的残疾人观和残疾人教育的理论基础，与残疾人及其教育密切相关。在孔子的教育思想中，有关残疾人教育的观点主要体现在以下两个方面。

一是仁爱思想。

孔子思想的核心是仁，仁最基本的外显行为要求是"爱人"。《论语·子罕》中记载道："子见齐衰者，冕衣裳者与瞽者，见之，虽少，必作；过之，必趋。"表现出孔子对于残疾人的仁爱和恭敬之心。魏晋玄学家何晏解释道："此夫子哀有丧、尊在位、恤不成人。"宋代经学家邢昺说："言夫子见此三种之人，虽少，坐则必起，行则必趋。"[③]孔子提倡的以仁者爱人为核心的儒家思想成为残疾人得到社会关爱与尊重的理论基础。

二是有教无类思想。

《论语·卫灵公》记载道："子曰：有教无类。"这表明孔子的教育对象不分种族、民族、贵贱，各类人都能接受教育，体现了教育平等的思想。孔子的学生来自鲁、齐、卫、晋、蔡、秦、宋、楚等国，虽然其中没有残疾人，但孔子有教无类的思想体现了平等的教育对象观，是孔子留下的有助于特殊教育产生与发展的宝贵思想。

---

① （元）陈澔：《礼记集说》，80 页，上海，上海古籍出版社，1987。

② （春秋）左丘明：《国语》，250 页，北京，中华书局，2007。

③ （清）阮元：《十三经注疏附校勘记（下册）》，249 页，北京，中华书局，1980。

(二)秦至清中期的学校课程

东周灭亡后，秦王朝统治者为了巩固中央集权的君主专制制度，以法家思想为指导，实行以法为教、以吏为师的教育政策，即把政治、经济、思想、文化等法令作为教育的内容，以制定和解释法令的官员为教师，其直接目的是使人成为知法守法、服从统治的顺民。此时儒家思想受到极大抑制，大量儒家典籍遭到焚毁。经历了秦末巨大的社会动荡后，汉初道家思想的分支之一黄老学说盛行，主张清静无为、与民休息。汉代经过几十年的休养生息，经济上得到了恢复和发展，政治上出现了安定局面。汉武帝时期，因顺应了由无为政治转变为具有进取精神的政治这一历史需要，历来强调"文事武备"的儒家学说成为历史舞台上的重要角色。汉武帝采纳了董仲舒"兴太学、举贤才、独尊儒术"的建议，实施"罢黜百家，表章六经"的政策，确立了儒家学说在中国封建社会教育中的独尊地位。教育的目的是以"三纲五常"为伦理道德标准，培养掌握文化知识、为中央集权统治服务的士。以此为目的，以设立五经博士制度为标志，由孔子编制的儒家经学课程成为官方统一的学校课程。这种由中央确定课程内容并对学生加以管理和教育的制度是我国封建社会的基本课程制度。当时虽确定五经为官方课程，但不同的儒家学说流派（主要是今文经学和古文经学）在教材的使用和内容进程安排上各不相同。教材共有 14 种，分别为《鲁诗》《齐诗》《韩诗》《欧阳书》《大夏侯尚书》《小夏侯尚书》《大戴礼记》《小戴礼记》《施氏易》《孟氏易》《梁邱易》《京氏易》《严氏公羊》《颜氏公羊》。在课业进程安排上，有的由浅到深，有的以时间先后为序。例如，今文经学家主张采用《诗》《书》《礼》《乐》《易》《春秋》的顺序，以口诵诗歌为基础，先后进行知识典故学习、行为训练和情操陶冶，从而掌握阴阳变化的哲理，达到"微言大义"的境界。魏晋南北朝时期，我国由统一转入分裂和战乱，玄学、佛学和道家思想发展，儒家思想虽仍占主导地位，但已失去了独尊地位。当时学校教育的主要内容仍是儒家经典，同时兼有玄学、佛学、道家思想，并出现了文学、律学、书学、算学、医学的专门学校，学校教育内容多样化。魏明帝在洛阳设崇文观，它既是文学研究机构，也是具有教学性质的学校，召集专长于文学之人任教，教授文学相关知识。曹魏太和元年，卫觊上书魏明帝请求设律博士，教授各官吏法律诉讼知识。魏明帝在廷尉之下设律博士，这是我国教育史上设律学之始。此后，南朝梁、南朝陈、北魏、北齐、北周也均设有律学。① 据传，在西晋时曾设书学博士，置学生以教之。北魏和北周曾设算学，学生是算法生。南朝宋文帝于元嘉二十年开设医学，这也是我国医学专科学校的开端。② 隋唐时期，学校教育的课程内容仍以儒家经典为主，《周易》《尚书》《周礼》《仪

---

① 孙培青：《中国教育史》，137、167 页，上海，华东师范大学出版社，2000。

② 张传燧：《中国教育史》，131 页，北京，高等教育出版社，2010。

礼》《礼记》《毛诗》《春秋左氏传》《春秋公羊传》《春秋穀梁传》各为一经，同时学习《孝经》《论语》《老子》。在魏晋南北朝的基础上，隋唐的专门学校发展也较好，当时设立的专门学校有律学、书学、算学、医学。唐代律学的主要学习内容为唐律令，并兼习格式法例；书学以《石经》《说文》《字林》为主要学习内容，培养书法专门人才；算学以算学专书为主要学习内容，培养天文、历法、财务、工程等方面的专业计算人才；医学教授的内容以医药经验为主，选用的教材是历代医药经典，例如，学习《神农本草经》以识药形、知药性，学习《明堂人形图》以通过验图识孔穴，学习《脉诀》以通过相互搭脉知四时浮沉涩滑之状。①

自汉以后一千年左右的时间里，中国经历了魏晋南北朝、隋唐和北宋等时期，虽然朝代更替，并不时受到佛教和道家思想的冲击，但儒家思想作为主流指导思想的地位没有受到根本上的动摇，儒家经典作为官方课程的地位也没有改变。南宋时期，理学成为国家教育政策的指导思想，由理学家朱熹编订的四书在宋宁宗嘉定五年成为官方课程在全国实施，自此到清光绪三十一年废除科举制度的近七百年间，官方统一课程就是四书五经；在某种程度上，四书甚至超过了五经。②

明清之际，理学思想受到批判，实学思潮兴起，学校教育开始重视务实学风，主张课程内容经世致用。后来，在清代统治政策下，学校课程内容不得不转向通经学古、博通经史，偏重于义理、考据和辞章的训练。清初，理学已成为儒家正宗和学校课程的指导思想，贯穿于学校教育和科举考试，甚至到了"非朱子之传义不敢言"的地步。例如，考据作为一种学术研究的方法，在清初是为了克服宋明理学强调静心与体悟、流于主观的弊端，但后来为了逃避政治迫害，大多数学者和知识分子开始专心致力于考证、训诂和校勘。辞章以桐城派古文学为代表，标榜古文学复兴，强调道家的思想内容和固定的文学形式。

自秦汉到1840年鸦片战争爆发，在长达两千多年的中国封建社会，受儒家思想的影响，历代统治者以巩固自身统治为出发点，给予残疾人一定抚恤与救济政策，客观上有利于残疾人生存条件的改善。而在残疾人教育方面，此时期鲜有超过先秦的举措，反而有所萎缩和后退，这也体现在当时的一些规定和政府颁布的教育章程中。根据《文献通考》记载，北宋时期规定"其有残废笃疾，并不得预解"。③ 明孝宗进而规定不让残疾人留在官学："弘治十七年，令提学官有徇情将老疾鄙猥之人滥容在学及充贡者，参究黜罢。"④据史料记载，清朝"举人三科会试不中进士，可于榜后应大挑，授以官职，

① 孙培青：《中国教育史》，137、167 页，上海，华东师范大学出版社，2000。

② 王鉴：《课程与教学基本原理》，12 页，北京，人民教育出版社，2014。

③ 杨学为、朱仇美、张海鹏：《中国考试制度史资料选编》，166 页，合肥，黄山书社，1992。

④ 彭勃、徐颂陶：《中华人事行政法律大典》，877 页，北京，中国人事出版社，1995。

不考文字，专取状貌"，这种"以貌授官"的制度对残疾人也相当不利。①

出现这种状况的根本原因可归结为社会局势的变化。先秦时期实施的是以盲人教育为主的特殊教育，教育内容以礼乐为主。这与当时文字发展不成熟，宫廷乐曲的传授和记载主要通过口头与头脑记忆有密切关系。由于盲人的生理特征，其专注力和记忆力较好，便成为宫廷乐师和官吏选择的对象，这也就促进了西周时期盲人教育的发展。但春秋战国以后"礼崩乐坏"，各诸侯都无心于礼乐，失去了培养宫廷大乐队的条件，加上学术下移、学在四夷，文化知识向下传播加速，语言文字也在秦汉以后愈加固定和成熟，因此盲人记忆及记载乐曲的工作逐渐由普通人接手，这时盲人教育的发展便失去了社会文化基础。

尽管秦汉以后的残疾人教育事业发展缓慢甚至停滞，但并不是说在长达两千多年的中国封建社会没有特殊教育实践。当时的残疾人教育主要在家庭生活和社会生活中实施，教育内容以生活技能和常识为主。残疾程度较轻者自学或到普通学校就读，达官贵人家庭中的残疾成员通常由聘请的专门教师进行家庭教育。

二、中国近代的学校课程

中国近代的教会学校是西方国家入侵的产物。外国传教士来华传教在鸦片战争前就开始了，鸦片战争后，中国的教会学校数量激增。1860 年，天主教耶稣会在江南一带已发展教徒 7.7 万余人，有传教据点 400 余处，传教士约 50 人，天主教小学约 90 所。② 基督教传教士约 100 人，教徒约 2000 人，设于通商口岸的基督教小学达 50 所，学生 1000 余人。③ 教会学校的课程内容主要是宗教和自然科学知识，当然也有中国传统经典。例如，美国传教士狄考文于 1864 年在山东创办了登州文会馆，学制为六年，开设的课程包括宗教、《诗经》《论语》《孟子》等中国传统经典以及代数、物理测算、航海法、化学辨质等西方的自然科学课程。西方的自然科学课程正是通过这一途径进入中国，这也是中国近代学校课程发展的一个转折点。

在西方列强入侵中国的历史背景下，清政府为了求强求富、抵御外患、维护自身统治，发起了洋务运动。与洋务运动相呼应，在教育领域出现了洋务教育。洋务教育与旧式封建教育的不同主要表现为在课程内容上增加了西文和西艺课程。所谓西文就是外国的语言文学，当时著名的专门外国语言文学学堂主要有京师同文馆、上海广方言馆、广州同文馆、湖北自强学堂等。所谓西艺主要指西方科学和技术知识，是近代

---

① 张福娟：《特殊教育史》，204 页，上海，华东师范大学出版社，2000。
② 顾长声：《传教士与近代中国》，107、117 页，上海，上海人民出版社，1981。
③ 顾长声：《传教士与近代中国》，107、117 页，上海，上海人民出版社，1981。

机器生产离不开的知识。[1] 洋务派创办的专业技术学校包括电报、铁路、军工和医学类技术学校，如福建马尾船政学堂、天津水师学堂、天津电报学堂、上海电报学堂、广东水陆师学堂、江南水师学堂、湖北武备学堂等。洋务教育在课程设置上除了原有的四书五经等儒家经典外，增加了外国语和西方的自然科学课程，是我国学校课程近代化的一个里程碑。[2]

维新运动高度重视教育的作用，认为中国衰弱的根本原因在于教育的落后，救亡图强必须从改良教育入手。维新派领袖康有为、梁启超等人阐述了教育与国家兴亡的关系，对新的学校教育系统、课程和教学方法等提出一系列主张。康有为十分重视普通中学教育，要求学生 14 岁进入中学，分初等科两年、高等科两年。初等科课程除继续学习文史、算数、物理、歌乐等学科外，兼学外国语和实用学科。初等科两年学业完成后入高等科攻读专门学，如农、商、矿、林、机器、工程、驾驶等。可以看到，当时已有开设职业选科和职业高中的尝试。

值得一提的是，当时维新派创办的万木草堂和时务学堂在课程设置上很有特点：第一，已初步形成分科教学的思想；第二，已有开设必修课程和选修课程的做法；第三，"科外学科"即课外活动也被纳入了课程计划。[3]

总之，受西学和外国语课程的影响，中国传统的课程结构发生了一系列前所未有的变化，动摇了中国长期以来形成的教育传统和价值观念，我国近代第一批先进知识分子因此出现。光绪二十八年，由管学大臣张百熙主持制定，经清政府批准，《钦定学堂章程》颁布，规定了壬寅学制。课程有 12 门：修身、读经、算学、辞章、中外史学、中外舆地、外国文、图画、博物、物理、化学、体操。《钦定学堂章程》中有"课程分年表"，按四年学制对每门课程的教学要求做了大致规定。

《钦定学堂章程》并没有真正实行，不久就被《奏定学堂章程》取代。《奏定学堂章程》共有 20 个文件，除大学堂、高等学堂、中学堂、小学堂和蒙养院章程是根据《钦定学堂章程》增补的以外，有 15 个文件是另外增订的。与《钦定学堂章程》相比，《奏定学堂章程》确实条目更加详密，课程更加完备，森戒更加严谨。《奏定学堂章程》规定，普通中学学习年数以五年为限，课程分为 12 门：修身、读经讲经、中国文学、外国语(包括日语、英语、德语、法语、俄语)、历史、地理、算学、博物、物理及化学、法制及理财、图画、体操。

《奏定学堂章程》中普通中学课程的特点有四个：一是初中、高中不分段；二是采用学科课程的形式；三是从课时分配来看，除读经讲经课分量过重外，其余较均衡适

---

[1]　孙培青：《中国教育史》，312 页，上海，华东师范大学出版社，2000。
[2]　陈青之：《中国教育史》，588～593 页，福州，福建教育出版社，2009。
[3]　孙培青：《中国教育史》，332 页，上海，华东师范大学出版社，2000。

当；四是当时还没有任何选修课。

中华民国时期，政府对政治和社会各方面进行了重大改革，教育方面也进行了一系列改革。教育部颁发了《普通教育暂行办法》和《普通教育暂行课程标准》。《普通教育暂行办法》规定：从前各类学堂均改为学校；中学校改为四年毕业，为普通教育，文实不必分科。中华民国初期规定中学校应开设的课程有修身、国文、外国语、历史、数学、博物、理化、图画、手工、法制经济、音乐、体操；女子有家政、缝纫课程。《中学校令施行规则》在第一章中具体规定了中学校的学科及程度，实际上相当于提出了课程标准。1922 年 9 月，教育部召开全国学制会议；1922 年 11 月，《学校系统改革案》以政府名义正式颁布，提出了这次学制改革所依据的标准即指导思想。该改革方案的内容包括：中学校修业年限为六年，分为初、高两级，初级三年、高级三年；初级中学施行普通教育，但要视地方情形单设各种职业科。高级中学分普通、农、工、商、师范、家事等科，但要酌量地方情形单设一科或兼设数科。

虽然中国古代出现过盲人教育实践，也有深厚的有助于特殊教育产生的思想基础，但中国最早的特殊教育学校是由西方传教士创立的。中国最早的盲人教育学校是瞽叟通文馆，它也是中国最早的特殊教育学校，于 1874 年由英国传教士威廉·穆瑞在北京甘雨胡同创办。该校招收社会上的盲童，并教授其文化知识、劳动技能和宗教内容。瞽叟通文馆在课程设置上有文学部、音乐部、工艺部、体育部等，《圣经》是学校主要课程之一。文学部主要传授文化知识，如自然科学、中国古典文学等。音乐部教授诗歌和乐器演奏等。工艺部主要教授谋生的技能，如做垫子、编绳子、纺织纱布、做衣物、编篮子等。[①] 到中华民国初期，学校已达到初等教育程度，课程也增加了国文、地理、历史、算术、公民、自然、工业、文化、音乐、体育等科目。中国最早的聋哑学校是登州启喑学馆，于 1887 年由美国传教士梅理士夫妇在山东登州（今烟台）创办。当时学校除语文、历史、地理、修身、数学、生理和宗教教义等共同课程外，在女部开设缝纫、刺绣、编织等课程，在男部开设木工、农作、手工、园艺、烹饪等课程。[②]

三、中华人民共和国成立后的学校课程

1949 年至今，中华人民共和国在不同时期共开展了八次课程改革。第一次课程改革为 1949—1952 年。中华人民共和国成立后，面对文化教育新旧交替的艰巨任务，1949 年 12 月，教育部召开了第一次全国教育工作会议，提出教育改革的基本方针。1950 年 8 月，教育部颁布了中华人民共和国第一份教学计划，即《中学暂行教学计

---

① 蒋丰祥：《中国特殊教育学校建设》，12、13 页，北京，中国言实出版社，2015。
② 蒋丰祥：《中国特殊教育学校建设》，12、13 页，北京，中国言实出版社，2015。

划（草案）》。该教学计划设置了门类齐全的学科课程，规定了具体的课时。其中初中开设 12 门课程，分别是政治、语文、数学、自然、化学、物理、历史、地理、外国语、体育、音乐、美术；高中开设 13 门课程，分别是政治、语文、数学、生物、化学、物理、历史、地理、外国语、体育、音乐、美术、制图。1950 年，中央人民政府制定了《小学课程暂行标准总纲初稿》，规定了五年制小学的课程科目及具体课时。1952 年 3 月，教育部颁布了中华人民共和国成立以来第一份五年一贯制小学的《小学教学计划》。

第二次课程改革为 1953—1957 年。在此期间，国家共颁布了五个教学计划，其中在 1953—1955 年颁布的三个教学计划大幅削减了教学时数，并在教学计划中设置劳动技术教育课程。1956 年，国家正式发行了中华人民共和国成立以来第二套中小学教材。另外，在这一阶段，我国教育强调对基础知识和基本技能的要求，形成了我国课程领域长期的、富有特色的"双基"目标。

第三次课程改革为 1958—1965 年。我国课程领域开始探索自己的课程体系，在此期间进行了教育管理权的下放，并开展了学制、课程及教材试验，打破了全国统一的课程模式。1958 年，学制大大缩短，精简课程，增加劳动内容，注重思想教育，还出现了多种学制的改革试验。

第四次课程改革为 1966—1976 年。1966 年，"文化大革命"开始，教育领域遭受重创，学校课程体系被破坏，各地自编教材兴起，但多数未能真正使用。

第五次课程改革为 1977—1984 年。1978 年，《全日制十年制中小学教学计划试行草案》颁布，该草案规定，初中设置政治、语文、数学、外语、物理、化学、地理、历史、生物、农基、生理卫生、体育、音乐、美术 14 门课程；高中设置 11 门课程，除不设地理、音乐、美术外，其余课程与初中相同。1980 年，全国统编第五套中小学教材出版。

第六次课程改革为 1985—1991 年。1985 年，《中共中央关于教育体制改革的决定》发布，提出有步骤地实行义务教育。1986 年，《中华人民共和国义务教育法》出台。1987 年，国家教育委员会公布了义务教育教学计划初稿，在教学计划中突出了新型教育方针的基本要求，适当增加了基础学科的教学时数，给课外活动留出了固定的、足够的空间。

第七次课程改革为 1992—2000 年。1992 年，国家教育委员会第一次将以往所用的"教学计划"改为"课程计划"。1993 年秋发布的新的课程计划突出了以德育为首，德、智、体、美、劳五育并举的全面发展的教育方针，第一次将活动和学科并列为两类课程，后来又将课程管理作为课程计划中的一部分单列出来。1998 年 12 月，教育部颁布了《面向 21 世纪教育振兴行动计划》，其中有专门针对课程管理的规范。在这次课程改革中，我国教育界掀起了国家课程、地方课程、校本课程三级课程以及活动课程、研究性学习课程的研究热潮。

第八次课程改革为 2001 年至今。2001 年，教育部颁布了《基础教育课程改革纲要(试行)》，为此轮义务教育及高中教育的课程改革奠定了政策基础。该文件对课程改革的目标、课程结构、课程标准、教学过程、教材开发、学校管理、课程评价、教师培养和培训等方面做出了规定。教育部于 2001 年 11 月颁布了《义务教育课程设置实验方案》，于 2003 年颁布了《普通高中课程方案(实验)》，课程改革实践在全国各地蓬勃发展。

中华人民共和国成立后，残疾人教育和就业得到了党和政府的关怀，特殊教育也随之翻开了新的篇章。1951 年 10 月，周恩来总理签发《政务院关于改革学制的决定》，指出各级政府应设立聋哑、盲目等特种学校，对生理有缺陷的儿童、青年和成人施以教育。

对于聋哑学校和盲童学校的教学工作，教育部分别于 1955 年、1956 年、1957 年颁发了《1955 年小学教学计划在盲童学校中如何变通执行的通知》《关于聋哑学校使用手势教学的班级的学制和教学计划问题的指示》《关于聋哑学校口语教学班级教学计划(草案)的通知》。到 1965 年，我国已有盲聋学校 266 所，在校生达到 2 万余人。但这时的特殊教育还只是局限于盲聋教育，没有创设独立的培智学校。"文化大革命"期间，特殊教育遭受重创，许多特殊教育学校被解散。"文化大革命"结束后，我国的特殊教育才得到恢复和进一步发展。据统计，1987 年，全国共有盲聋学校 289 所，其中盲校 9 所、盲聋合校 63 所、聋校 217 所，共收学生近 3 万名。[1] 1987 年，国家教委发布了《全日制盲校小学教学计划(初稿)》和《全日制弱智学校(班)教学计划(征求意见稿)》。1993 年，国家教委下发了《全日制聋校课程计划(试行)》和《全日制盲校课程计划(试行)》，其中的内容与教学计划相似。伴随 20 世纪 50 年代至 90 年代国家一系列教学和课程方面的文件颁布，教学和课程实践也取得了可观的成效。[2] 例如，在 20 世纪 50 年代，我国曾针对聋哑学校专门编写和出版了统一的语文、数学教材，为盲校改编和用盲文出版了小学教材及部分职业教育方面的教材。到 20 世纪 70 年代，我国重新编写和出版了聋校语文、数学各 16 册教材及配套教学参考书，后又进行了多次修订。1993 年，智力落后学校开始使用全国统一教材。为聋校和盲校编写的义务教育教材于 1996 年秋开始发行。[3] 进入 21 世纪，我国特殊教育领域于 2001 年开始了课程改革，按照新的课程设置方案重新编写盲校、聋校、培智学校教材；同时鼓励地方根据课程标准因地制宜地编写校本教材，以适应不同地区学校和学生的需要。2007 年 2 月，教育部颁布了《盲校义务教育课程设置实验方案》《聋校义务教育课程设置实验方案》《培智学校义务教育

① 张福娟：《特殊教育史》，212 页，上海，华东师范大学出版社，2000。
② 朴永馨：《特殊教育辞典(第 3 版)》，73、74 页，北京，华夏出版社，2014。
③ 朴永馨：《特殊教育辞典(第 3 版)》，73、74 页，北京，华夏出版社，2014。

课程设置实验方案》。三类特殊教育学校义务教育的低、中年级阶段以综合课程为主，高年级阶段为分科与综合相结合的课程。[①] 2016 年 12 月，新的盲校、聋校、培智学校义务教育课程标准颁布，盲校、聋校、培智学校的学科数量分别为 18 门、14 门、10 门。这是中华人民共和国成立以来首批针对残疾学生研制的全套课程标准，反映和总结了我国特殊教育发展和改革的经验。

第二节
西方学校课程历史发展概述

一、古希腊时期的学校课程

有学者认为西方最早的学校产生于公元前 2500 年的古埃及时代，但目前并无史料能对其进行考察。[②] 在古希腊时期，斯巴达和雅典的课程实践最具有代表性。斯巴达重视军事体育，提出五项竞技，包括短跑、跳远、摔跤、掷铁饼和投标枪。军事体育是镇压奴隶的有力武器。雅典则倡导智者派创立的三艺——文法、修辞学和雄辩术，以周游的形式为贵族青年传授这些知识。雅典也非常重视体育，但与斯巴达不同，雅典的体育教学主要是出于对少年和青年健康的考虑。古希腊时期的课程包含智、德、体、美等多方面，其七艺课程包括文法学、修辞学、辩证法、算术、几何学、天文学和音乐。德育贯穿所有学科，具有不可分割性。音乐是古希腊学校中调节体育和智育的学科，学校强调人人都必须学会欣赏音乐，雅典还专门设立了弦琴学校。

古希腊柏拉图和亚里士多德等人的课程思想对整个西方学校课程产生了相当大的影响。[③] 柏拉图的教育思想是在古希腊教育实践基础上产生的，并与他的社会政治思想紧密相连，主要反映在他的著作《理想国》里。他认为教育的目的首先是培养哲学家，其次是培养和训练保卫国家、维持国家秩序的军人，最后是培养劳动者。柏拉图在教育史上第一次提出了四艺课程——算术、几何、天文和音乐。雅典的三艺课程和柏拉图的四艺课程构成了古希腊完整的课程体系——七艺课程。亚里士多德则最早从心理学的角度来分析教育的阶段和课程的设置，强调教育应当遵循儿童发展的自然顺序。

---

① 张文京：《特殊教育课程理论与实践》，354～366 页，重庆，重庆出版社，2014。
② 陈侠：《西方学校课程的源与流》，载《课程·教材·教法》，1985(1)。
③ 施良方：《课程理论：课程的基础、原理与问题》，11 页，北京，教育科学出版社，1996。

他将教育分为几个阶段：0～7岁的主要内容是锻炼身体、强健体魄；7～14岁的主要内容是进行德行训练，使学生形成良好的品格；14～21岁的主要内容是发展学生的理性灵魂及积累知识。[1]

在古希腊时期，身心障碍儿童基本与学校教育无缘，残疾程度较轻者在各自的家庭接受家庭教育，而残疾程度较重者则面临被抛弃甚至被杀害的命运。

二、古罗马时期的学校课程

古希腊的七艺课程对古罗马教育产生了巨大影响。在古希腊学校课程的基础上，古罗马人增加了希腊语课程，认为这是打开古希腊文化大门的钥匙。公元前5世纪，随着经济和文化的发展，古罗马学校课程内容逐渐丰富，包括阅读、写作、计算、军事训练等。在罗马帝国后期，基督教的地位迅速提升，学校教育日渐衰微，宗教教育逐渐占据了主导地位。

古罗马政治家、教育家西塞罗主张学校课程应该向古希腊学习，开设雄辩术、文学、修辞学、历史、哲学等课程，目的是培养具有演说才能的政治家。昆体良赞同西塞罗的观点，为培养雄辩家的教育规定了较为广泛的普通学科。他还提出学校要重点培养学生接受知识的能力，学校设置课程应该重视各科共同发展，认为提高教育质量的途径之一是变换学习种类，因为这对学生的精神来说是一种调剂和休息，可以减轻疲劳。[2]

柏拉图在七艺课程的形成与发展中起到了关键的促进作用，为古罗马乃至中世纪的七艺课程奠定了基础。经过西塞罗和昆体良的努力，七艺课程日渐成熟，成为主要的学校课程。

在古罗马时期，身心障碍儿童的处境与古希腊相似，他们没有接受学校教育的资格，但这并不包括出生在皇家的儿童。有资料表明，罗马帝国朱里亚·克劳狄王朝第四任皇帝克劳狄一世不仅有肢体残疾，而且口吃。从他当上皇帝可以推测，对残疾人的教育在古罗马应该是存在的。[3]

三、中世纪时期的学校课程

五世纪，基督教在西方取得了至高无上的地位，影响无所不在，学校教育被基督

---

① 张斌贤：《外国教育史（第2版）》，79页，北京，教育科学出版社，2015。

② 伍德勤、贾艳红、袁强：《中外教育简史》，242页，合肥，安徽大学出版社，2002。

③ 朱宗顺：《特殊教育史》，7页，北京，北京大学出版社，2011。

教垄断。先前古希腊的七艺课程沦为宗教控制的工具，统治者通过向劳动人民灌输宗教思想来维护封建统治。神学家奥古斯丁主张把《圣经》及宗教著作作为学校课程的主要内容，同时对七艺课程的相关教材内容进行改造，使之服务于基督教。

大约在六世纪，文法、修辞、逻辑、算术、几何、天文、音乐合称为"七种自由艺术"，也简称为"七艺"。改造后的七艺成为中世纪世俗和宗教教育的基础，其普遍采用的教材是中世纪前期基督教拉丁教父伊西多尔的《词源》和卡西奥多鲁斯的《神学及世俗学导论》。①

七世纪之前，东罗马帝国的首都君士坦丁堡和各省的大城市都设有高等学校，其中最著名的是君士坦丁堡大学，其任务是培养具有较高文化水平的官吏。学生修业年限为五年，以中世纪的七艺为教学的基础科目，另有哲学、医药、法律等科目。

八世纪上半叶，法兰克王国设有宫廷学校，王室邀请著名的僧侣对其子弟进行教育。宫廷学校的教育目的在于提高贵族的文化素养、培养国家官吏，教育的内容主要有中世纪的七艺、拉丁语和希腊语。

到九世纪时，大多数修道院都办起了学校，其课程主要包括读、写、算、宗教音乐、宗教礼仪和中世纪的七艺等，其中七艺在修道院学校受到重视的程度因时代而不同。早期修道院学校一般重视文法、修辞学，这些知识都是为学习神学而服务的。

九世纪至十世纪，欧洲各地的很多青年都向往到东罗马帝国的高等学校学习。他们除了学习中世纪的七艺，还学习法律和历史。② 到了十二世纪，随着西欧封建经济的发展、城市的兴起、市民阶级的崛起以及国际商贸文化的加强，神学的正统地位受到威胁，西欧中世纪大学应运而生。中世纪大学包括文科、法科、医科和神科。文科是基础课程，属于预科，一般学习年限为六年，主要学习内容是中世纪的七艺、自然哲学及拉丁语。结束文科学习后，学生可以根据自己的意愿，在通过考试后继续选学法科、医科、神科等专科。③

🔗 拓展阅读

骑士教育④

骑士教育是欧洲中世纪封建社会的一种特殊世俗教育形式，是封建等级制度的产物。它的实施分为三个阶段：第一，家庭教育阶段，其教育内容为宗教知识、道德教育、身体养护和锻炼、语言学习及中世纪的七艺等简单内容；第二，侍童阶段，主要学习上流社会举止得体、彬彬有礼等礼节和行为规范，并学习识字、拉丁文法、唱歌、

---

① 张斌贤：《外国教育史（第2版）》，120～121页，北京，教育科学出版社，2015。

② 刘新科：《外国教育史》，45页，武汉，武汉大学出版社，2012。

③ 伍德勤、贾艳红、袁强：《中外教育简史》，246页，合肥，安徽大学出版社，2002。

④ 张斌贤：《外国教育史（第2版）》，124～125页，北京，教育科学出版社，2015。

吟诗、下棋、口才、乐器演奏、赛跑、角力、骑马、游泳和击剑等；第三，侍从阶段，其教育内容为骑士七技，即骑马、游泳、投枪、击剑、打猎、弈棋和吟诗。此外，骑士教育还包括爱情教育。

在中世纪，基督教对残疾人的影响有两面性。一方面，基督教对残疾人野蛮迫害，带给残疾人无尽痛苦；另一方面，基督教的一些观念如反对弃婴、杀婴对残疾人及其教育具有一定的积极影响，尤其是修行主义及修道院的发展，成为后来聋哑教育萌发的种子。总体而言，这个阶段虽有一些零星的特殊教育探索，但残疾人的境遇及学校教育并没有大的改观。[1]

四、文艺复兴和启蒙运动时期的学校课程

中世纪学校的课程内容局限于七艺，其中算术、几何、天文、音乐向来不受重视，文法、修辞、逻辑渗透着神学的性质。[2] 14 世纪下半叶到 16 世纪末，西欧开始从封建社会向资本主义社会过渡，在封建社会中出现了资本主义萌芽。文艺复兴打破了中世纪教育思想禁锢、内容枯燥、形式单调的局面，开始重视人文学科、重视人的身心发展，把德、智、体、美各育重新提上日程并赋予新的意义。在学科设置上，中世纪的七艺开始走向分化，自然科学、历史、地理等被纳入教育内容，扩大了人们的认识活动领域，促进了文化科学知识的传播和人的身心的和谐发展。

文艺复兴后，西方近代自然科学发展迅速，并且逐渐和社会科学分离，中世纪的七艺课程随之退出历史舞台。[3] 在 16 世纪的德国，文艺复兴思潮风起云涌，一场规模宏大、意义深刻、具有民族性和群众性的宗教改革运动爆发。新教代表人物马丁·路德提出小学课程应包括读、写、算、宗教四科，同时兼顾历史、体育、音乐的学习，并主张用本国语言教学，把《圣经》由希伯来文或希腊文译成德文。随着新教势力的影响越来越大，天主教会为了保持和发展自身势力，发动了反宗教改革运动。在这场运动中，最具影响力的是耶稣会。耶稣会创办了学校，与新教学校进行抗争，在学校课程设置上，改革了传统天主教会学校的教学内容，增加了一些人文学科，自然科学和体育也受到重视。[4]

在文艺复兴的推动下，西方残疾人教育实践出现了一些新的尝试。在特殊教育史上，首先建立专门的特殊教育学校的国家是西班牙。西班牙北部靠近布尔戈斯的地方

---

① 朱宗顺：《特殊教育史》，14～15 页，北京，北京大学出版社，2011。

② 刘新科：《外国教育史》，49 页，武汉，武汉大学出版社，2012。

③ 杨明全：《"七艺"考略：西方古典课程的传统与流变》，载《全球教育展望》，2015(7)。

④ 伍德勤、贾艳红、袁强：《中外教育简史》，255～258 页，合肥，安徽大学出版社，2002。

有一个本尼迪克修道院，那里最早开始对听障人士进行正规、系统的教育，其课程包括基督教教义、语言（如拉丁语、希腊语、意大利语）等。16世纪至17世纪，特殊教育的探索者接连出现，如西班牙的卡瑞恩、伯内特，英国的约翰·布伟，等等。[1]

五、资本主义时期的学校课程

西方进入资本主义社会后，学校课程发生了相应的变化，主要体现在以下六个方面。

第一，自然科学逐渐受到重视。在古希腊的七艺课程中，天文学可以算一门自然科学。文艺复兴时期，学校课程增设了力学。17世纪至18世纪，学校课程增设了物理学、化学、植物学、动物学等自然科学。随着社会生产的发展、自然科学研究的推进，古典文科教材中关于自然界的种种错误推测日益显现，其地位大不如前。自然科学进入学校课程，并且越来越受到重视，最终取得了重要地位。

第二，增设现代本族语、现代外国语、历史、公民、地理等新人文学科。现代本族语起初只是教学用语，是解释和说明的工具，后来现代本族语的相关文学作品也成为课程的主要内容之一。19世纪后，为促进各国人民之间的交流和了解，在学校课程中现代外国语逐渐拥有一席之地。19世纪前，西方学校没有专门的历史课，相关内容主要反映在古典文学或本族文学中；进入19世纪后，历史与文学等课程分开设置，取得了独立的地位。公民教育早在古罗马时期就已出现，当时有关于儿童学习《十二铜表法》的规定；法国大革命时期，少年必须学习共和国公民的伦理和道德；到20世纪早期，美国学校已普遍设置公民科。早期的地理仅是一门地方志和确定边界的学科，但19世纪后，地理开始涉及民族问题和工业化问题，后来逐渐成为研究人文地理的学科。

第三，体育被正式列入学校课程。17世纪，英国思想家洛克为了反对封建社会和基督教会轻视身体锻炼的积弊，提出"有健康的身体才有健全的精神"的观点。在18世纪，法国思想家卢梭继承和发展了洛克的思想，主张给儿童极大的自由，让他们尽情玩耍，使他们拥有健康的身体。随后，德国教育家巴泽多把卢梭的体育思想在其泛爱学校里进行了试验。德国体育教育家古兹姆斯为巴泽多从卢梭那里继承来的跑、跳、爬等活动设计了器械，他寻求建立体操理论与实践之间的关联、生理学理论与医学之间的关联。德国国民体操之父雅恩主张人人都要接受体操训练，认为身体健康是民族强盛的基础，健康同爱自由的精神是一致的。在19世纪，施皮斯把体育正式列入学校课程，并主张进行包含行军的操练，把体育和军事训练结合起来。

第四，劳动课程在学校课程中的地位日益提高。由于长期实行奴隶制和农奴制，

---

[1]　朱宗顺：《特殊教育史》，20～21页，北京，北京大学出版社，2011。

劳动在传统学校课程中几乎不存在。17 世纪至 19 世纪出现了一大批强调劳动课程重要性的教育家。洛克认为绅士得学会园艺等劳动技能，把体力劳动当作一种消遣。卢梭主张培养能够自食其力的劳动者，重视孩子的手工劳动。裴斯泰洛齐主张儿童应先学习劳动，然后学习读书。福禄贝尔强调正在成长的少年必须及早接受体育和劳动的训练，从事创造性和生产性活动。在 19 世纪的最后 20 年，美国学校把劳动课程作为文化课来实施，这主要是因为资产阶级革命后需要大量的劳动力。

第五，美术在学校课程中受到重视。古希腊、古罗马和中世纪都把文雅教育同工艺教育分开，学校教育不重视美术是因为有闲阶级不重视工艺美术。17 世纪至 19 世纪则出现了一大批意识到美术对孩子发展的重要性的教育家。夸美纽斯认为图画可以作为发展儿童感觉的手段之一。洛克认为图画是训练运用手的能力的有用学科。卢梭和裴斯泰洛齐都把绘画作为训练感官敏锐性的工具。到了 19 世纪，生产工艺美术品的需要大大增加，学校要为工业资本家培养出能进行优良产品设计的人，因此美术逐渐被纳入学校课程。到了 20 世纪，创造性艺术开始受到重视，艺术欣赏和艺术创作都成了课程的重要方面。

第六，课外活动在学校课程中的重要性日益增强。早在古希腊、古罗马时期，诸如运动会和辩论会等课外活动就已经存在。在中世纪，僧侣也把辩论作为课程。在文艺复兴时期，培养宫廷大臣的课程也涉及身体的灵活这一部分内容。19 世纪后，特别是进入 20 世纪后，学校课程理论有了重大发展，把非正式的学习活动和正式的学习活动在课程中并列起来，课外活动包括体育运动、辩论会、校刊编辑、戏剧、歌咏等。

六、当代西方学校课程改革

19 世纪末，欧洲新教育运动兴起，进步教育运动则在大西洋彼岸的美国与新教育运动遥相呼应。新教育运动和进步教育运动将批判的矛头直指传统的学校课程，主张学校课程设置应研究学生的身心特点，并依据研究结果选择教学内容，同时倡导为学生提供实践机会，强调活动课程对于学生能力发展的意义。欧洲各国进入帝国主义时期后，双轨制教育逐渐成形，学校课程设置出现了明显的分化：传统的文科学校为上层社会子弟设置，开设人文课程和学术性课程；实科学校为工人子弟设置，开设实用的职业性课程及自然科学课程，为就业做准备。1929—1933 年，资本主义世界爆发了经济危机，活动课程理论及实践遭到质疑和批判，被认为是导致教育质量下降、引发各种社会危机的罪魁祸首。最早反对活动课程理论的是要素主义课程理论，它主张学校课程应当重视学科知识的基本要素，并将之系统地传授给学生。第二次世界大战爆发后，资本主义国家之间的政治、经济及军事竞争愈加激烈，发展科学技术成为取得竞争优势的法宝，学校课程改革便聚焦于各门自然科学课程。美国的学科结构运动以学术中心课程为突破口，将学术性、专门性和结构性作为高中自然科学课程改革的基本原则，旨在让学生掌握每门学科的基本概念、基本原理和基本方法。20 世纪 80 年代后，各国充分认识到国家和民族的安危系于基础教育的成败，企图通过教育改革尤其是课程改革解决重大社会问题。课程不仅是推动学校教育发展的强大力量，深刻影响学生的个人生活，受到学校、教师、学生和家长的重视，而且是推动社会变革不可忽视的力量，可影响整个社会的发展，受到全社会的关注。课程改革的过程也是"各种次级文化、利益团体和多元价值之间相互冲突、协商、适应和妥协的过程"[1]，课程成为教育思想和教育观念革新的阵地。学校课程改革必须从课程政策、课程功能及结构、课程内容、课程评价等方面进行整体考虑和系统设计。

拓展阅读

当代世界课程改革的趋势[2]

在课程政策方面，为了应对技术、社会、经济、政治以及国际和国内环境等多方面的挑战，大多数国家的课程政策强调社会协同、经济振兴和个人发展方面的目标；重视有效适应国际和国内的变化以及日益增多的地方需要；既确保核心内容的学习，又为选修学科提供更多的机会；确认整体主义的课程取向，这种取向强调心智、情感、心理和精神向度的平衡；强调儿童中心、活动本位的重要性，促进创造性思维、问题解决能力的发展，并且鼓励自我导向的学习。总之，尽管大多数国家的课程政策是由中央统一制定的，但也尽可能吸纳多方面意见，对课程实施问题的决策则倾向于下移到地方和学校一级。

在课程结构方面，课程结构从内容本位转向内容本位与能力本位相结合，从而保证知识、技能和能力的有效获得；调整课程结构以吸纳新出现的学科领域，这些新学科领域有的被整合到既存学科中（如环境教育），有的成为独立学科（如外语）；小学和初中阶段诸学科的连续性日益增强。

在课程实施方面，忠实取向逐渐被相互适应取向取代，通过为教师提供专业发展的机会帮助教师理解课程与教学，以保证课程变革的成功；政府下达的课程要求的弹性日益增强，使学校能够充分考虑地方的情况和需要，做出更适宜的决策，用更好的方式实施课程政策。在课程信息的传播过程中，信息技术的应用日益增加，多媒体的作用日益凸显。

在课程评价方面，学生的发展评价成为课程评价的有机组成部分，目标取向的评

---

① 钟启泉：《现代课程论（新版）》，433 页，上海，上海教育出版社，2003。

② 钟启泉、张华：《世界课程改革趋势研究（上、中、下卷）》，1～40 页，北京，北京师范大学出版社，2001。

价逐渐被过程取向的评价和主体取向的评价取代，并倡导质性评价与量化评价相结合。除此之外，课程体系本身成为课程评价的主要内容，许多国家主张运用多种策略对所推行的课程体系进行全面评价，不但强调教师和学校持续进行校本评估，而且把本国课程推向世界，与其他国家或国际组织展开合作性评价。

本章小结

  在人类社会早期，教育和社会生活融为一体，教育是全体社会成员生活的一部分，课程与社会生活紧密联系，主要是对生产劳动、生活习俗、原始宗教、原始艺术、军事等方面知识与经验的传承与学习，中西学校课程都是如此。中国夏商周时期的学校课程内容比较丰富，涉及生产生活、军事、宗教、议政等诸多方面的内容。秦王朝为了巩固中央集权的君主专制制度，以法家思想为指导，实行以法为教、以吏为师的教育政策，即把政治、经济、思想、文化等法令作为教育的内容。自汉以后一千年左右的时间里，中国经历了魏晋南北朝、隋唐和北宋等时期，虽然朝代更替，并不时受到佛教和道家思想的冲击，但儒家思想作为主流指导思想的地位没有受到根本上的动摇，儒家经典作为官方课程的地位也没有改变。直到近代，清政府为了抵御外患、维护自身统治，除了原有的四书五经等儒家经典，又增加了外国语和自然科学方面的课程内容。1949 年至今，中华人民共和国在不同时期开展了八次课程改革，学校课程内容和体系不断丰富和完善，课程改革取得了前所未有的成就。

  先秦时期已经有了对残疾人的教育，其课程内容集中于音乐、谋生手段等方面。秦汉以后的残疾人教育事业发展缓慢，当时的残疾人教育主要在家庭生活和社会生活中实施，教育内容以生活技能和常识为主。残疾程度较轻者自学或到普通学校就读，达官贵人家庭中的残疾成员通常由聘请的专门教师进行家庭教育。中国最早的特殊教育学校是由西方传教士创立的，课程内容以文化知识、劳动技能和宗教为主。中华人民共和国的特殊教育学校课程经历了多次改革。2016 年 12 月，新的盲校、聋校、培智学校义务教育课程标准颁布，分别涉及 18 门、14 门、10 门科目。这是中华人民共和国成立以来首批针对残疾学生研制的课程标准，反映和总结了我国特殊教育发展和改革的经验。

  柏拉图在古希腊七艺课程的形成与发展中起到了关键的促进作用，为古罗马乃至中世纪七艺课程奠定了基础。后经西塞罗和昆体良的努力，七艺课程日渐成熟，成为主要的学校课程。之后，基督教在西方取得了至高无上的地位，影响无所不在，学校教育被基督教垄断。先前古希腊的七艺课程沦为宗教控制的工具，统治者向劳动人民灌输宗教思想以维护封建统治。文艺复兴后，西方近代自然科学发展迅速，并且逐渐和社会科学分离，中世纪的七艺课程逐渐退出历史舞台。在学校课程设置上，传统天主教会学校的教学内容进行了改革，增加了一些人文学科课程，自然学科和体育也受到重视。进入资本主义社会后，自然科学、现代本族语、现代外国语、体育、美术等受到了前所未有的重视。欧洲各国进入帝国主义时期后，双轨制教育逐渐成形，学校课程设置出现了明显的分化：传统的文科学校为上层社会子弟设置，开设人文课程和学术性课程；实科学校为工人子弟设置，开设实用的职业性课程及自然科学课程，为就业做准备。20世纪80年代后，各国充分认识到国家和民族的安危系于基础教育的成败，企图通过教育改革尤其是课程改革解决重大社会问题。

总体而言，在古代西方，残疾人是被遗弃的。到了中世纪，基督教的一些观念对残疾人及其教育具有一定的积极影响，但与野蛮迫害残疾人的现象并存，具有两面性。此间虽有一些零星的特殊教育探索，但残疾人的境遇及学校教育并没有大的改观。后来，在文艺复兴的推动下，西方残疾人教育实践出现了一些新的尝试，西班牙最早开始对听障人士进行正规、系统的教育，其课程包括基督教教义、语言(如拉丁语、希腊语、意大利语)等。

思考题

· 单项选择题

1. 我国古代学校的六艺课程大致形成于（   ）。

A. 夏　　　　　B. 商　　　　　C. 周　　　　　D. 秦

2. 据考证，我国最早的公有性质的残疾人学校出现在（   ）。

A. 夏　　　　　B. 商　　　　　C. 周　　　　　D. 秦

3. 朱熹编订的四书成为全国实施的官方课程是在（   ）。

A. 北宋　　　　B. 南宋　　　　C. 元　　　　　D. 明

4. 理学成为儒家学说正宗和学校课程指导思想是在（   ）。

A. 宋　　　　　B. 元　　　　　C. 明　　　　　D. 清

5. 古希腊、古罗马时期学校的主要课程是（   ）。

A. 六艺　　　　B. 七艺　　　　C. 骑士七技　　D. 四艺

6. 中世纪的七艺开始走向分化，自然科学、历史等被纳入教育内容开始于（　　）。

A. 中世纪时期 　　　　　　　　B. 文艺复兴时期

C. 资产阶级革命时期 　　　　　D. 第一次工业革命时期

7. 在特殊教育史上，最早建立专门的特殊教育学校的国家是（　　）。

A. 西班牙 　　　B. 葡萄牙 　　　C. 法国 　　　D. 英国

·简答题

1. 中国近代的特殊教育学校是如何建立的？其课程有哪些主要内容？

2. 近代西方学校课程出现了哪些变化？

·论述题

儒家思想客观上有利于残疾人生存条件的改善，但为什么秦汉以后的残疾人教育鲜有超过先秦的举措，甚至有所萎缩和后退？

本章阅读资料

[1]陆德阳，稻森信昭. 中国残疾人史[M]. 上海：学林出版社，1996.

[2]张福娟. 特殊教育史[M]. 上海：华东师范大学出版社，2000.

[3]钟启泉. 现代课程论(新版)[M]. 上海：上海教育出版社，2003.

[4]施良方. 课程理论：课程的基础、原理与问题[M]. 北京：教育科学出版社，1996.

[5]张文京. 特殊教育课程理论与实践[M]. 重庆：重庆出版社，2014.

[6]孙培青. 中国教育史[M]. 上海：华东师范大学出版社，2000.

[7]朴永馨. 特殊教育辞典(第3版)[M]. 北京：华夏出版社，2014.

[8]张斌贤. 外国教育史(第2版)[M]. 北京：教育科学出版社，2015.

[9]朱宗顺. 特殊教育史[M]. 北京：北京大学出版社，2011.

第二章

课程理论的发展与
课程的内涵

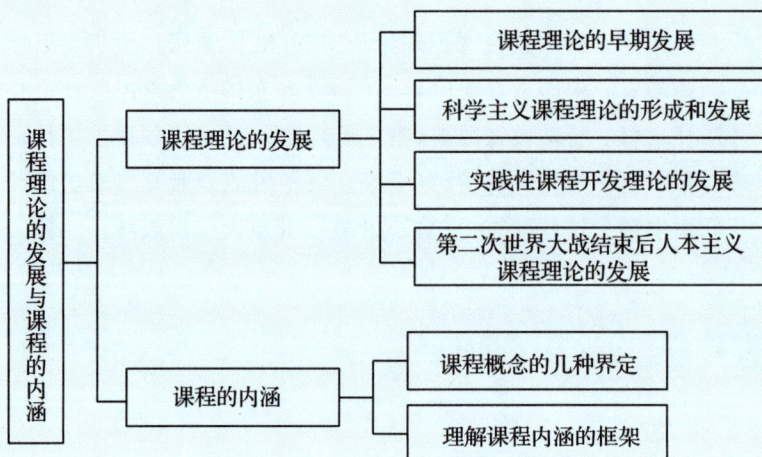

```
                                          ┌─────────────────────────┐
                                      ┌───┤   课程理论的早期发展      │
                                      │   └─────────────────────────┘
                                      │   ┌─────────────────────────┐
                          ┌───────────┤───┤ 科学主义课程理论的形成和发展 │
                          │           │   └─────────────────────────┘
                      ┌───┤ 课程理论  │   ┌─────────────────────────┐
                      │   │  的发展   ├───┤  实践性课程开发理论的发展  │
                      │   └───────────┤   └─────────────────────────┘
  ┌─────┐             │               │   ┌─────────────────────────┐
  │课程理│             │               └───┤第二次世界大战结束后人本主义│
  │论的发│─────────────┤                   │    课程理论的发展         │
  │展与课│             │                   └─────────────────────────┘
  │程的内│             │               ┌─────────────────────────┐
  │涵   │             │           ┌───┤   课程概念的几种界定      │
  └─────┘             │   ┌───────┤   └─────────────────────────┘
                      └───┤ 课程的 │   ┌─────────────────────────┐
                          │ 内涵   ├───┤  理解课程内涵的框架       │
                          └───────┘   └─────────────────────────┘
```

本章导读

　　课程思想和理论是人们关于学校教育及学校课程实践发展的理性认识，只要有学校课程实践，人们就不会停止对它的思考。不过，课程思想最早并不是以独立形态出现的，往往与一些思想家的相关学说融为一体。独立的课程理论研究始于19世纪末20世纪初，之后形成不同的理论流派。不同课程理论流派关于如何理解教育和课程内涵的观点不尽相同，甚至有较大分歧，但这些观点为我们理解课程打开了广阔的思路。课程理论的一般原理是特殊教育及课程实践的重要理论基础，特殊教育课程应符合课程理论的一般概念和原理，而不是另起炉灶。同时，对特殊教育课程问题的研究也会不断丰富课程理论，促进课程理论发展。

学习目标

　　①掌握课程理论形成与发展的基本线索。
　　②掌握科学主义课程理论、实践性课程开发理论的主要观点。
　　③了解第二次世界大战结束后人本主义课程理论的主要观点。
　　④理解课程的内涵。

第一节
课程理论的发展

一、课程理论的早期发展

　　纵观19世纪末20世纪初西方课程思想的发展，主要有两条线索。一条是以夸美纽斯、赫尔巴特等为代表的教育家提出的以知识传授和心智训练为主的课程思想，另一条是以卢梭等为代表的教育家强调的以人的自由发展为核心的课程思想。

（一）以知识传授和心智训练为主的课程思想

　　早期的课程思想萌芽于西方的七艺课程，七艺课程反映了古希腊人和古罗马人对学校教育的理解，奠定了西方早期学科课程的基础。七艺课程在古罗马时期得到了迅速发展，但到中世纪时期被打上了宗教神学的烙印。文艺复兴后，近代自然科学和社会科学慢慢发展起来，传统的七艺也逐渐退出历史舞台，但并没有完全消亡，对西方的教育思想和教育实践都产生了重大影响。到 17 世纪，在总结前人教育成果及当时教育改革实践的基础上，捷克教育家夸美纽斯提出泛智论，认为"从所有个别的科学中能形成一种统一的、包罗万象的科学的科学和艺术的艺术，即泛智论"①。夸美纽斯把泛智论作为普通教育课程的重要理论基础，倡导让每个人都有机会学习这种普通的课程。到 19 世纪，受昆体良、夸美纽斯等教育家的影响，赫尔巴特提出了双重教育目的，认为教育最高和最后的目的就是培养德性，并且据此提出了双重教育目的论，认为教育除了最高和最后的目的，还有较近的目的，即根据完善的观念发展多方面的兴趣。他根据对兴趣的分类拟定了相应的中学教学科目，如根据经验的兴趣设立了自然、物理、化学等科目，根据思辨的兴趣设立了数学、逻辑、文法等科目。除了设立广泛的课程体系，他还强调知识的系统性，直接推动学科课程的发展。

🔗 拓展阅读

赫尔巴特基于人的兴趣划分课程的思想

课程的编制应以作为认识对象的客观文化遗产的科学为基础，并以发展人的多方面兴趣为轴心来设置学科。①经验的兴趣：了解事物是什么的兴趣，相应地应设自然、物理、化学、地理等学科，使学生获得自然的认识。②思辨的兴趣：进一步思考事物为什么的兴趣，相应地应设数学、逻辑、文法等学科，以锻炼学生的思辨能力。③审美的兴趣：对各种事物、自然界、艺术品和善行的体验与审美评价的兴趣，相应地应设文学、绘画、音乐等学科，以培养学生的艺术鉴赏力和审美情感。④同情的兴趣：在人际交往中产生的兴趣，相应地应设本国语、外国语（古典语与现代语）学科，以培养友爱和谅解精神。⑤社会的兴趣：在人际交往中建立广泛联系的兴趣，相应地应设公民、历史、政治、法律等学科，以培养合群精神。⑥宗教的兴趣：认识人与神的关系的兴趣，相应地应设神学学科。②

与赫尔巴特不同，斯宾塞批判把古典知识放在第一位的观点，认为教育的目的是适应现实的需要，是为人的完满生活做准备。他所说的完满生活包括五项主要活动，这些活动按重要程度排列依次是直接保全自己的活动、间接保全自己的活动、抚养教育子女的活动、维持社会正常政治关系的活动、在闲暇时间满足爱好和感情的活动。与这些活动相对应，学校应进行这五个方面的教育。为进行这些教育，斯宾塞提出了

---

① 任钟印：《夸美纽斯教育论著选》，197 页，北京，人民教育出版社，1990。
② 钟启泉：《现代课程论（新版）》，87 页，上海，上海教育出版社，2003。

一套广泛且注重实际的课程体系，其中包括生理学、数学、逻辑学、物理学、化学、天文学、地质学、生物学、教育学等。①

从这条线索中我们不难发现，以夸美纽斯和赫尔巴特为代表的教育家强调学科对人的心智发展的重要作用，强调知识的系统传授和不同学科的不同价值，他们互相补充、不断发展，为学科课程的建立奠定了基础。除此之外，他们都肯定了人类文化遗产对人发展的意义，肯定了教师在教育过程中的主导作用，强调了学生理性和道德精神的发展。然而，这种对学科及系统知识的过分强调容易忽视知识的关联性和综合性，生活化和实用化欠缺，在一定程度上限制了师生对知识意义的理解和创造。同时，对学科界限的过度强调容易导致知识的等级次序。

(二)以人的自由发展为核心的课程思想

早在古希腊时期，苏格拉底就着重论述了培养美德、探求知识和增进健康的重要性，这实际上体现了他关于德育、智育及体育的思想，是对人进行全面和谐发展教育的思想的萌芽。② 随后，亚里士多德继承并发展了这种思想，他提出把人的灵魂分为植物的、动物的和理性的三个部分，并提出与此相适应的对儿童实施体、德、智、美全面和谐发展的教育。除此之外，他提出人生来就是人，而不是其他动物，并且其身心必定有某种特性，进而强调教育必须适应人的自然发展。洛克的白板说认为幼儿的心灵好似一张白纸或一块蜡，通过教育的作用，"可以随心所欲地描画或者铸成时髦的样式"③。因此，洛克主张通过体育、智育和德育来培养和谐发展的绅士。卢梭提出了自然教育的原则，强调教育要顺应自然，他在《爱弥儿》中提到："如果你想永远按照正确的道路前进，你就始终要遵循大自然的指引。"④因此，好的教育一定要遵循儿童发展的自然顺序，去培养一种自然人。卢梭所描绘的自然主义教育充满人文主义气息和浪漫主义情怀，被称为浪漫自然主义。到19世纪，受法国启蒙思想和卢梭《爱弥儿》的影响，瑞士著名教育家裴斯泰洛齐认为教育不仅是学习书本知识，还应该包括儿童的情感、智慧及身体等各个方面的发展；因此，要根据人性的发展规律，组织合适的教育内容，运用简化的教学方法对儿童进行全面发展的教育，使他们都过上自然、有道德和自由的生活。⑤ 到20世纪，随着社会变革，学校教育也发生了变化，从培养目标到课程内容再到教学方法都需要改革。杜威于1899年在《学校与社会》一书中提出了自己的教育思想：教育即生活，教育即生长，教育即经验的改造和改组。杜威强调课程应

---

① 赵荣昌、张济正：《外国教育论著选》，294页，南京，江苏教育出版社，1990。
② 单中慧：《西方教育思想史》，18页，北京，教育科学出版社，2007。
③ 杨汉麟：《外国教育名家思想》，44页，武汉，华中师范大学出版社，2010。
④ ［法］让-雅克·卢梭：《爱弥儿：论教育》，536页，北京，人民教育出版社，2017。
⑤ 陆有铨：《躁动的百年——20世纪的教育历程》，济南，山东教育出版社，1997。

以儿童活动为中心，课程的组织应该心理学化，即强调儿童通过解决问题来求得知识，从做中学。正是因为他非常注重儿童的经验，他的思想被称为经验自然主义。

纵观这条线索，以卢梭为代表的教育家强调尊重儿童的天性，主张根据人的身心发展规律进行全面、和谐的教育。这种注重儿童内在学习兴趣，爱护儿童好奇心和求知欲望，使人的天性得到自由发展的教育思想，对之后教育的发展产生了重要影响，与之前强调书本知识传授的课程思想形成了鲜明的对比。

总之，在课程思想早期发展的过程中，这两条线索不断地相互碰撞、相互影响、相互促进，各自取得了一定程度的发展，为之后系统的课程理论的形成奠定了思想基础。

二、科学主义课程理论的形成和发展

(一)科学主义课程理论的形成

任何一种社会现象的产生和发展都有清晰的历史脉络，科学主义的萌芽、发展、高峰通过科学理性这根主线连起来。科学理性的形成是从中世纪宗教蒙昧时代向近代社会转型的理性化过程，其间有两个重要阶段，即欧洲文艺复兴的人文主义与法国启蒙运动的理性主义。[1] 14 世纪至 16 世纪，在文艺复兴运动中，人和自然的地位凸显，人的理性开始从中世纪的宗教神学中觉醒，完成了人性观的伟大解放。但在这个时期还没有一种有力武器来推翻教会和神权。到 17 世纪，哥白尼提出的日心说使人们坚定了征服自然、改造自然的决心，人类进步的观念也由此萌发。培根提出知识就是力量，提倡人们用科学知识征服自然、取得进步。这些先进的思想日益为人们所接受，也为 18 世纪的启蒙运动起到了奠基作用。

18 世纪的启蒙运动是思想革命的顶峰，启蒙思想家们崇尚理性，认为科学知识能够推动人类进步，这进一步解放了人的理性力量，使人类走出依附和奴役的状态。这一时期的启蒙思想也源于培根提出的归纳法，要求人们从事实中发现真理，从现象中概括出公理和概念。在这些思想的影响下，理性的信仰得以确立，取代了上帝的权威，一个科学文明的时代也随之到来。

总之，科学主义在研究上普遍使用的分析思维及方法显示了极其强大的力量，企业、军队和学校等组织纷纷认可和效仿，一时间形成了科学主义思潮，影响极其深远。

19 世纪末 20 世纪初，科学主义成为西方思想文化领域的主旋律，并逐渐从哲学中分离出来。科学主义倡导的归纳、实证的研究方法被广泛应用于各行各业。科学管理

---

[1]　施红玉：《科学主义思潮研究》，硕士学位论文，大连理工大学，2003。

之父泰勒出版了《科学管理原理》一书，认为人因受经济利益的驱动而可控，效率即科学，科学管理是为了提高生产效率而对人及其工作进行有效控制。科学管理的基本思路是：选取从事该项工作的技术娴熟的工人，对其工作加以分析，以确定工人从事该项工作的正确流程以及使用的生产工具；对每一个动作的时间进行研究，将一项工作分解为细小的工作单位，并利用每一个单位的效率标准将工人配置于相应的岗位；最后利用经济诱因，使每一个工人处于最高效率的工作状态。科学管理的主要特征就是把人视为生产工具，把科学等同于生产效率。这一理论快速扩大到社会生活的各个领域，进而在美国掀起了社会效率运动。

社会效率运动也影响了课程领域。博比特开创了科学化课程开发理论，并出版了《怎样编制课程》和《课程》。他认为教育的本质主要包括三点：第一，教育是为成人生活做准备；第二，教育是促进儿童活动和经验发展的过程；第三，教育即生产。在这种思想的指导下，他认为学校就是工厂，学生就是原料，教师就是工人。教育活动不过是为了获得理想的成人这种产品而对学生这种原料不断加工的过程。

🔗 拓展阅读

博比特的活动分析法

所谓活动分析，就是把人的活动分为具体、特定的行为单元的过程和方法。具体的方法如下。

第一，活动单元的分析。活动单元的分析包括十大领域：语言活动、健康活动、公民活动、一般社交活动、休闲娱乐活动、维持个人心理健康的活动、宗教活动、家庭活动、非职业性的实际活动、个人的职业活动。博比特把课程开发的这个阶段称为人类经验的分析。

第二，具体活动或具体工作的分析，就是把十大领域进一步分解为更具体的活动。确定了人类经验的十大领域后，便对这十大领域的活动逐个进行分析，分析这些领域包括哪些具体的小单位，并且要一直分析，直到发现可以执行的恰当的具体活动。例如，语言活动是十大领域之一，较小的单位是掌握一种语言，如汉语；然后分析汉语需要掌握哪些内容、如日常表达与写作；接下来分析日常表达包括哪些内容、写作包括哪些内容……如此深入、细致地分析，直到可以执行的具体活动，如学会一个字或一句话、表述一个情节等。

第三，课程目标的获得。课程目标即从事某一项具体活动所需的能力，这种能力由知识、习惯、价值、态度、鉴赏力等多部分构成，这些目标应具体化、标准化。

第四，课程目标的选择。有了课程目标，接下来就得对分析出来的所有目标进行归类、筛选。并不是所有目标都适合在学校开展相关课程，只有那些复杂的、儿童无法在社会生活中自然获得的能力才能被选为学校教育的课程目标，然后作为学校教育计划的基础和行动纲要。可见，对于课程目标的选择必须在对儿童进行全面的生活分析后才能完成。

第五，教育计划的制订。有了学校课程的教育目标后，还需要分析如何才能实现这些目标，这就得设计为达到课程目标所需要的各种活动、经验和机会，必须为每一年龄或年级的儿童制订每天活动的详细计划，儿童每天活动的集合便组成了课程。

与博比特同时代的还有一位课程专家——查特斯。查特斯的课程开发理论与博比特相似，他在《课程编制》一书中指出：从事课程开发，首先要制定课程目标，然后选择课程内容，在选择的过程中必须始终根据课程目标对课程内容进行评价。与博比特不同的是，查特斯把理想视为课程的构成，而博比特把经验视为课程的构成。除此之外，查特斯更重视系统知识，他把课程开发的方法称为工作分析。

总之，博比特和查特斯第一次把课程开发过程作为一个独立的研究领域，并将该研究领域的科学水平大幅度提升；他们提出了一系列课程开发的基本问题，值得我们肯定和借鉴。但是，他们把教育和课程视为成人生活的准备，这会导致人们忽视儿童阶段存在的价值。另外，他们把教育过程等同于企业的生产过程，显得过于简单和机械。

(二)科学主义课程理论的发展

泰勒整合了科学化课程开发的早期成果，并在八年研究的基础上进一步推动科学主义课程理论的发展，成为科学化课程开发的集大成者。泰勒于1934年出版了《成绩测验的编制》、于1949年出版了《课程与教学的基本原理》，这两本书的主要内容被统称为泰勒原理。泰勒原理包括四个方面的内容：学校试图达到怎样的教育目标？提供什么教育经验最有可能达到这些目标？怎样有效组织这些教学经验？我们如何确定这些目标正在得以实现？这四个方面的内容构成了泰勒的课程开发模式，被称为永恒的分析范畴。泰勒原理被称为课程领域中主导的课程范式。

泰勒原理力图有效控制课程开发的过程，使课程开发过程成为一种理论化、科学化的过程，为课程开发提供了一种广泛适用的程序，把科学主义课程理论推向顶峰。虽然其理论没有充分地考虑学校的特殊性以及教师和学生的主体性，也因此受到了许多批评，但可以肯定，泰勒原理依然是目前学校课程开发的主导范式。

三、 实践性课程开发理论的发展

施瓦布是课程理论专家和生物学家，作为泰勒的学生，他深谙泰勒原理的精髓。施瓦布与布鲁纳并驾齐驱，领导了结构主义课程改革运动。这场课程改革运动进行了约 10 年，但并没有取得预期结果。到 20 世纪 60 年代末，美国教育界对这次课程改革怨声载道，耗费巨资开发出的新课程纷纷废止。这次运动失利后，施瓦布陷入深深的思考。第一，泰勒原理试图为所有教育情境提供一种适用的课程开发模式，这可能吗？有效吗？第二，人们纷纷谴责学术中心课程的诸多缺陷，这些课程究竟有没有得到广大教师的认同？有没有在教育实践中得到真正实施？这些课程的开发清一色是在政府政策与经费的支持下，以各学术领域的专家(大学教授)为核心进行的，广大教师被排除在课程开发过程之外。实践证明，这种脱离教育实际、脱离教师的课程开发是存在问题的。那么，在课程开发中如何照顾具体教育实践情境的特殊性？如何体现教师的需要？施瓦布经过长期深入的思考，建构起一种新的课程开发理论。

(一)实践性课程开发理论关于教育及课程的界定

施瓦布反对泰勒的目标模式，主张课程研究应立足于具体的课程实践，从课程实践的各种事实出发。他把课程看作一个相互作用、有机的生态系统，认为学校建立在对课程意义的一致性解释的基础上，通过这个生态系统各要素间的相互理解、相互作用，实现学生兴趣需要的满足和能力德性的提升。[1] 他认为实践是课程的语言，应当由校长、教师、学生、课程专家、心理学家、社区代表等组成课程小组，采用集体审议的程序进行课程开发，倡导行动研究和学校本位课程。[2]

施瓦布认为课程是由教材、环境、教师、学生四个要素构成的，这四个要素之间持续的相互作用构成了实践性课程的基本内涵。

第一，教材。教材通常被视为静态的东西，但实践性课程探究赋予了教材动态的特征。在课程研制中，许多方案是在情境中产生的，教材的选择以具体事态中的需要或兴趣为依据，学科研究意义的生成也是通过情境中各种因素的相互作用实现的。由于情境不同(如教师、学生不同)或个人生活经历及环境的改变，学习经验的选择依据及具体面貌都会显现出较大的差异。

第二，环境。环境通常包括物质、社会、文化、心理等方面的学习情境及课堂生活中的规章、制度和期待等因素。环境不仅影响事态的发展过程，而且对情境的性质和面貌具有决定性影响。因此，在课程研制中，研究者必须充分考虑环境因素对特定情境及问题的影响作用，若只关注教师、学生和教材，忽视环境因素的影响，课堂及其他教育情境的生态平衡就会被打破。

第三，教师。教师身临课堂事态之境，他们的决定和行动构成了课堂文化生活的主要制约因素。教师的工作是在与学生、教材、环境的相互作用中进行的，他们感兴

① 史学正、徐来群：《施瓦布的课程理论述评》，载《外国教育研究》，2005(1)。
② 张华、石伟平、马庆发：《课程流派研究》，18 页，济南，山东教育出版社，2000。

趣的是指导具体课堂活动的洞察力。这就决定了教师不仅是既定目标及内容的实现者、实施者，而且是课程的探究者。

第四，学生。任何课程的结构都深受学生的影响，任何年龄段的学生都能够提出诸如什么是值得学习和体验的、应该怎样学习等方面的问题。因此，课程的研制应充分发挥学生的能动作用，让他们与教师一样，成为课程的创造者，在学什么与怎样学等问题上展开对话。课程审议允许学生参与的目的在于培养他们的责任意识。实践性课程坚持学习与发展是连续性过程，而对课程的接受与创造是这一连续性过程的两种不同手段，其共同的目标在于促进学生的成长。[①]

(二)实践性课程开发的方法——课程审议

施瓦布在课程的开发上强调采用课程审议的方法。这里的课程审议是指课程开发的主体对具体实践情境中的问题进行反复讨论和权衡，以获得一致性理解与解释，最终做出恰当的、一致的课程变革决定，提出相应的策略。

审议的基本要求是有可供选择的各种方案，形成和选择各种可能的备选方案是审议的首要特征。审议应遵循实践的逻辑，从问题提出到问题解决。审议是一种实践的逻辑过程，它运用实践语言，依赖实践智慧，进行实践判断，最后得出关于行动的实践结论。其中的实践判断不仅包括对已有课程实际效果的判断（事实判断），而且包括通过反省的方式对课程设计者所持的课程价值的判断（价值判断）。审议的目的是做出行动的抉择，获得一种情境理解。审议具有集体的和教育的特征。施瓦布强调通过审议形成一个共同体，要求有多方代表参加，尤其要有那些将受到所决定采取的行动的影响的人参加。集体参与不仅是做出合理行动选择所必需的，而且是参与者彼此互动、相互启发的教育过程。

教师和学生是课程的主体和创造者，其中学生是实践性课程的中心。教材只有在满足特定学习情境中的问题、需要和兴趣时才具有课程意义。因此，教材具有很大的灵活性和变通性，可以根据不同学习情境的需要进行选择和取舍。环境是由教师、学生、教材之外的物质、心理、社会、文化因素构成的，它直接参与课程相互作用的系统。在课程编制过程中，必须同时考虑到前述四个要素，它们是课程审议不可缺少的资源。单凭学科专家或教师是无法做到这一点的，需要足以代表这些方面经验的集体（小组）合作。这个集体就是课程审议小组，通常由教师、校长、学生、家长、社区代表、教材专家、课程专家、心理学家和社会学家等组成。之所以要有这些人参加课程审议，是因为施瓦布认为课程实践探究最终是要引起课程决策体制的变革。具体来说，他倡导民主体制的模式，主张自下而上的模式，认为决策的基础在地方。此外，

---

① 郝德永：《课程研制方法论》，201～202 页，北京，教育科学出版社，2000。

他强调审议小组的成员应满足一定的要求，尤其是组长需要有专门知识技能。大学的课程领域教授负责培训审议小组，提升小组组长及成员的能力。

(三)学校本位的课程开发

实践性课程开发以具体实践情境的特殊需要为核心，它必然根植于具体实践情境。课程集体或审议集体成为课程开发的主体。在课程集体中，教师和学生是核心，这不仅因为教师和学生直接参与课程开发，而且因为教师和学生本身是课程的构成要素。教师和学生的需要、兴趣和问题是课程审议的核心问题，这些问题是因人而异、因情境而异的。施瓦布理想中的课程开发基地是每一所学校，这种课程开发因而被称为学校本位的课程开发。

施瓦布将课程研究下移到校本课程的研究与开发，突破了课程仅由专家在学校之外进行开发的思想，让人们意识到学校、教师、学生等在课程开发与实施过程中的作用同样不可或缺。

施瓦布的课程理论非常重视真实的教育情境中教师和学生的主体地位，这是对泰勒原理的发展性继承，它消除了控制导向课程开发的弊端，对课程开发与师生作用的发挥进行整合。同时，施瓦布的课程理论倡导的以学校为本的课程开发理念让人们注意到课程实施中学校的价值和作用。

施瓦布的实践课程模式主要是针对传统理论的课程模式和目标模式提出来的，指出传统课程模式存在的弊端，从而开创课程开发的新模式。这一模式强调课程的实践价值和动态性，注重课程开发的过程与结果。① 实践模式克服了目标模式的普遍性倾向，高度重视学校情境的特殊性。校本课程的开发使教师和学生参与课程管理，学校对课程的选择权加大，使课程更加符合学校和学生的需要。施瓦布的实践课程模式对校本课程开发理论的发展无疑起到了重要的奠基作用。② 实践的课程探究模式强调的是课程理论的重建与发展，它的基本假定是：课程问题不是教什么与学什么的问题，而是怎么教与怎么学的问题。

但是，实践课程模式过于强调各种实践情境的独特性，过于注重课程的实践价值，而忽略了客观存在的、一般意义的、可靠的理论，没有看到课程的理论价值，因而难免会走向相对主义的极端。实践课程模式对传统课程模式的课程理论进行了深刻的反思和尖锐的批判，使广大教师从传统课程理论的束缚中解脱出来，并开始反省自己的课程编制和教学实践，这也对教师的素质提出了更高的要求。集体审议虽说为教师、学生、家长、社区代表等各方提供了发表自己观点的机会，但由于个人的背景不同，

---

① 崔新玲、梁进龙、王建国：《约瑟夫·施瓦布的实践课程理论及启示》，载《教育实践与研究》，2018(3)。
② 孙秀萍：《施瓦布与课程理论的演进》，载《教育导刊》，2007(9)。

对课程问题很难取得一致的看法。而且集体审议要求在所有成员有所体验并且理解的基础上解决问题，这在现实中是很难做到的。

四、第二次世界大战结束后人本主义课程理论的发展

人本主义一词最早出现在古罗马西塞罗和格利乌斯的著作中，意为人性、人情和万物之灵。从普罗塔哥拉提出人是万物的尺度，到古希腊哲学从自然哲学向人本哲学转变，再到亚里士多德提出教育适应人的自然发展的原则和德、智、体、美和谐发展的教育思想，都体现了对人的尊重。从16世纪末到19世纪初，西方理性人本主义得到了进一步发展，人们开始崇尚理性、弘扬科学、批判宗教，把理性人本主义哲学推向了新高度。

从理性人本主义的发展历史中可以看出，理性人本主义主要强调科学知识的作用，向往一种合理的自然和社会秩序。它并不直接以人为研究对象，而是通过对科学的阐述间接地表现出来，这实质上表现的是一种人本精神或人文精神。

人本主义作为一种比较系统的思想形态，是与文艺复兴运动联系在一起的。在文艺复兴运动中，人性得以解放，人本主义教育家注重学生的全面发展，在课程实施上用图画、游戏、故事等代替教学语言，确立了以人为中心的课程目标和课程内容，使人本主义课程理论初步彰显。文艺复兴运动形成的人本主义教育目标在启蒙运动时期得到进一步发展，这个时期人本主义所颂扬的人既是有无限创造力、追求科学知识的理性人，又是追求尘世的幸福和快乐的非理性人。因此，近代人本主义思想被称为世俗人本主义。

(一)第二次世界大战结束后人本主义课程理论发展的两条线索

第二次世界大战结束后，现代人本主义课程理论主要沿着两条线索发展，一条是以哲学为基础的人本主义及其课程理论，另一条是以心理学为基础的人本主义及其课程理论。

1. 以哲学为基础的人本主义及其课程理论

第二次世界大战结束后，社会比较动荡，经济结构、社会阶层和人们的价值观念都发生了很大的变化。在这种情况下，人们开始注重对社会现实的批判。由此，人本主义哲学兴起，尤其是以胡塞尔为代表的现象学对课程理论发展的影响很大。人们开始批判僵死的方法论和对某些预定领域与模式的闭锁性研究，把人作为哲学研究的对象和出发点，关注人的存在、人的价值、人的尊严，不再只关注课程的开发；把课程当作一个具体的现象，强调关注学生的生活世界和生活体验，重视教师和学生的关系。20世纪六七十年代，以阿普尔和杨为代表的学者尝试从知识社会学的角度来解释课程理论。他们提出，撇开学校教育的实际过程和课程内容去研究教育与社会的关系，只

不过是把教育当作一个"暗箱"，因而主张对学校课程内容进行研究。在他们看来，所有知识都是带有偏见的，是统治阶级用来传播自身文化的，其核心是一种意识形态。对此，他们提出了批判教育，试图打破意识形态在学校课程方面的支配地位。[①] 受此哲学观的影响，人本主义课程理论迅速发展。

2. 以心理学为基础的人本主义及其课程理论

到了 20 世纪六七十年代，结构主义课程和实践遭到人们的严厉批评，以马斯洛和罗杰斯为代表的人本主义心理学兴起，这也使得人本主义教育再次兴起。马斯洛对人类的基本需要进行了研究和分类，将之与动物的本能加以区分，提出人的需要是分层次发展的。他按照追求目标和满足对象的不同，把人的各种需要从低到高安排在一个具有层次序列的系统中，最低级的需要是生理的需要，这是人要优先满足的需要。罗杰斯在心理治疗实践和心理学理论研究中发展出人格的自我理论，并倡导患者中心的心理治疗方法。他们都认为人类有一种天生的自我实现动机，即一个人发展、扩充和成熟的趋力，它是一个人最大限度地挖掘自身各种潜能的趋向。

(二)人本主义课程理论的主要内容

因为人本主义反对理性，反对永恒的、不变的知识体系，所以相较于教什么，人本主义者对怎么教的问题更重视。然而，这不是说人本主义教育家对课程问题没有思考，人本主义课程理论的主要内容包括以下几个方面。

1. 课程目标

自我实现和培养完整的人是人本主义教育家提出的课程目标。人本主义教育家要求将课程的重点从教材转向个人，他们批判泰勒等人提出的课程模式，认为这种模式只注意、解释、预测和控制外部行为，而忽视了学生行为的主体意义。人本主义教育家主张课程与教学应培养完整的人，自我实现是人的基本需要，自我实现的人格特征包括整体性和创造性。人本主义教育家鼓励学生的自我实现，允许学生自由表达、发现自我，最终实现自我。

2. 课程观

人本主义课程理论强调人的情意发展和认知发展相统一，进而强调情意教育和认知教育相统一，要求突出课程的情意基础，这是人本主义课程理论的一个重要特色。因此，人本主义教育家要求将教育内容与方法植根于情意。

3. 课程内容的选择

人本主义教育家认为，人的境遇是随时变化的，没有某一固定的课程可以适合学生的任何需要。因此，要根据学生不断变化的需要来确定课程的内容。

---

① 施良方：《课程理论：课程的基础、原理与问题》，52 页，北京，教育科学出版社，1996。

4. 课程结构的组织

人本主义课程理论强调统合化的课程组织。人本主义教育家认为，每个人都应该作为一个完整的人对所有事物的整体做出反应，他们提倡学校课程结构的组织要注意整合。整合包括三方面内容：一是学习者心理发展与教材结构逻辑的吻合；二是情感领域与认知领域(理智的知识和能力)的整合；三是相关学科在经验指导下的综合。

罗杰斯以学生为中心的教学理论给人们带来了新的思考和希望，极大地冲击了传统的教育模式。自他以后，学生的自由得到了较大关注，个别化、个性化、主体性等教学思想逐渐从传统的以教师为中心的教学模式的禁锢中解放出来。人本主义课程理论以其独特的视角对当代教育里学生与教师的地位和角色进行定位，对教育中的人格与人性进行审视，重视情感和价值在教育中的积极作用，承认并尊重人的尊严和价值，追求个人与社会的和谐，对于当代教育的发展具有一定的借鉴性和建设性作用。

第二节
课程的内涵

一、课程概念的几种界定

课程是实现教育目的和价值的手段及工具，它在某种意义上决定教育的现实和未来，也影响教育功能的实现。人们对课程的定义并不统一，甚至存在较大分歧，可将这些不同的理解归纳为以下六种。

(一)课程即教学科目

把课程等同于教学科目是使用最为普遍的课程定义，有较为悠久的历史。我国古代的课程有六艺、四书五经等。欧洲中世纪的课程有七艺。斯宾塞在《什么知识最有价值》中主张依据人类生活设置五种活动课程。赫尔巴特主张，编制课程应以人类客观的文化遗产即科学为基础、以发展人的多方面兴趣为轴心，设置相应的学科；他认为人的兴趣主要有六个方面，依此应开设六类课程：经验的兴趣(自然、物理、化学、地理)，思辨的兴趣(数学、逻辑、文法)，审美的兴趣(文学、绘画、音乐)，同情的兴趣(本国语、外国语)，社会的兴趣(公民、历史、政治、法律)，宗教的兴趣(神学)。这种课程定义将课程的内容与过程分开，片面强调课程内容，而且把课程内容局限于教学科目。这便将课程视为外在于学习者的静态的东西，对学习者的经验不够重视。

此外，只关注教学科目势必会忽视学生的心智发展、情感陶冶和创造性表现等对学生成长有重大影响的维度。

(二)课程即教学内容及进度的安排

这种课程定义把课程视为教学过程要达到的目标、教学的预期结果或教学的预先计划，使得课程的目标和计划与课程的过程和手段分离，并片面地强调前者，其缺陷也是忽视了学习者的现实经验。

(三)课程即教学内容与活动

这种课程定义把课程视为静态的教学内容与动态的各类活动的结合体，课堂上教师组织的学习活动及学校组织的校庆活动、文化节等都被包含在内。这样的课程虽然考虑到了环境内课程的具体实施形式与内容，但忽视了更高层次的课程内容，如国家颁布的课程标准中对于课程规范性的定义。

(四)课程即学生的学习经验

这种课程定义把课程视为学生在教师指导下获得的经验或体验，以及学生自发获得的经验或体验。所谓课程即学生的学习经验，其核心在于创造性地发展学生内部的自然力，既要适应受教育者身心成熟的阶段，又要适应教育者的个性差异和两性差异。学生被视为有很大潜力的、独特的学习者，因此学生在所从事的学习活动的反思中形成的经验是最为重要的。这便把学生的发展放在首位，重视学生的直接经验，认为世界以外无书籍、事实以外无教材，唯有学习经验是学生实际意识到的课程。这种课程定义似乎很有吸引力，它把学生的直接经验置于课程的中心位置，从而消除了课程中见物不见人的倾向，消解了内容与过程、目标与手段的二元对立。然而，持此种课程概念的部分学者忽视了系统知识对于学生发展的意义，在实践中很难实行此概念。此外，这种课程定义把学生的个体经验都包含进来，显得过于宽泛。

(五)课程即文化再生产的工具

鲍里斯和金蒂斯被认为是这一主张的重要代表人物。在他们看来，任何社会文化中的课程事实上都是该社会文化的反映，学校教育的职责是再生产对下一代有用的知识和价值。政府有关部门根据国家需要来规定所教的知识、技能等，专业教育者的任务是考虑如何把它们转换成可以传递给学生的课程。换言之，课程就是从某种社会文化里选择出来的材料。然而，认为课程应该不加批判地再生产社会文化的想法是幼稚的，现实的社会文化远非人们想象的那样合理。倘若教育者认为课程不需要关注社会文化的变革，那么就会使现存的偏见永存化。

(六)课程即社会文化的改造

一些激进的教育家认为，课程不是要使学生适应或顺从社会文化，而是要帮助学生摆脱社会制度的束缚。还有人认为，课程是一个"懒惰的巨人"，它总落后于汹涌的社会变革潮流，因此提出"学校敢于建立一种新的社会秩序吗?"这一著名问题。他们建议课程把重点放在当代社会的主要问题和主要弊端、学生关心的社会现象、改造社会和社会活动规划等上。课程应该有助于学生在社会方面得到发展，帮助学生学会参与制定社会规划，这些都需要学生具有批判意识。弗雷尔主张课程应该使学生摆脱盲目依从的状态，也就是使学生在规划和实施课程的过程中起主要作用。然而，在社会上，学校组织并未在政治上强大到足以促使社会发生重大变革的地步。因此，认为学校课程能够起到指导社会变革的作用未免过于天真。

二、理解课程内涵的框架

美国学者古德莱德归纳出五个层次的课程。第一，理想的课程，即由一些研究机构、学术团体和课程专家提出的应该开设的课程。这种课程影响的大小取决于是否被教育行政部门采纳并实施。第二，正式的课程，即由教育行政部门规定的课程标准和教材。第三，领悟的课程，即任课教师领悟的课程，具体表现形式为教案。由于教师个体的知识储备、认知地图不同，他们对于正式课程的理解也不同，因此领悟的课程与正式的课程之间是有差距的，这种由教师重构后的课程又被称为师定课程。第四，运作的课程，即在课堂上实际实施的课程。观察与研究表明，教师领悟的课程与他们实际实施的课程之间会有一定的差距，因为教师要根据学生的反应随时进行调整。第五，经验的课程，即学生实际体验到的课程。因为每个学生对事物都有自己特定的理解，即使两个学生听同一堂课，他们也会有不同的体验或学习经验。

课程是制度化的存在，反映了统治阶级的意志及课程开发者的意愿。它将教育者和受教育者联结起来，使教育活动得以顺利进行。课程是主客观相统一的产物，既体现了开发者和推行者的主观意愿，又反映出各个时代的背景。课程是一个发展的概念，因时代而不同。它是为实现各级各类学校的教育目标而设立的教学科目及其目的、内容、范围、分量和进程的总和，包括为学生个性的全面发展而营造的学校环境的全部内容。对于教育工作者来说，重要的不是选择这种或那种课程定义，而是意识到各种课程定义所要解决的问题以及随之而来的新问题，从而根据课程实践的要求做出决策。

人们在讨论课程问题时，对课程一词的使用实际是在不同意义上的，有着不同的背景、目的和范围。忽视背景、目的和范围的不同，一味抱怨对课程含义的理解不一致、有多样性，这是有失公允的。在讨论问题之前，先搞明白人们到底在什么意义上使用课程这个概念是非常必要的，这是确保有效对话和讨论的重要前提。更多时候，人们不需要通过消灭分歧让一种所谓合理解释成为主导，因为这样恰恰会导致理解的片面和狭隘。如果能将关于课程概念的不同理解置于一个合理的框架中，就不仅不至于引起混乱，而且能让它们各得其所，在理解课程概念方面贡献各自的智慧。古德莱德关于课程概念的五个层次的观点，便是我们理解课程内涵的一个不错的框架。

除此以外，古德莱德没有把课程看作一成不变的，而将之看作在教学中不断发生变化的过程，这符合教育教学的基本规律。古德莱德在教学过程中理解课程，看到的是课程的全貌，常见的几种有关课程的理解都能在古德莱德的框架中找到位置。同时，古德莱德的观点承认和肯定了教师及其专业自主对于课程的意义。比起将课程与教师割裂的做法，这是一种积极的态度，对于我们认识教师在课程中的地位和作用以及思考教师应树立什么样的课程观都是有益的。

本章小结

夸美纽斯、裴斯泰洛齐、赫尔巴特、斯宾塞等人为课程思想的早期发展做出了贡献，同时也奠定了课程理论发展的重要基础。19世纪末20世纪初，随着自然科学的迅速发展，其倡导的方法在众多领域显示出了威力，科学主义课程理论便在这样的背景下诞生并成熟，它把分析方法在课程开发中运用得淋漓尽致，成为课程的主导范式。20世纪60年代末，美国结构主义课程改革运动以失败告终，人们为此反思科学主义课程理论的弊端，实践性课程开发理论应运而生，它倡导发挥教师的积极作用，结合学校及学生的实际，在教育教学中完成课程开发。20世纪六七十年代，受后现代思潮的影响，课程理论开始以批判既定课程为己任，课程研究范式由课程开发转向课程理解。

思考题

· 单项选择题

1. 科学主义课程理论的经典之作是（　　　）。

A. 博比特的《课程》

B. 查特斯的《课程编制》

C. 泰勒的《课程与教学的基本原理》

D. 塔巴的《课程的开发：理论与实践》

2. 古德莱德所说的经验的课程指（　　　）。

A. 国家课程　　　　　　　　　B. 教师的课程

C. 学术课程　　　　　　　　　D. 学生的课程

3. 八年研究是（　　）的实践基础。

A. 学术中心课程理论　　　　　B. 实践性课程开发理论

C. 发现学习理论　　　　　　　D. 科学主义课程理论

4. 实践性课程开发理论倡导的基本方法是（　　）。

A. 课程商议　　B. 课程审议　　C. 活动分析　　D. 综合分析

5. 校本课程是（　　）所倡导的。

A. 科学主义课程理论　　　　　B. 实践性课程开发理论

C. 批判主义课程理论　　　　　D. 人本主义课程理论

·简答题

1. 简述科学主义课程理论的形成及发展，重点评述泰勒原理的主要内容。

2. 简述古德莱德关于课程的五个层次的观点。你认为其观点有哪些重要意义？

3. 实践性课程开发理论的主要内容是什么？

·论述题

如何评价第二次世界大战结束后人本主义课程理论的主要观点？

本章阅读资料

[1]任钟印．夸美纽斯教育论著选[M]．北京：人民教育出版社，1990.

[2]赵荣昌，张济正．外国教育论著选[M]．南京：江苏教育出版社，1990.

[3]陆有铨．躁动的百年——20世纪的教育历程[M]．济南：山东教育出版社，1997.

[4]张华，石伟平，马庆发．课程流派研究[M]．济南：山东教育出版社，2000.

[5]单中慧．西方教育思想史[M]．北京：教育科学出版社，2007.

[6]郝德永．课程研制方法论[M]．北京：教育科学出版社，2000.

[7]杨汉麟．外国教育名家思想[M]．武汉：华中师范大学出版社，2010.

[8]钟启泉．现代课程论（新版）[M]．上海：上海教育出版社，2003.

[9]施良方．课程理论：课程的基础、原理与问题[M]．北京：教育科学出版社，1996.

[10]拉尔夫·泰勒．课程与教学的基本原理[M]．北京：人民教育出版社，1994.

第三章

特殊教育课程目标

```
                                              ┌─────────────────────────────┐
                           ┌──────────────────┤  特殊儿童的概念及特殊儿童观  │
               ┌──────────────────┐           └─────────────────────────────┘
               │  特殊教育的目的   │           ┌─────────────────────────────┐
               └──────────────────┘           │  特殊教育的概念、目的及功能  │
                           └──────────────────┴─────────────────────────────┘

                                              ┌─────────────────────────────┐
                                    ┌─────────┤       普遍性目标取向        │
                                    │         └─────────────────────────────┘
                                    │         ┌─────────────────────────────┐
                                    ├─────────┤       行为性目标取向        │
  ┌──────────┐                      │         └─────────────────────────────┘
  │ 特殊     │  ┌──────────────────┐│         ┌─────────────────────────────┐
  │ 教育     │  │特殊教育课程目标的│├─────────┤       生成性目标取向        │
  │ 课程     │──┤  价值取向        ││         └─────────────────────────────┘
  │ 目标     │  └──────────────────┘│         ┌─────────────────────────────┐
  └──────────┘                      ├─────────┤       表现性目标取向        │
                                    │         └─────────────────────────────┘
                                    │         ┌─────────────────────────────┐
                                    └─────────┤    四种课程目标取向的关系   │
                                              └─────────────────────────────┘

                                              ┌─────────────────────────────┐
               ┌──────────────────┐ ┌─────────┤ 特殊教育课程目标确立的三个维度│
               │特殊教育课程目标的│─┤         └─────────────────────────────┘
               │    确立          │ │         ┌─────────────────────────────┐
               └──────────────────┘ └─────────┤  特殊教育课程目标确立的过程  │
                                              └─────────────────────────────┘
```

本章导读

要深入理解特殊教育课程目标，首先要理解特殊儿童的概念，分析什么是特殊儿童、特殊儿童的概念经历了哪些变化以及当今倡导的特殊儿童观是什么。在理解了特殊儿童的概念之后，就要分析特殊教育是什么、特殊教育的目的是什么、特殊教育能为特殊儿童做什么、应该把什么原则作为课程目标选择的依据、课程目标的确立需要考虑哪些因素以及确立课程目标的过程是怎样的。本章对这些内容进行讨论。

学习目标

①了解特殊儿童的概念及特殊儿童观。
②领会特殊教育的含义和作用。
③理解特殊教育课程目标的四种价值取向及其关系。
④掌握特殊教育课程目标确立的三个维度及确立的过程。

第一节
特殊教育的目的

一、特殊儿童的概念及特殊儿童观

(一)特殊儿童的概念

特殊儿童的概念看似不需要过多关注，实际上其是论证特殊教育目标问题的根本前提。特殊儿童的概念的界定与哪些儿童可以被看作特殊儿童这一问题密切相关。要清楚地回答哪些儿童可以被看作特殊儿童并不简单，因为在不同文化背景下、不同历史时期里，特殊儿童的类别及称呼各异，特殊儿童的概念也不尽相同。翻开特殊教育的发展史，展现在我们眼前的是特殊儿童概念的发展变化史。

从残疾儿童到特殊儿童再到特殊教育需要儿童，这一概念的发展过程反映了人们对这一群体的观念的改变。从 18 世纪中期到 19 世纪末，欧美的特殊教育学校只关注盲、聋和智力障碍儿童。在美国，根据《障碍者教育促进法》(Individuals with Disabilities Education Improvement Act of 2004）及教育部的相关法规，联邦政府认可 14 种障碍类别，其中 13 种可以适用于婴儿、学步儿、幼儿与学龄儿童。[①] 1975 年，美国颁布《所有残疾儿童教育法》(Education of All Handicapped Children Act)，即 94-142 公法，指出残疾儿童包括聋、重听、畸形损伤、其他健康损伤、重度情感紊乱、特殊学习障碍、语言障碍、视觉障碍、智力落后、聋盲、多种障碍共 11 类。随着西方回归主流、一体化等运动的兴起和发展，残疾儿童观也产生了改变。20 世纪 70 年代末，英国发布的《沃诺克报告》首次提出了特殊教育需要儿童的概念。此后，西方国家陆续呼吁用特殊教育需要儿童代替残疾儿童。除了撕掉残疾儿童的标签，特殊教育专业人士及儿童的家长也积极组织各种活动，为特殊儿童争取平等的受教育权。1994 年，在西班牙召开的世界特殊教育大会通过了《萨拉曼卡宣言》，强调受教育权是每个儿童最基本的权利，教育应该考虑儿童需要的差异；学习应适应所有儿童，无论儿童处于何种身体、智力、社会、情感、语言及其他状况。残疾儿童、天才儿童、流浪儿童、童工、边远地区及游牧民族儿童、少数民族儿童及其他处境不利儿童应该进入普通学校，得到他们可能需要的各种额外支持，以保证教育效果。

在我国，20 世纪 50 年代的特殊儿童主要指盲和聋哑儿童，他们的教育受到中央及地方政府的关注，也具有一定的社会基础及相关教育实践。[②] 到 20 世纪 80 年代，特殊儿童的分类开始细化。在《中华人民共和国义务教育法》中，特殊儿童不仅包括视力残疾和听力残疾儿童，还包括智力残疾儿童。1990 年颁布的《中华人民共和国残疾人保障法》将残疾分为 8 类：视力残疾、听力残疾、言语残疾、肢体残疾、智力残疾、精神残疾、多重残疾和其他残疾。

特殊儿童和特殊教育需要儿童都是特殊教育学术界公认的概念，但特殊教育需要儿童的概念更多地在国际交流中使用。目前我国更多地使用特殊儿童的概念（本书使用的也是特殊儿童），在实践过程中更关注那些能力明显低于普通儿童的群体。《特殊教育辞典（第 3 版）》对特殊儿童做出了定义："①广义的理解，是指与普通儿童在各方面有显著差异的各类儿童。这些差异可表现在智力、感官、情绪、肢体、行为或言语等方面，既包括发展上低于普通水平的儿童，也包括高于正常发展水平的儿童，还包括有轻微违法犯罪的儿童。②狭义的理解，专指残疾儿童，即身心发展上有各种缺陷的儿童。"[③]特殊儿童包含了残疾儿童的概念，二者都包含偏离正常发展的儿童群体。在这一特殊儿童概念中，残疾儿童、超常儿童和有轻微违法犯罪的儿童属于同一个层次，并且初步将社会环境因素导致的有学习障碍的儿童纳入特殊儿童，丰富了特殊儿童概

①　[美]史密斯：《特殊教育导论：创造不同的人生》，12 页，新北，台湾培生教育出版股份有限公司，2012。

②　顾定倩、朴永馨、刘艳虹：《中国特殊教育史资料选》，825 页，北京，北京师范大学出版社，2010。

③　朴永馨：《特殊教育辞典（第 3 版）》，1 页，北京，华夏出版社，2014。

念的内涵。残疾这种表述可能带有歧视的含义，而将残疾儿童纳入特殊儿童的范围意味着不再以残障的视角看他们，只是他们的表现与普通儿童有所不同。

通常，特殊教育需要儿童既包括那些在学习中有困难的儿童，也包括那些因成绩优异而需要调整课程和教学以发挥自身潜能的儿童。[①] 朴永馨认为，特殊教育需要儿童指那些因个体差异而有各种不同特殊教育需求的儿童，这些要求涉及心理发展、身体发展、学习生活等各个方面，不仅包括对某一发展缺陷提出的要求，还包括对能力、社会因素提出的要求。[②] 由此可见，特殊教育需要儿童的概念更为广泛，面向的是全体儿童，即每个儿童都只有得到特殊教育才能使自身潜能得到最大限度的发挥，且每个儿童需要的时间、方法、策略和资源不同。

从残疾儿童到特殊儿童再到特殊教育需要儿童，这一概念转变的过程意味着从医学模式到社会学模式的转变，同时也说明人们对人的差异了解得越来越深入，最终发现人的多样性是不可否认的客观事实，因此人们在态度上也越来越接纳差异。这一认识无疑会对特殊教育提出新的要求，使人们不得不重新思考特殊教育的目标。特殊儿童观也经历了相应的变化：残疾观突出甚至放大了特殊儿童的缺陷，在残疾观下的特殊教育本质上是一种消极的教育态度和期待，其目标更倾向于正常化、康复、补偿等方向；障碍观关注的则是环境的限制，在障碍观下的特殊教育看重的是为特殊儿童提供服务和支持，以促进他们潜能的发展。

(二)特殊儿童观

当今倡导的特殊儿童观包括以下四个方面。

1. 特殊儿童的差异观：共性和差异的统一

如何看待特殊儿童与普通儿童的共性？一方面，特殊儿童本质上是儿童，他们也遵循生命发展的一般规律。不论是特殊儿童还是普通儿童，脑、肢体、肺等都会随年龄不断发育，心理发展由简单到复杂、由低级到高级。另一方面，根据加德纳的多元智力理论，人的智力结构是多元的，因为其组合方式和发挥程度不同，所以每个儿童的能力结构都不同。比如，有的儿童感知觉能力强，有的儿童擅长记忆，有的儿童音乐天赋明显，有的儿童在数学逻辑推理方面有优势，等等。如果从差异的角度来看共性，那么特殊儿童和普通儿童的能力结构都是不同的。

如何看待特殊儿童与普通儿童的差异？首先，他们虽然都遵循身心发展的一般规律，但在发展速度和程度上表现出差异。比如，普通儿童在一年级时已经能够认读并

---

① ［美］休厄德：《特殊需要儿童教育导论(第八版)》，10页，北京，中国轻工业出版社，2007。
② 朴永馨：《特殊教育辞典(第3版)》，2页，北京，华夏出版社，2014。

书写 100 以内的数字，特殊儿童的表现则呈现两个极端：早已上升到一年级以上的水平，或者还停留在 10 以内的数字的认读上。因此，特殊儿童的发展程度和速度明显超过或落后于普通儿童。其次，儿童与同龄常模的差异程度决定了其教育安置形式。这些差异主要表现在学习能力、语言沟通、社会交往、注意力、生活适应能力等各个方面。将儿童与同龄常模进行对比，如果差异不大，且不影响正常的学习，这种差异程度就是可接受、可忽视的，这部分群体就进入普通学校，也就是大部分普通儿童接受教育的环境；如果儿童的发展水平明显低于或高于同龄常模，他们就需要特殊的教学、教材、课程及相关的服务与支持，只有这样才能实现个人潜力的最大化。通常，发展水平高于同龄常模的群体进入超常儿童学校，发展水平低于同龄常模的群体则进入各类特殊教育学校。最后，特殊儿童与普通儿童在生理方面也存在差异。有研究表明，中枢神经系统的状态会影响儿童的表现。比如，大脑额叶受损的儿童无法控制自身的情绪行为；镜像神经元缺失或异常会导致儿童不能模仿他人的行为，更无法理解他人行为的意义。因此，部分特殊儿童出现冲动—多动行为、注意力分散、不听指令等异常行为。

只有既承认特殊儿童与普通儿童之间的相似性，也承认两者之间的差异性，才能正确地看待特殊儿童。儿童的差异是普遍存在的，只是特殊儿童的差异更为明显。如果不专门与普通群体做对比，特殊的意义就不会那么明显，这些特殊的表现只是个体多样性的体现。

2. 特殊儿童的存在的普遍性和长期性

特殊儿童的存在是不可忽视、不可消除的。特殊儿童包括智力障碍儿童、视力障碍儿童、听力障碍儿童、孤独症儿童、脑瘫儿童等多种类型，这些儿童都是普遍存在的。特殊儿童的存在与某些因素存在联系，如遗传因素、家庭因素、环境因素。任何国家或地区都存在特殊儿童，并且一直伴随国家或地区的社会发展。特殊儿童的存在既是社会进步必须处理好的问题，又是人类多样性的表现。从消极的角度看，如果说残疾是人类在社会发展和文明进步过程中必须面对的，那么特殊儿童境遇的改善就是人类从原始社会到现代社会不断争取社会发展和文明进步的表现。从积极的角度看，特殊儿童是人类多样性的体现，这也使一个群体及群体文化逐渐形成。

3. 每个儿童都有特殊需要

如何理解特殊需要？首先，特殊的意义在于是为个体量身定做的，更具有针对性。其次，需要就是给儿童提供的各种方法、策略和资源，类似于最近发展区理论提到的为了让特殊儿童达到更高的能力水平而给他们提供的帮助和支持。因此，特殊需要就是为让每个儿童完成某一学习任务或达到更高的能力水平而提供的各种个别化的方法、策略和资源。

儿童个体之间在感觉、知觉、思维、记忆、信息加工风格、性格和气质等方面存在显著差异。不论是特殊儿童还是普通儿童，他们都是独立、复杂、差异显著的，而且每个儿童都需要一定的帮助去达到某一水平。因此，每个儿童都需要个性化的策略和资源，只有这样才能进一步促进儿童潜力的开发。从这个角度来说，特殊儿童与普通儿童是一样的，不同之处在于需要支持的程度不一致，特殊儿童比普通儿童需要更多的帮助和支持。某些对特殊儿童适用的方法也适用于普通儿童，那么对普通儿童有效的策略也未尝不能应用到特殊儿童教育中。

4. 特殊儿童具有发展潜力

在情感上接纳特殊儿童只是特殊儿童观的基础，更重要的是相信他们有发展潜力。尽管残疾意味着限制，但不能否认的是，所有特殊儿童都有发展乃至成功的潜能。一方面，在儿童发展关键期进行合适的教育，可以让他们的认知、思维、语言、社交、生活自理、情绪行为等方面得到良好发展，并符合社会期待。另一方面，非智力因素是特殊儿童发展的内在条件。非智力因素主要指正向动机、毅力、努力、自律、兴趣等。它们不仅能在学校学习中起到推动作用，在学生离校后也能继续发挥作用，使其实现个人价值。海伦·凯勒、贝多芬、霍金等人的故事都是很好的例子。近年来，不断有新闻媒体报道特殊儿童接受教育后取得成就，如成功考上大学、参加大学英语四六级考试、攻读博士学位等。这些事件通过新闻媒体进入公众视野，逐渐撕掉贴在特殊儿童身上的消极标签，让公众开始相信并期待特殊儿童的发展潜力，认识到特殊儿童与普通儿童的差异并不能阻碍他们前进的步伐。

二、特殊教育的概念、目的及功能

(一)特殊教育的概念

刘全礼认为，应从广义和狭义两个角度去理解特殊教育：广义的特殊教育是对特殊儿童开展的有目的的、旨在满足他们一切教育需要的活动，这些活动既可能是增进特殊儿童的知识技能、影响特殊儿童的思想品德、增强特殊儿童的体质的活动，也可能是改变或矫正他们的缺陷或行为的活动；如果这些活动是在各种各样的学校中进行的，就是特殊儿童的学校教育，即狭义的特殊教育。[①]

朴永馨指出，特殊教育就是使用一般的或经过特别设计的课程、教材、教法、教学组织形式和教学设备，对有特殊教育需要的人进行旨在达到一般和特殊培养目标的

---

① 中国教育研究所：《义务教育均衡发展模式与"两基"攻坚督导评估指导手册(上卷)》，72 页，北京，人民教育出版社，2006。

教育。①

肖非教授也提到，特殊教育就是为满足特殊儿童的特殊需要而特别设计的教学，有特殊教学材料、教学技术、教学仪器或设施。特殊教育的有效运作需要一些相关服务，如特定的交通工具、心理评估、物理治疗、职业治疗、医学治疗及咨询等。特殊教育最重要的目标就是发现和发挥特殊学生的能力。②

综观这些关于特殊教育的观点，我们不难发现，特殊教育就是采用特殊的方法和策略实现培养目标的教育。

(二)特殊教育的目的及功能

1. 特殊教育的特殊性

特殊教育的特殊性为何？这一问题是思考特殊教育功能的逻辑前提。从国家对教育事业的管理来看，特殊教育相对独立，与普通教育分开管理，这对于保障和促进特殊教育发展来说无疑是具有积极意义的。不过，这也使特殊教育与普通教育割裂，特殊教育成为特殊教育者的"独角戏"，普通教育者则对特殊教育"敬而远之"。

由此可见，特殊教育的特殊性在于教育的对象、方法和手段，而不在于教育的目的。特殊教育面临的是一个异质性很大的群体，他们在学业、肢体、社交、行为、认知等方面存在极大的差异。教育对象的特殊性构成了特殊教育的主要特点。

特殊教育的方式也具有特殊性。以视力障碍儿童为例，对他们进行教育需要各种辅助或特别的设计，如大字课本、盲文书或盲用计算机软件；为防止他们受伤，要将教室的桌椅设计成圆角形且尽量靠墙摆放；等等。这些针对特殊儿童的差异或者说特殊需要做出的改变实际上只是给特殊儿童一些支持，并没有改变特殊教育的目的。因此，我们说特殊教育真正的特殊性在于手段而非目的。

另外，特殊教育对教师从教的要求也是特殊的。教师除了具有基本的从教资格，还需要有正确的特殊儿童观，对特殊教育充满热情和信心，能用盲文、手语沟通，等等。

2. 特殊教育的目的

特殊教育的目的为：为社会主义现代化建设服务，结合特殊教育对象的身心特点和需要，在生产劳动和社会实践相结合的过程中注重劳动技能的培养，促进特殊教育对象德、智、体、美多方面能力的发展，使他们更好地融入社会，成为合格的社会主义现代化建设者和接班人。③

---

① 朴永馨：《特殊教育辞典》，32 页，北京，华夏出版社，1996。

② ［美］丹尼尔·哈拉汉、［美］詹姆士·M. 考夫曼、［美］佩吉·C. 普伦：《特殊教育导论（第十一版）》，9 页，北京，中国人民大学出版社，2010。

③ 雷江华、方俊明：《特殊教育学》，234 页，北京，北京大学出版社，2016。

3. 特殊教育的功能

教育的功能指教育活动和系统对社会发展和个体发展所产生的各种影响和作用，包括社会发展功能与个体发展功能。社会发展功能指教育为国家的发展培养人才，服务于国家的政治、经济发展；个体发展功能主要指促进个体的个性化和社会化。

特殊教育的目的不是培养出类拔萃的人才，而是尽可能地促进特殊儿童全面发展。它不是一种精英教育，而是一种普及教育。[①] 因此，特殊教育的功能主要是个体发展功能，即促进特殊儿童的个性化和社会化。

促进特殊儿童的个性化包括：促进儿童主体意识的形成和主体能力的发展；促进个体差异的充分发展，形成人的独特性；开发特殊儿童的创造力，促进个体价值的实现。促进特殊儿童的社会化则包括：促进个体思想意识的社会化，促进个体行为的社会化，培养个体的职业意识和角色。

从根本上讲，教育最基本的功能就是实现个人潜力最大化，因此普通教育与特殊教育并无二致。教育的基本功能是否发挥取决于教育是否以学生发展为目的。特殊教育所强调的个性化并不是其专属的，只不过是因材施教理念在特殊教育领域的具体落实。从这个意义上说，真正的教育就是特殊的教育。

第二节
特殊教育课程目标的价值取向

课程目标的价值取向是在处理课程目标相互冲突、对立或做出抉择时的基本原则和价值观。明确特殊教育课程目标的价值取向也就是明确特殊教育课程目标的定位，明确应该根据哪些原则考虑课程内容、课程实施、课程评价、课程组织等，从而达到特殊教育课程的目标。

课程论学者舒伯特认为课程目标应该有四个价值取向，即普遍性目标取向、行为性目标取向、生成性目标取向和表现性目标取向。这四个价值取向对特殊教育课程目标的确定具有重大指导意义。

---

① 雷江华、方俊明：《特殊教育学》，238 页，北京，北京大学出版社，2016。

一、普遍性目标取向

(一)普遍性目标概述

普遍性目标是基于经验、哲学观(或伦理观)、意识形态(或社会政治需要)而产生的一般性教育宗旨或原则,这些宗旨或原则直接运用于课程与教学领域,成为课程与教学领域一般性、规范性的指导方针。[1]

普遍性目标具有抽象性、模糊性和高度概括性的特点。从纵向上看,普遍性目标与所处的时代背景有密切关系。例如,在秦朝时,法家思想居于主导地位,强调以法为师、以吏为教;在汉朝时,儒家思想处于最高地位,在教育上主张"三纲五常""君权神授";在资本主义萌芽的明末清初,理学遭到反对,追求培养"经世致用"的实用人才。"以法为教""三纲五常""经世致用"的定义都不够具体,只是大概说明培养人才应该朝着哪个方向发展,框定了什么类型的人才符合当时社会的要求,对怎么做才能达到要求并没有明确可操作的策略和衡量指标。

(二)普遍性目标与特殊教育

在我国教育部发布的盲校、聋校和培智学校义务教育课程标准中,几乎所有课程目标都提到了要增强爱国主义情感、热爱中国共产党、坚定社会主义信念、践行社会主义核心价值观、逐步确立为中国特色社会主义事业做贡献的人生理想,规定了课程应该为中国特色社会主义服务。除了政治观,课程目标还对哲学观做了规定。比如,盲校历史课程标准要求坚持用唯物史观阐释历史的变化与发展,聋校地理课程标准要求树立辩证唯物主义观等。这类政治观和哲学观既可以在特殊教育学校课程目标中出现,也可以在普通学校课程目标中出现。即使不分学校类型、不分学科,政治观和哲学观也可以作为情感态度价值观在课程目标中出现,具有普遍性目标的特点。普遍性目标是国家政治和社会意识形态的反映,符合社会发展要求。对国家来说,普遍性目标是一种理想的状态,是自上而下对课程目标的期望。但这种国家层面的期待对于具体课程与教学实践来说,因缺乏可操作性而很难在一节课中达成。对特殊教育学校的生活适应、劳动技能和律动等课程的目标的表述也带有普遍性目标的特点,具体表现在促进特殊儿童潜能的开发、提升生活适应能力、形成独立的生活自理能力等。实际上,这些目标更适合作为组织与实施课程的方向,指导教师选择能达到这些目标的教学活动,通过一个个教学活动的完成,让特殊儿童从量变到质变,进而达成课程与教

---

[1] 张华:《课程与教学论》,153 页,上海,上海教育出版社,2000。

学目标。

(三)对普遍性目标的评价

教育是国家发展和社会进步的基石，能促进国民素质的提高，对国家政治、经济、文化、科技发展产生重大影响。教育目的反映国家对培养人的质量和规格的总要求，而课程目标是根据教育目的和培养目标的要求制定的，课程的普遍性目标也要体现国家的要求。国家确定普遍性目标，也就确定课程目标取向的原则和立场，使课程目标在国家可控的范围内稳定运行。教育事业保持稳中有进的发展势头对任何国家来说都是不可或缺的。普遍性目标实际上与教育目的和培养目标相呼应，都站在国家立场上对课程内容、课程实施、课程评价等要素做导向性要求。这些要素都是围绕课程目标展开的，受到课程目标价值取向的影响。普遍性目标取向遵从伦理观、政治观、哲学观的基本观点，是社会发展的必然要求和结果。

普遍性目标可用于职业教育、艺术教育、继续教育、成人教育和特殊教育等各个教育范畴，可以适应各种教育实践情境的需要，但在运用过程中也存在一些不足。第一，缺乏充分的科学依据，受到日常经验的限制，主要表现在早期的课程目标中。例如，1987 年颁布的《全日制弱智学校（班）教学计划（征求意见稿）》指出，在常识课上要对学生进行思想品德、文明礼貌、遵纪守法教育，以及生活、自然（包括生理卫生）、社会常识教育，补偿学生智力和适应行为的缺陷，使其具有良好的行为习惯和适应社会生活的能力。在智力和适应行为上的缺陷需要教育进行补偿，这一点是符合逻辑的，但仅通过简单的知识教育很难做到补偿。仅通过书本知识教育智力障碍儿童，最后仍停留在意识层面，这是由于从意识到行动并不是简单的刺激—反应公式，中间还有意志、动机、兴趣和神经生理因素等多种不可控成分的参与。

第二，普遍性目标在逻辑上不够彻底和完整，往往以教条的形式出现。培智学校教育在刚起步时，更多地借鉴同时期普通学校的课程与教学经验。而当时普通学校的教学是以教师、教材、课堂为中心的，强调教师对学生的引导，而忽视学生自身的主观能动性，或多或少都带有一些教条主义色彩。反映在培智学校课程与教学目标的陈述上，则为通过教师的讲解让学生掌握数字 5 的知识、引导学生根据不同的颜色进行分类、教学生能够辨别左和右等。

第三，普遍性目标是一般性的原则或宗旨，通常在定义上不够明确，难以准确衡量，有时会出现歧义。例如，1987 年颁布的《全日制弱智学校（班）教学计划（征求意见稿）》规定了通过哪些常识对智力障碍儿童进行智力和适应行为的补偿，但没有指明用什么标准判断教学是否有效，到达哪种程度才算提升了智力、补偿了缺陷等。

普遍性目标因被使用在不适合的范围而遭到了批判，另一种更具体、实用的目标取向逐渐获得越来越多的关注。

二、行为性目标取向

(一)行为性目标概述

如果说普遍性目标是基于经验、哲学观(或伦理观)、意识形态(或社会政治需要)对特殊儿童的期待，那么行为性目标就是对特殊儿童具体学习结果的期待，以学习或行为的结果为导向。行为性目标用明确、具体、可测量的形式陈述课程与教学结束后个体身心应该发生的变化。[①] 其本质是追求技术的兴趣，将教育活动视为可操作的过程。

行为性目标与行为主义心理学的发展密不可分。20 世纪初，行为主义心理学在实证主义和实用主义思想、自然科学和技术进步、动物心理学和心理学的客观研究方法的推动下产生，其中实证主义和实用主义思想是行为主义心理学产生的思想根源。实证主义只相信直接观察，认为自然科学应只谈具体事实；实用主义则只关注行为的效果。

20 世纪初，美国爆发了社会效率运动，其主要观点是通过对工作任务加以分析和细化，让每个人处于自己的最高效率和最大产能状态。这场运动在教育方面的表现主要体现在博比特和查特斯的课程开发理论上。1918 年，博比特主张采用活动分析法开发课程，把人类经验划分为十大领域，再将十大领域细化为小领域。[②] 秉承同样的效率原则，查特斯将课程开发的领域集中到人类职业领域，强调对职业领域的分析。受桑代克联结主义思想的影响，1949 年，泰勒进一步发展了行为目标。

行为主义发展到第二次世界大战结束后，特别是 20 世纪 50 年代中期后，美国心理学界涌现出认知心理学思潮、人文主义心理学思潮，对行为主义的传统观念尤其是严守自然科学的取向进行了猛烈的抨击。[③] 有些原属行为主义学派的学者不再坚持"客观的客观"原则，接受了意识为心理学研究的主题之一的观念。20 世纪五六十年代，斯金纳、桑代克和班杜拉的理论将行为主义理论发展到新高度，新行为主义将学习过程视为刺激、中间变量、反应间的联结，此时新行为主义占据了学习理论的主导地位。与此同时，布鲁姆继承并发展了泰勒的行为目标，将教育目标分为认知、情感、动作技能三个目标领域。20 世纪六七十年代的一场运动将行为目标取向推向了巅峰，这场运动被称为行为目标运动，它继承并发展了博比特、布鲁姆等人的思想，其代表人物

[①] 张华：《课程与教学论》，156 页，上海，上海教育出版社，2000。

[②] F. Bobbitt, "How to Make a Curriculum," *The Journal of Education Research*, 1925(11), pp. 65-66.

[③] 彭聃龄：《行为主义的兴起、演变和没落》，北京师范大学学报，1984(1)。

梅杰认为应将行为目标的要素分为陈述任务、陈述条件和陈述标准。[1]

(二)行为性目标与特殊教育

行为性目标在特殊教育中的表现主要为个别化教育计划和基于应用行为分析原理的各种训练方法。

个别化教育计划是指运用团队合作的方式，针对特殊儿童的个别特性所制订的特殊教育及相关服务的计划。制定个别化教育计划的目标时，首先要确定儿童目前的能力状况，然后确定长期目标(即年度目标和学期目标)，再根据长期目标确定短期目标。长期目标一般表述为提高阅读能力、增进运动技能、提高生活自理能力等。短期目标更为具体，如到 3 月底时儿童能计算 10 以内的加法，并且在标准化测验中正确率达到80％；一周内掌握洗手步骤的前五步(完整的洗手步骤为七步)。长期目标是总的发展方向，短期目标是以长期目标为依据制定的具体、可量化、可操作的目标。与其他行为性目标一样，个别化教育计划目标也重视学习的结果，在陈述短期目标时必须确定主体是谁、行为是什么、行为的结果是什么、在什么条件下完成、完成的标准是什么。表 3-1 是个别化教育计划目标的一个例子。

表 3-1　个别化教育计划目标示例

长期目标：截至 6 月 7 日，儿童能去超市买菜。
短期目标： ①3 月 1 日至 4 月 25 日，儿童能根据常见的 15 种蔬菜名称找出对应的实物，正确率达 80％。 ②3 月 1 日至 15 日，儿童能根据从家到超市的路线图找到超市，正确率达 80％。 ③3 月 15 日至 17 日，儿童能根据地标指示从超市正门走到蔬菜区，正确率达 90％。 ④4 月 25 日至 30 日，儿童能在模拟超市的情景下将每种蔬菜与其价格标签对应起来，并说出蔬菜的价格，正确率达 90％。 ⑤4 月 30 日至 5 月 25 日，儿童能使用手机计算器算出两种及以上蔬菜的总价格，正确率达 90％。 ⑥5 月 25 日至 6 月 7 日，儿童能在家长陪同下在收银台使用支付宝或微信付款。

注：长期目标可以划分为多个短期目标，根据不同的难度规定不同的截止时间。

为了减少特殊儿童的问题行为或促进良好行为的习得，特殊教育通常会使用基于应用行为分析原理的各种训练方法，包括强化、维持、泛化、塑造、连锁、渐隐和工作分析法等。在一堂生活适应课上教中重度智力障碍儿童居家生活技能时，可运用工作分析法将要训练的技能分解成小的次级技能，再对这些小技能进行排列，并以具体可行的目标来表示，从而进行具体目标的讲解和操作，使特殊儿童在掌握一个目标的

---

[1]　R. F. Mager，*Preparing Instructional Objectives*，Palo Alto，Fearon Publishers，1962，pp. 13-14.

技能后再进行后续目标任务的学习。这样一来，特殊儿童就比较容易接受和理解任务。[①] 表 3-2 是工作分析法的一个例子。行为性目标在特殊教育中运用得相当广泛，不仅可以作为教师教学效果的评价标准，也可以衡量特殊儿童的学习情况。

表 3-2　工作分析法示例[②]

主题：买菜
①能记住要买的菜的名称。 ②能保管钱。 ③能找到社区菜市场。 ④能区分菜市场各区域。 ⑤能找到自己要买的菜。 ⑥能与摊主进行买菜的语言沟通。 ⑦能辨别菜的好坏。 ⑧能分辨菜的多少。 ⑨能自己挑选合适的菜。 ⑩能算账、付钱。 ⑪能把买好的菜完好地带回家。

(三)对行为性目标的评价

行为性目标克服了普遍性目标的缺点，将抽象的目标转换为具体的目标，具有很强的操作性，也便于对目标的达成程度进行评价。布鲁姆将教育目标划分为认知、情感和动作技能，再对这三个方面进行进一步细化。他将认知目标划分为知识、领会、运用、分析、综合和评价六个方面；将情感目标划分为接受（注意）、反应、价值评价、组织、由价值或价值复合体形成的性格化五个层次；将动作技能目标由低级到高级划分为六个层次，即反射动作、基本/基础动作、知觉能力、体能、技巧动作和有意沟通。布鲁姆的教育目标分类学属于行为主义取向的教育目标，他将行为主义的基本原理运用到教育目标领域，将目标制成一张大的树状图，几乎每种类型的目标都能在这张树状图中找到对应的点，课程和教学目标的操作十分简便，能够及时反映学生的学习情况。对于课程目标的陈述，梅杰建议使用具体的行为动词，如写、复述、列表等，而不是理解、欣赏、相信等抽象动词，因为后者会导致传递给学习者的信息过于笼统，容易产生混淆。

任何事物都有两面性，行为性目标取向自身的优点使其在 20 世纪处于主导地位，但它只有在一定条件下才能更好地发挥优势，超过条件的范围就会出现问题。正如前

---

① 王欢：《工作任务分析法在中重度智障儿童居家生活技能训练中的应用研究——以个训课〈我会使用热水壶〉为例》，载《现代特殊教育》，2018(21)。

② 袁红梅、张之发、庞再良：《中重度智障儿童个别化教育计划实践研究》，载《中国特殊教育》，2009(10)。

文所说，行为性目标具备详细、可量化、可操作的特点，如果用于建立刺激和反应的联结的任务，则可以明显地提升一些操作性技能的水平，如将行为性目标取向用于特殊儿童行为习惯的养成，以及自我服务劳动、家务劳动、公益劳动和简单生产劳动的学习。这种以实践操作知识为主的学习内容是可以用比较具体、准确的词语来陈述的。

　　行为性目标重视学习结果，关注学习目标是否达成，保证在规定时间内按计划一步步执行，确定好方向和具体的目标，更容易实现。但也有反对意见指出，行为性目标是控制本位的目标，而教育是由内而外的生发，并非外界的强制施加，所以行为性目标不太符合教育的本质。例如，用工作分析法教孤独症儿童叠衣服，因为教师的经验和习惯不同，所以叠衣服的方法也有所不同。孤独症儿童最典型的特征就是重复刻板行为，如果教师每次都按照固定的步骤去教，虽然确实能发现儿童在慢慢进步，但同时也会发现几个问题：第一，为了让儿童掌握叠衣服的方法，教师在每个步骤上都是相对固定的，不允许儿童进行额外的尝试，这在一定程度上限制了孤独症儿童的创造性；第二，教师不经意的习惯性动作会被孤独症儿童当作叠衣服的步骤，如教师习惯每折一个角就按两下，这个动作本身并没有特殊的意义，但在孤独症儿童眼中就成了叠衣服的程序，也就导致他们每次叠衣服都会加入这个动作；第三，大量的教学和干预的目的是改善孤独症儿童的重复刻板行为，但把每一个操作步骤固定下来就像计算机程序一样机械，没有灵活性，当儿童按照这样机械化的程序完成了叠衣服，获得了教师的物质奖励，便在无意识之间获得一种观念，即不用思考其他方法，只需要回忆教师教的步骤，按照步骤操作出来就是正确的，这样反而强化了孤独症儿童的重复刻板行为；第四，学习叠衣服本质上是要学会整洁地摆放衣服，教师教的步骤并非唯一的方法，而且儿童之间的差异性决定了每个人掌握的程度是不同的，只要符合整洁的标准就表示教学是有效的。我们应该用辩证的观点看待行为性目标取向，行为性目标运动是可以改善教育的，不应仅因为其没有成功地达到更严格的标准而忽视其可取之处。

三、生成性目标取向

(一)生成性目标概述

　　相较于行为性目标，生成性目标更加关注人的生理和心理作用在学习中的影响，强调充分发挥人的主观能动性。生成性目标代表正在进化的目标，这就意味着它不是预先设定的目标，而是在教学过程中生发的目标；它根据教学情境临时生成，只有主题，没有具体的教学目标。生成性目标本质上追求的是实践的兴趣，在教师、特殊儿童和情境之间的交互过程中，自然而然地产生课程与教学目标。

生成性目标并不是一个抽象的概念，杜威、斯滕豪斯等人的思想也涉及生成性目标取向。杜威提出的"教育即生长"代表的是生成性目标的本质特征——过程性，在"教育即生长"中，生长是由内而外的，是从不成熟到成熟的过程。杜威将教育目标融入学习的过程，伴随儿童的生活。基于博比特、查特斯、泰勒等人的思想，斯滕豪斯提出了课程的过程模式，将课程定义为研究假设，目的是验证某套课程是否具有教育价值以及是否在课堂情境中具有教学的可行性。知识并不是可以事前明确界定或规定的课程目标，并且概念不是单一、绝对的知识结构。因此，教学的目的不是让学生寻求统一的标准答案，而是引导学生在探究过程中进行没有标准答案的讨论与学习，进入多元社会文化的对话，通过讨论或探究来了解、理解各种不同的意见。只有这样的课程才能促进学生认知过程的发展，才能引导学生学会学习，才能提供学生心智能力的发展机会。[①]

另外，生成性目标与课程实施的创生取向有相同之处。首先，它们将教师和学生视为课程开发与创造的主体，强调在课程实施中充分发挥师生的主体性；其次，重视课程实施过程中的情境性，在情境中调动师生的积极性；最后，注重师生之间情感的互动，培养融洽的师生关系，营造充满活力的课堂氛围。

(二)生成性目标与特殊教育

之所以在特殊教育课程中追求生成性目标，是因为特殊教育课程目标与生成性目标在三个方面的立场上保持一致。首先，回归本质。特殊教育是教育，教育要求的是引导、由内而外的生发。所以特殊教育教师要调动特殊儿童的学习兴趣，激发特殊儿童的自觉性、主动性和创造性，实现教师和特殊儿童之间的双向互动。相比于行为性目标，生成性目标充分尊重师生的主体地位，不再是教师完全地控制学生。发挥人的主动性正是特殊教育课程和生成性目标的共同要求。其次，特殊教育课程目标既可以通过显性课程达到，也可以经由隐性课程实现。隐性课程包括师生关系、班级氛围、奖惩制度、班级环境布置等，这些往往贯穿于课程与教学过程，悄无声息地影响人的经验、价值观、情感态度，这一点也与生成性目标最本质的特征符合。最后，特殊教育课程有功能性、发展性和补偿性三种范式，这些范式代表了不同的倾向。功能性是实用的，与生活密切相关；发展性指向学习的逻辑顺序；补偿性弥补缺陷，并进行补充和增加。以生成性目标为主的课堂教学可以根据教师、学生和情境的互动情况选择课程范式更偏向于哪个方向，给予教师开展教学活动的自由。

---

① L. Stenhouse，*An Introduction to Curriculum Research and Development*，London，Heinemann，1975，p. 161.

(三)对生成性目标的评价

冯国瑞认为：教学不是简单的机械劳动，不是人与物之间的活动；教学是由教师、学生、教材、环境四种要素组成的复杂的动态系统，它具有多元、动态、历时、交互影响的特点；各教学要素只有在交互作用的过程中才能产生教育意义；学校课程回归生活世界是当代课程发展的一个重要理念，这样的教学具有真实性、情境性，是问题解决式的学习，也是以人为本的教学，是人之为人的教育；在教学过程中应利用学生的原有经验构成动态的认知冲突，引导学生螺旋式向前发展，这是最重要的教学思路。[①]

生成性目标本身的价值是值得肯定的，但在运用过程中也存在一定的难度。王立忠和刘要悟提出了生成性目标在特殊教育中面临的三种困境。[②]

第一，生成性目标依靠教师的创造力和实践智慧，对教师的专业水平要求很高，是理想化的目标取向。同时，它也容易给人难以捉摸、缺乏安全保障的感觉，给教师增加压力，甚至使教师陷入无所适从或孤立无助的教学困境，进而容易流于形式。对于身兼数职的特殊教育教师来说，这无疑加大了教学压力，尤其是对特殊儿童和情境不熟悉的新入职教师，需要长期的教学实践才能逐步把握生成性目标。

第二，鼓励研究、探究的教学过程虽然重视特殊儿童的参与，但在实际的教学情境中，特殊儿童能对自己扮演的实验研究角色有多大程度的认知、特殊教育教师能在多大程度上给予特殊儿童尝试探索的自由，仍没有明确的答案。

第三，教师权威角色的弱化和特殊儿童的自主探究容易造成特殊儿童的学习失控，如班级教学秩序混乱、特殊儿童理解的知识和要掌握的知识之间存在偏差。

四、表现性目标取向

(一)表现性目标概述

表现性目标是由美国学者艾斯纳提出的，指每一个特殊儿童在具体教育情境的种种际遇(encounter)中产生的个性化表现。描述教育中的际遇就是指明学生在学习中完成作业的情境、学生要处理的问题、学生要从事的活动任务，但它不指定学生在这些际遇中要学到什么。在表现性活动中，教师希望提供一个情境，使特殊儿童在此情境中获得个人意义。当特殊儿童的主体性充分发挥、个性充分发展时，他在具体教育情

[①] 冯国瑞：《生成性思维视阈中的教学范式转型》，载《黑龙江高教研究》，2007(4)。

[②] 王立忠、刘要悟：《"课程即研究假设""教师即行动研究者"——斯滕豪斯课程观之要义》，载《大学教育科学》，2010(2)。

境中的具体行为表现及所学到的东西则是无法准确预知的。因此，表现性目标所追求的不是特殊儿童反应的同质性，而是反应的多元性。表现性目标本质上属于解放兴趣，即教师和学生能够自主地从事课程创造，在不断的自我反思和彼此交往中实现自由与解放。[1]

表现性目标取向也体现了人本主义课程观。人本主义课程观视课程为经验，强调活动在课程学习中的重要性，强调以人的自我实现为课程设计的核心，强调情意教育和认知教育相统一；主张学习者亲自体验各种活动，形成自我概念和独立自主的个性；反映了对人的主观能动性的重视，如倡导课程规定学习者去感受什么以及拥有什么样的态度，为学习者的生活提供多样化选择，使学习者学会对自己的选择负责，并让学习者意识到可以做出自己的选择。[2] 表现性目标通常与艺术、设计和研究类课程设计相关，如语言艺术、艺术教育和课程教育等。[3]

(二)表现性目标与特殊教育

表现性目标旨在培养特殊儿童的创造性，强调个性化，与艺术和设计相关。在特殊教育中也存在表现性目标。

特殊儿童之间的差异性导致不太可能用唯一的指标准确了解特殊儿童的学习效果，因此教学常采用多种呈现方式，包括纸笔测验、绘画、角色扮演、手工、舞蹈等。为检验特殊儿童对同一知识点的掌握效果，可以让特殊儿童选择做纸笔测验，也可以通过绘画、手工来呈现知识点，或者自己创造一种展现知识点的方式。教学既赋予特殊儿童自我决定的权利，也充分发挥其个性，形成多样化的反应。在进行创作的过程中，教师也会促使特殊儿童回顾、巩固知识点，加深特殊儿童对知识点的理解，使特殊儿童在理解的基础上呈现自己对知识点的特别设计。

(三)对表现性目标的评价

表现性目标主张自我意识的提升和个性的解放，重视差异性，强调个体的主动性、创造性、解释性以及知识的持续发展性，重视人的存在与体验，认为只有这样学生才是活生生的存在，而不是习惯于被控制的个体。[4] 这样的目标价值取向是最理想的教育，也最符合教育的理念。

表现性目标并不追求结果与预期目标的一一对应关系，而运用一种美学评论式的评价模式。即对学生活动及其结果的评价是一种鉴赏式评价，依其创造性和个性特色

---

[1]　张华：《课程与教学论》，178～181 页，上海，上海教育出版社，2000。
[2]　[美]麦克尼尔：《课程导论(第六版)》，3～28 页，北京，中国轻工业出版社，2007。
[3]　武法提：《表现性目标导向下以活动为中心的网络课程设计》，载《中国电化教育》，2008(6)。
[4]　杨莉君：《论后现代意蕴的课程目标观》，载《江西教育科研》，2004(5)。

检验质量。[①] 特殊儿童个体之间在多方面存在差异，表现出来的能力也有所不同，通过表现性目标可在极大程度上帮助特殊儿童发挥自主性、充分展示个人优势，增强特殊儿童的自信心。

表现性目标是教师成长的最高阶段，也是课程追求的最高境界，但有两个至关重要的问题：这种理想化的目标取向怎样才能实现在激发创造性的同时不失去形态上的适量？对教师来说应如何选择和确定这些目标?[②] 把握好激发学生的创造性和完成教学任务之间的平衡对教师的教学观念和教学能力提出了很高的要求。

五、四种课程目标取向的关系

(一)四种课程目标取向的区别与联系

从发展脉络来看，普遍性目标、行为性目标、生成性目标和表现性目标都对课程与教学产生了深刻影响。普遍性目标在 20 世纪之前就已经存在，在科学主义课程兴起之前得到广泛应用。行为性目标深受工具理性哲学观的影响，主要在 20 世纪初到 70 年代初盛行。生成性目标和表现性目标在课程领域被正式提出是在 20 世纪六七十年代。[③] 普遍性目标保障教育的发展方向，明确教育应培养什么样的人才以及为谁培养人才，在 20 世纪以前是课程与教学目标的主要价值取向。随着实证主义和实用主义思想的发展，社会越来越关注行为效果，即如何才能实现效率的最大化。普遍性目标因过于抽象和难以操作而遭到批判，行为性目标则反映了时代的需求，将教育活动视为工作，教师是工人，学生是原材料，教学活动是工作过程，这种教学技术化的目标取向受到了广泛推崇。行为性目标在被广泛使用的同时也遭到了新产生的认知主义和人本主义思想的抨击，认知主义者和人本主义者指责行为性目标是控制取向的目标，没有体现以人为本的精神，而且将意识与行为对立起来，忽视了人的心理因素在教学活动中的作用。在行为主义与认知主义和人本主义对立的情况下出现了两个变化：一是在认知主义和人本主义等思潮的影响下生成性目标取向发展起来，该目标取向考虑了学生的主观能动性，注重在师生平等双向的互动过程中自然而然地生成课程与教学目标，使课程与教学目标取向朝着追求实践的兴趣的方向发展；二是来自认知主义和人本主义的批判迫使以桑代克等人为代表的新行为主义修改了学习公式，提出刺激—反应的联结。表现性目标的层次比生成性目标更高，关注人的自由与解放，意味着教师与学

---

① 杨莉君：《教育目标的价值取向与创造性教育》，载《教育探索》，2002(7)。
② 杨莉君：《论后现代意蕴的课程目标观》，载《江西教育科研》，2004(5)。
③ 马云鹏：《课程与教学论》，90 页，北京，中央广播电视大学出版社，2002。

生能够自主地从事课程创造，在不断的自我反思与相互交往中获得自由与解放。① 将这些目标置于时代背景中，我们可以看到思想之间激烈碰撞并在批判中不断反思和融合的过程。

尽管行为性目标弥补了普遍性目标的缺陷，但并不意味着行为性目标可以完全取代普遍性目标。同样的道理，生成性目标也不能完全取代行为性目标，表现性目标也不能完全取代生成性目标。表现性目标旨在表明这样一种课程目标陈述的取向：如果我们对教育目的做出有意义的区分，则不同的教育目的有着不同的陈述形式。课程目标应该有不同的呈现形式，不同的目标呈现形式对教学有不同的指导意义。② 在课程与教学中，这四种课程目标取向本身没有对错之分，各自的优势只有在一定条件范围内才能最大化。滥用必然导致问题频频发生，即便是非常有用的目标取向也会遭受强烈的批判并逐渐被人们遗忘。只有将四者高度结合起来，才能最大地发挥它们的作用。

(二)四种课程目标取向与特殊教育教师专业化

特殊教育教师在制定教学目标时，首先会参照特殊教育课程目标的一般性要求确定所授课程要为国家和社会培养什么样的人才，然后将抽象的普遍性目标转化为具体的行为性目标。把具体和精确的外显指标作为特殊教育的教学目标，能够清晰、明确地指出教学目标的对象、行为、标准和条件，在课堂教学完成后能够有效评估教学目标的达成情况。在行为性目标中，特殊教育教师按既定程序开展教学，这并不意味着行为性目标应该被抛弃，而暗含了适应性和维持性的意义。新教师最初关注行为性目标取向，因为这种取向最容易掌握，预先设定教学目标并按照固定的教学过程实施教学能够让教师较快地适应教学，把握课堂发展的方向。停留在技术层面的教师专业化具有三个特征：以技能熟练为基本模式，以被动适应为行为特点，以追求功利为目标取向。③

随着教学经验的积累，特殊教育教师逐渐意识到教学流程本身是一个不断变化的过程，行为性目标虽然预设了整个教学程序，但无法控制教学中的突发事件，单一的行为性目标只能对高度结构化和技术化的知识产生较多影响。在能够完成教学计划的前提下，教师对教学进行适当调整，从单一的行为性目标变为行为性目标和生成性目标相结合，通过师生互动加深特殊儿童对知识的理解。从行为性目标价值取向到生成性目标价值取向的转变，本质上是从崇尚技术控制转向追求实践理性的突破，是课堂中师生关系的转变，也是从教师的单方面输出向师生共同创造的转变。特殊教育教师

---

① 张华：《课程与教学论》，181～182 页，上海，上海教育出版社，2000。

② 周兴国：《不仅仅是行为目标 还需要表现性目标》，载《课程教学研究》，2012(2)。

③ 刘曙峰：《教师专业发展：从"技术兴趣"到"解放兴趣"》，载《教师教育研究》，2005(6)。

对课程与教学反思到一定程度时便开始追求比生成性目标更高一级的表现性目标，充分发挥人的自主性和创造性，实现解放——从外在于个体的存在中获得独立。教师的解放促进和指导学生的解放，双方在不断自我反思和彼此交往的过程中实现自由和解放、实现精神的升华和审美的享受，从而实现教师和学生的共同成长和发展。[①]

从行为性目标到生成性目标，再从生成性目标到表现性目标，是教师专业化成长的路径，也是从技术操作到艺术鉴赏的跨越。表现性目标是教师成长的最高阶段，也是课程与教学追求的最高境界。在表现性目标取向的课程与教学中并不是单一的表现性目标取向，而是综合的目标取向，能够充分发挥不同目标呈现形式对教学的指导作用。

另外，需要特别说明的是，四种目标取向之间的关系并不是机械、固定的。分析四种目标取向之间的关系是为了帮助教师认识到它们各自的优缺点，以便在制定课程与教学目标时能更好地取长补短、相得益彰。面对这些课程目标取向，教师要根据特殊儿童的学习需要和发展需要选择最合适的目标形式。

第三节
特殊教育课程目标的确立

一、特殊教育课程目标确立的三个维度

泰勒原理作为课程目标的经典模式，对特殊教育课程目标的确立具有非常重要的借鉴意义。特殊教育课程目标也可根据"三个来源"和"两道筛子"来确定。"三个来源"即对学习者本身的研究、对当代校外生活的研究及学科专家的建议。"两道筛子"为学习心理学和哲学。特殊儿童发展的需要、社会发展的需要及学科发展的需要是特殊教育课程目标确立的三个维度，也是目标确立的重要来源。

(一)特殊儿童发展的需要

教育的本质是一种有目的地培养人的社会活动，特殊教育自然也围绕着培养人的目的，考虑人的各种发展需要。泰勒认为，应该将儿童发展的需要作为教育目标的来源，关注儿童的兴趣和需要。

---

① 刘曙峰：《教师专业发展：从"技术兴趣"到"解放兴趣"》，载《教师教育研究》，2005(6)。

需要是实然与应然之间的差距，也是机体内部的不平衡状态。实然是特殊儿童当前的能力状况，应然是特殊教育课程目标所要求达到的层次，特殊教育要消除儿童的能力现状与课程目标之间的差距。特殊儿童的需要不是随心所欲的需要，而是有正向、积极的教育意义的需要。有些需要是学校教师根据特殊儿童的情况确定的应继续发展的领域，而有些需要是特殊儿童自身意识到的，还有些需要只有到一定的学习阶段（如小学、初中）或在教师的引导过程中才能逐渐成为自主性需要。这些需要可能是分领域呈现的，如健康、社交、沟通、职业、学习、生活等。教师通常将特殊儿童的这些需要与常模进行比较，从而确定一般性特殊教育课程的目标。教师也可以通过引导让特殊儿童自己发现这些需要，再制定个别化的特殊教育课程目标。培智学校也要引导特殊儿童发现自身需要，做出自我决定。

兴趣是儿童学习的动机，特殊教育课程目标若以特殊儿童的兴趣为出发点往往能实现良好的教育效果。如果是特殊儿童感兴趣的事物，他们往往会积极参与并学会如何有效地应对情境。但不是所有的兴趣都能作为特殊教育课程目标确立的依据，只有那些合乎教育期待的兴趣才能成为有效教学的焦点。特殊儿童的兴趣可以通过观察、访谈、测验等方式获取，通常直接观察、访谈家长和教师是最直接、快速、有效的方法。但单一方式获取的信息有一定局限，原因在于不同人对同一行为有不同解读。如当儿童突然哭泣，有人会认为他生病了，有人则认为他在逃避任务。

特殊儿童的需要和兴趣是特殊教育课程目标的重要来源之一，特殊教育课程目标的确立要尊重特殊儿童的兴趣，以兴趣为起点，以需要为突破口，促进特殊儿童的能力最大限度地发展。

（二）社会发展的需要

制定特殊教育课程目标绝不能忽视社会发展的需要。课程目标主要是在学校实现的，假如课程目标不考虑社会的发展，虽然特殊儿童可以短暂地在"保温箱"里接受教育，但当他们离开学校、进入社会，与社会脱轨的学校教育就很难顺利地衔接社会生活。不论是普通教育还是特殊教育，都不能脱离社会发展，最终都要回归社会、适应社会。在特殊教育中，课程目标的设置要根据现代社会的需要与时俱进。最近几十年发生的社会变化尤为明显，十年前制定的课程目标不一定适合现在的社会。比如，在学习人民币时，教师要求特殊儿童认识面值为元、角和分的纸币和硬币并能互换。但在日常生活中我们已不使用面值为分的硬币，甚至连面值为角的纸币和硬币都较少使用，那么在课程目标中要求认识面值为分的硬币就不那么必要了。另外，各地区的经济发展状况、文化氛围、自然环境不同，在设置课程目标时，各地区可根据具体情况稍做调整，即制定特殊的课程目标。总而言之，特殊教育课程目标的确立既要考虑整个社会背景，顺应社会发展的方向，也要根据具体情况适当调整。

(三)学科发展的需要

将学科发展的需要纳入确立课程目标的考虑范围,对学科本身的知识传递与发展是至关重要的。

学科发展的需要考虑的是学科知识逻辑体系的完整性和系统性。学科发展的需要通常以逻辑严谨的分科课程的形式出现,本质上是知识本位的,重视学科的理论知识,如概念、原理、规律等。当课程将学科发展视为直接目的、强调学科知识的优先性时,这种课程就是学科本位课程。[①] 重视学科的发展有助于教学科目的设计与管理,便于教师实施教学,也有助于特殊儿童获得条理清晰、逻辑严谨的文化知识。[②]

根据泰勒的观点,学科专家的建议是确定课程目标的重要来源。专家作为对特殊教育学科的理论和实践都有充分了解的群体,既能充分考虑具体的教学实践问题,又能站在学科的高度来考虑特殊教育课程目标的确立。因此在特殊教育课程目标的确立过程中要重视特殊教育专家对课程目标的建议。

(四)特殊儿童发展的需要、社会发展的需要和学科发展的需要三者之间的关系

特殊儿童发展的需要、社会发展的需要及学科发展的需要代表不同的立场,是在制定特殊教育课程目标时需要考虑的三个维度。特殊儿童发展的需要是个人本位观点的体现,教育的目的在于发展人,一切都以促进人的发展为目的,而且个人价值高于社会价值。社会发展的需要是社会本位观点的体现,要求从社会的角度出发制定课程目标,人的一切都是在社会中获得的,个人的发展必须服从于社会的发展,教育的目标在于使人社会化。学科发展的需要代表学科本位的观点的体现,强调学科的独立性和重要性,学校教育、课程设置、课程内容、教学目标等都以促进学科发展为最终目的。特殊教育课程目标的确立仅依靠一个维度是不可取的,例如,片面强调社会发展的主导地位虽然顺应了社会发展的潮流,但它把社会的要求凌驾于个人和学科的需要之上,学科发展倾向于为社会服务,知识的客观性面临挑战,个人发展的多样性受到限制,会对个人和学科的发展产生不利影响。在特殊教育课程目标的确立中,特殊儿童发展的需要、社会发展的需要和学科发展的需要都是重要因素,一方面要根据整体情况提出一般性的特殊教育课程目标,另一方面要根据当地实际情况做出一定调整。这样既可保证特殊教育课程的总体发展方向不变,又能适应不同地区的需要,灵活有效地指导具体课程实践。

特殊儿童发展的需要、社会发展的需要和学科发展的需要三者是高度统一的,没

---

① 张华:《课程与教学论》,187～189 页,上海,上海教育出版社,2000。
② 马云鹏:《课程与教学论》,123 页,北京,中央广播电视大学出版社,2002。

有孰高孰低之分，只是在思考逻辑上存在先后顺序。从特殊教育的定义可知，特殊教育的目的是促进每个特殊儿童潜力的最大发展，这就决定了从特殊儿童的需求出发与特殊教育的目的相符。那么，在确立特殊教育课程目标时思考的起点就是特殊儿童的需要，明确哪些会给特殊儿童的认知、社交、学业、语言、动作、情绪、审美和习惯等方面带来正面影响，哪些是外界以为特殊儿童需要而实际上不需要的。

相较于普通学校，特殊教育学校更重视儿童的需要，其中又以培智学校最为突出。在培智学校，每个儿童都有自己的个别化教育计划，该计划详细说明儿童的优势与劣势、需要的资源与服务、基于能力的长期目标与短期目标等。由此可见，制订个别化教育计划的过程也是筛选儿童需要的过程。目前的盲校和聋校更偏向于认知发展的需要，重视的是学科知识的学习，将知识点以一定的方式串联起来，使儿童在大脑中形成一张知识网。

特殊教育课程目标偏向于任何一种需要都是不明智的。特殊教育课程要兼顾功能性与发展性，正确处理功能性与发展性之间的关系；应借助功能性实现发展性，功能性是走向发展性的途径，发展性是功能性的最终目的。发展性课程遵循学科知识自身的逻辑顺序，强调课程结构的严密性和层级性，在学科教学中强调知识学习的逻辑顺序和系统完整。[①] 单纯以知识、能力发展为目标的课程如果没有与生活建立联系，就不具有生活准备的意义，也就不能满足学生未来生活的需要。[②] 功能性课程重视内容选择的生活意义，强调知识和技能学习的整合，即学生所学的一定要与生活实际相联系，主要通过做中学的方式完成，尽可能地在真实情境中通过真正实践操作的方式习得相关知识技能。[③]

特殊教育课程的功能性目标符合当前特殊教育课程改革的思想，即加强课程与学生生活和现实社会的联系。通过功能性目标实现课程的生活化、社会化、实用化、综合化、多样化和个性化，使课程与学生生活和现实社会更有效地融合，最终实现特殊教育的发展性目标。[④]

二、特殊教育课程目标确立的过程

与普通教育课程目标一样，特殊教育课程目标的确立也包括以下四个方面。

---

① 盛永进：《特殊教育课程范式的演进及其转向》，载《中国特殊教育》，2011(12)。
② 盛永进：《当代特殊教育课程范式的转型》，载《外国教育研究》，2012(1)。
③ 琚四化：《美国盲校的功能性课程》，载《现代特殊教育》，2011(8)。
④ 张婧：《信息化教育时代与特殊教育课程改革关系初探》，载《中国特殊教育》，2005(2)。

(一)确定教育目的

教育目的是对所要培养的人的质量和规格的总要求，回答培养什么样的人和为谁培养人的问题。特殊教育的教育目的是制定课程与教学目标的依据，也是教育活动的出发点和归宿。在教育目的的指导下，可以进一步确定特殊教育的培养目标、课程目标及教学目标。从特殊教育目的到特殊教育课程目标，实际上是特殊教育目的自上而下、由抽象到具体的过程。

特殊教育课程目标是特殊儿童在特殊教育课程学习中应该达到的要求。确立特殊教育课程目标也就是确立特殊教育课程的总体方向、明确教学实施的方向。

(二)确定课程目标的基本来源

特殊儿童发展的需要、社会发展的需要及学科发展的需要是确立课程目标的三个维度，课程目标脱离任何一个维度都是不完整的。特殊教育课程目标要从这三个方面入手，明确三者在特殊教育课程中的关系。

(三)确定课程目标的基本取向

普遍性目标、行为性目标、生成性目标和表现性目标是特殊教育课程目标的四种价值取向，摒弃或崇尚某种目标取向的做法对制定课程目标没有积极影响。它们本身并不存在优劣之分，关键是在什么范围内最适用。怎样在适用的范围内充分发挥目标价值取向的优势，是特殊教育教师在制定课程目标时需要思考的问题。

(四)确定课程目标

教育目的规定了特殊教育培养什么样的人和为谁培养人，从全局上确定了特殊教育课程目标的方向。特殊儿童发展的需要、社会发展的需要和学科发展的需要是特殊教育课程目标的三个维度，是目标内容的来源。普遍性目标、行为性目标、生成性目标及表现性目标是特殊教育课程目标的四种价值取向，表达不同的目标。简而言之，特殊教育课程目标的确立首先要确定特殊教育课程总体的发展方向，然后从特殊儿童、社会和学科领域选择课程目标的内容，再以普遍性、行为性、生成性和表现性目标取向作为指导原则，最后在框定的空间中陈述具体的课程目标。

本章小结

　　特殊教育是为满足特殊儿童的特殊需要而特别设计的教育，只有最大限度地开发特殊儿童的潜力，促进个体发展，才能达成特殊教育的目的。

　　制定特殊教育课程目标需要考虑普遍性目标、行为性目标、生成性目标和表现性目标四种价值取向。普遍性目标具有高度概括性的特点，适用于制定一般性课程目标，能够适应不同具体教学情境的需要。行为性目标属于控制取向的目标，适用于操作性强的内容，能够准确评价学习的效果。生成性目标是过程性目标，是在教师、学生和教育情境的交互作用下产生的，课堂教学的效果很大程度上受教师综合素质能力的影响。表现性目标指向唤醒特殊儿童的自主性和创造性，更适合艺术、设计等创作类课程。

　　特殊教育课程目标的基本来源是特殊儿童发展的需要、社会发展的需要及学科发展的需要。三者在特殊教育课程目标中是高度统一的，都是制定目标的重要维度。

　　特殊教育课程目标的确立同样遵循普通教育课程目标的流程：首先要确定教育目的，然后确定课程目标的基本来源，再确定课程目标的基本取向，最后确定课程目标。

思考题

　　· 单项选择题

　　1. 课程论专家（　　）提出了四种课程目标价值取向。

　　A. 博比特　　　　B. 泰勒　　　　C. 坦纳　　　　D. 舒伯特

　　2. 20 世纪 70 年代末，英国发布的《沃诺克报告》首次提出了（　　）的概念。

　　A. 特殊儿童　　　　　　　　B. 残疾儿童

　　C. 特殊需要儿童　　　　　　D. 特殊教育需要儿童

　　3. 1994 年，在西班牙召开的会议通过了（　　），强调受教育权是每个儿童最基本的权利，教育应该考虑儿童需要的差异。

　　A.《萨拉曼卡宣言》　　　　B.《残疾人权利公约》

　　C.《残疾人教育法》　　　　D.《残疾人教育条例》

　　4. 下列不是特殊教育课程目标确立维度的是（　　）。

　　A. 社会发展的需要　　　　B. 学科发展的需要

C. 文化发展的需要　　　　　D. 特殊儿童发展的需要

5. 下列不是特殊教育课程目标价值取向的是(　　)。

A. 普遍性目标　　　　　　　B. 行为性目标

C. 限制性目标　　　　　　　D. 生成性目标

- **简答题**

1. 特殊教育是什么?

2. 当今倡导的特殊儿童观是什么?

3. 特殊教育课程目标确立的三个维度是什么?

4. 特殊教育课程目标确立的流程是什么?

- **论述题**

1. 请论述特殊儿童发展的需要、社会发展的需要和学科发展的需要三者之间的关系。

2. 特殊教育课程目标中的普遍性目标、行为性目标、生成性目标和表现性目标分别指的是什么?请阐述四者之间的关系。

本章阅读资料

[1]钟启泉. 课程论[M]. 北京:教育科学出版社,2007.

[2]雷江华,方俊明. 特殊教育学[M]. 北京大学出版社,2016.

[3]教育部. 教育部关于发布实施《盲校义务教育课程标准(2016年版)》《聋校义务教育课程标准(2016年版)》《培智学校义务教育课程标准(2016年版)》的通知[EB/OL]. (2016-11-25)[2020-11-20]. http://www. moe. gov. cn/srcsite/A06/s3331/201612/t20161213_291722. html.

[4]张华. 课程与教学论[M]. 上海:上海教育出版社,2000.

[5]拉尔夫·泰勒. 课程与教学的基本原理:英汉对照版[M]. 北京:中国轻工业出版社,2014.

[6]顾定倩,朴永馨,刘艳虹. 中国特殊教育史资料选[M]. 北京:北京师范大学出版社,2010.

[7]朴永馨. 特殊教育辞典(第3版)[M]. 北京:华夏出版社,2014.

第四章

特殊教育课程组织

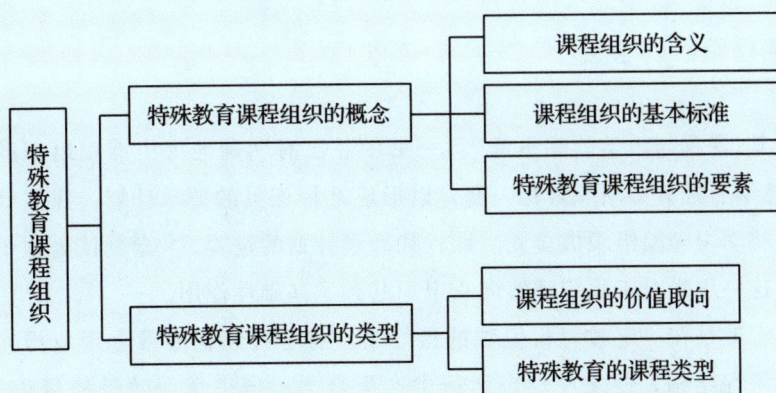

```
                                        ┌─────────────────┐
                                   ┌───│  课程组织的含义   │
                                   │    └─────────────────┘
                  ┌──────────────┐ │    ┌─────────────────┐
              ┌──│特殊教育课程组织的概念│─┼───│ 课程组织的基本标准 │
              │   └──────────────┘ │    └─────────────────┘
  ┌────┐     │                     │    ┌─────────────────┐
  │特殊│     │                     └───│特殊教育课程组织的要素│
  │教育│     │                          └─────────────────┘
  │课程│─────┤
  │组织│     │                          ┌─────────────────┐
  └────┘     │                     ┌───│ 课程组织的价值取向 │
              │   ┌──────────────┐ │    └─────────────────┘
              └──│特殊教育课程组织的类型│─┤    ┌─────────────────┐
                  └──────────────┘ └───│ 特殊教育的课程类型 │
                                        └─────────────────┘
```

本章导读

在特殊教育课程的开发与设计过程中，课程组织是关键环节之一，要想深入地了解特殊教育课程组织，需要明确以下问题：①什么是课程组织？②课程组织的基本标准是什么？③课程组织有哪些基本取向？④特殊教育中不同课程组织形式的关系是什么？这些即本章探讨的基本问题。

学习目标

①理解课程组织的含义、基本标准及要素。
②了解课程组织的不同价值取向。
③掌握特殊教育不同的课程类型。

第一节
特殊教育课程组织的概念

一、课程组织的含义

泰勒在其《课程与教学的基本原理》一书中并没有明确地提出课程组织的概念，只提到："既然学习经验必须综合在一起，以形成某种连贯的教学计划，我们就有必要在此探讨一下将学习经验组织成单元、课程和教学计划的过程。"[1]泰勒认为这个过程就是课程组织。这一思想对于我们理解课程组织起到了基础性作用。

课程组织就是在一定教育价值观的指导下，将各种课程要素合理地排列组合，妥善地组织为课程结构，使之在动态运行中产生合力，增进学习效果的累积学习功能，从而有效地实现课程目标的过程。[2] 课程组织可以从三个层面来理解：在宏观层面，课程组织要综合考虑儿童兴趣、学科本身及社会需求，这三个方面是课程的任一环节都需要考虑的问题；在中观层面，课程组织要关注教师、学生、教材、环境以及这四个

---

① 泰勒：《课程与教学的基本原理：英汉对照版》，87 页，北京，中国轻工业出版社，2014。

② 钟启泉：《课程与教学概论》，115 页，上海，华东师范大学出版社，2004。

要素之间的相互作用；在微观层面，课程组织要考虑各种课程要素的连续性、顺序性、整合性。后文会继续讨论课程组织这三个层面的内容。

　　整个特殊教育课程的设计与开发过程包括教育目标的设定、学习经验的选择、课程的组织和评价等内容，其中课程组织是关键环节之一。课程组织这一环节需要处理好儿童兴趣、学科本身及社会需求这三个价值取向的关系，它们之间并不是非此即彼的关系，而是某一价值取向作为主导、其他价值取向作为补充的关系。课程组织不能片面地强调某一价值取向的重要性，而要在课程组织的过程中综合考虑这三个价值取向的因素。

二、课程组织的基本标准

　　为使课程内容适当且有效，课程组织应该遵循一定的标准，这些标准是实现课程内容功能的根本保证。课程组织的基本标准包括垂直组织的标准和水平组织的标准。[①]

(一)垂直组织的标准

　　垂直组织是指将各种课程要素按纵向的发展序列组织起来。[②] 垂直组织主要强调连续性和顺序性，泰勒在《课程与教学的基本原理》一书中对此进行了界定：连续性是指主要课程要素的直线式重复；顺序性牵涉连续性，但又超越连续性；顺序性所强调的并非复制，而是对每一后续学习经验更高层次的处理。这一观点对应了教育实施过程中对循序渐进的重视。因为儿童的发展是遵循一定规律的，所以教学过程不仅要重视教学内容之间的逻辑顺序，还要使之与儿童的心理发展顺序相匹配。

　　根据垂直组织标准进行的课程组织应当具备更多的灵活性，因为关于内容的垂直组织标准更多地依据学科课程来组织，这是一种自下而上的组织方式，具体来说就是根据学生的认知水平以及学科的内在逻辑来确定教授的顺序。然而，在特殊教育领域有越来越多的声音强调自上而下的组织方式。这种组织方式根据特殊儿童未来的发展需求来组织课程，强调课程对成年生活的前期准备。这种组织方式之所以受到大家的关注，是因为如果我们一直认为在特殊教育中只有掌握了现阶段的内容才可以进入下一阶段，并始终停留在对特殊儿童很难掌握的部分的不断重复上，对于特殊儿童的发展就是不利的。我们应该更多地考虑特殊儿童未来的发展。

　　课程要素的连续性和顺序性是评判课程组织质量的两个重要标准，对于特殊教育课程组织来说同样如此。强调课程组织的连续性能够使学习者在不同学习阶段不断地

　　① 张华：《课程与教学论》，232 页，上海，上海教育出版社，2000。
　　② 张华：《课程与教学论》，233 页，上海，上海教育出版社，2000。

回顾，有机会反复、连续地学习、练习与复习，避免遗忘。如果说连续性关注的是课程要素的重复，那么顺序性侧重的就是课程要素的加深和拓展。顺序性既符合知识本身的逻辑，也符合学习者的认识规律，能够激发学习者的求知欲望和探索兴趣，使学习活动更具挑战性和成就感。[1] 例如，在《培智学校义务教育课程标准（2016 年版）》中，生活语文课程在总目标之下设倾听与说话、识字与写字、阅读、写话与习作、综合性学习五个学习领域，并按低年级、中年级、高年级三个学段分别提出课程目标与内容，体现培智学校生活语文课程的整体性和阶段性；各个学段相互联系、螺旋上升，最终达成总目标。理论上，课程组织的连续性和顺序性能够较大程度地帮助学习者提升学业能力。然而，在当今特殊教育课程实践中真正有较好连续性和顺序性的并不多，这说明其中还存在很多问题。例如，在培智学校的课程组织中，教师通常采用不断地重复某一知识点的方式来强化特殊儿童的记忆。这一做法看似符合连续性和顺序性的要求，但实际上是将连续性和顺序性简单化了。在教特殊儿童超市购物时，培智学校教师为了强化特殊儿童的记忆，在每一年级都重复这一教学内容，但课程的难度和对特殊儿童的要求基本没有变化。这说明教师没有理解连续性和顺序性的真正内涵，并不是按照特殊儿童心理发展的顺序组织课程。

特殊教育课程调整就是重新组织课程。由于特殊教育的特殊性，我们应该把义务教育阶段的低中高年级结合起来进行课程组织，遵循知识本身的逻辑以及儿童认识的逻辑。

(二)水平组织的标准

水平组织是指将各种课程要素按横向（水平）关系组织起来。[2] 课程组织的整合性包括三个方面：学生经验的整合，学科知识的整合，社会生活的整合。课程组织应强调三者的统一性。

在特殊教育领域，水平组织强调课程组织的整合性，要求关注学生经验的整体性、不同学科之间的联系及社会生活的完整性。以《培智学校义务教育课程标准（2016 年版）》中的生活语文课程为例，工具性、人文性、生活性相统一是其基本特点。课程基本理念部分提出，生活语文课程要引导学生扩大生活经验范围，丰富语言积累，丰富形象思维，逐步发展抽象思维；要指导学生初步掌握学习语文的基本方法，养成良好的学习习惯，正确理解和运用中国语言文字，具有基本的倾听与说话能力、识字与写字能力以及初步的阅读、写话能力；要重视提高学生的品德修养，使他们初步形成良

---

[1] 孙泽文、叶敏：《课程内容的构成要素、组织原则及其结构研究》，载《内蒙古师范大学学报（教育科学版）》，2013(2)。

[2] 张华：《课程与教学论》，233 页，上海，上海教育出版社，2000。

好的个性和健全的人格，通过语文学习提高学生适应生活、适应社会的能力和健康的审美情趣；生活语文课程应着眼于学生的生活需要，按照学生的生活经验和生存需要，以生活为核心组织课程内容，注重语文知识与生活的联系，注重倾听和说话与书面语言学习的结合；生活语文课程应根据培智学校学生的特殊需要，在目标制定、教学过程、课程评价和教学资源的开发利用等方面突出以学生为本的理念，为学生通过感知、体验、参与等多种方式进行语言文字学习创造条件；既要注重引导学生学习适应生活、适应社会所需要的语文知识和语文技能，又要重视学生的功能改善，充分利用支持策略和辅助技术满足其特殊的学习需求，为学生健康发展、融入社会打下基础。这几点都充分体现了生活语文课程的整合性特点，教学内容就是一个整体，人为地将其割裂开不利于特殊儿童对事物的整体把握。

　　整合性是指针对所选出的各种课程要素，在尊重差异的前提下，找出它们之间的内在联系，然后整合为一个有机整体。要在承认并尊重它们之间的差异的前提下进行整合，只有这样才能产生课程的合力。① 关于这一点，研究者做了不同方面的说明。王辉认为，在课程设置方面，培智学校现行的每一门学科都是按照自身逻辑顺序进行纵向排列的，人为地割裂了科目与科目之间的横向联系。② 盛永进在《特殊教育课程范式的演进及其转向》一文中也提出，在课程设置时应把握好课程内容组织的整合性。他认为课程的整合性指的是课程内容的综合特征，在形式上主要表现为以经验活动为主的综合课程及功能性学科内容，体现了功能性的要求；功能性课程的教学更多地表现为把各种知识、技能及适应性行为训练等整合在一起，或组织在一个主题的教学中。比如，一节数学课上教师通过购物主题的活动把计算、识字等整合在一起，形成一节以数学为主题，但又包含语文、运动技能训练等内容的综合课程。与普通课程相比，特殊教育课程更加强调内容组织的整合性，因为对于许多身心障碍的学生来说，相较于传统的脱离生活实际的知识教学，他们更需要把所学的知识与自己的实践经验、自身的生活和社会生活联系起来，做到学以致用、独立生活。因此，注重把知识、经验与生活相联系，强调课程内容的整合性是满足学生特殊教育需要的必然要求。③ 根据盛永进的论述，我们可以将特殊教育课程组织的整合性理解为功能性。这一点与后文提到的综合课程有不谋而合之处。

　　以上所讨论的多为学科内容的整合性，但我们强调的整合性并不仅指学科内容的整合性。对于特殊儿童来说，他们更需要自身经验和社会生活的整合性。为了让特殊儿童适应社会，特殊教育课程应将各方面因素有机地整合起来，使它们共同作用于特

---

　① 张华：《课程与教学论》，234 页，上海，上海教育出版社，2000。
　② 王辉：《培智学校现行培养目标和课程问题的探析》，载《中国特殊教育》，2003(2)。
　③ 盛永进：《特殊教育课程范式的演进及其转向》，载《中国特殊教育》，2011(12)。

殊儿童，让学科内容与生活实际相结合，共同促进特殊儿童的发展。培智学校所开设的生活语文、生活数学等课程都充分体现了这一点。因为特殊儿童在适应社会上有特殊性，对课程组织有特殊的要求，所以应将特殊儿童的经验与课程的目标紧密结合起来，促进特殊儿童的全面发展。针对这一点，有人提出了教育生活化的主张，但这种说法是失之偏颇的。虽然教育要关注生活，但教育和课堂无法与生活画上等号。我们并不反对它们之间相互联系，但特殊儿童需要的是真实的生活而不是虚拟的生活、是丰富的生活而不是简单的生活，课程要帮助特殊儿童去适应生活而不是改变生活。

三、特殊教育课程组织的要素

不同专家学者对课程组织要素的划分是不同的。从泰勒及麦克尼尔的思想中我们可以提取出四大课程组织要素：概念、原理、技能、价值观。麦克尼尔同时指出哲学价值观是支配课程的核心要素。施瓦布认为课程组织是由学习者、教育者、教材、情境四个要素构成的，这四个要素间持续的相互作用构成实践性课程的基本内涵。[①] 以下对施瓦布划分的课程组织要素在特殊教育领域中的运用(即特殊儿童、特殊教育者、特殊教育教材、特殊教育情境)进行具体介绍。

(一)特殊儿童

特殊儿童是特殊教育的主体，是课程组织的出发点，他们的个体差异非常大。从学理上讲，个别化是重要的原则，从学生的需要出发是当下盛行的做法。虽然有研究者对此进行批判，但最终是为了更好地完善和凸显特殊儿童在特殊教育中的位置。《培智学校义务教育课程标准(2016年版)》在生活数学部分提到要尊重学生的个体差异，实施个别化教育，遵循学生的身心发展规律，实施支持性策略；既要面向全体学生，又要满足学生的个别化需求，最大限度地提高他们的学习能力，使学生都能接受适合的数学教育，让不同学习能力的学生得到不同程度的发展；要重视学生在学习活动中的主体地位，发挥教师的主导作用。2007年的《培智学校义务教育课程设置实验方案》提到，学校应全面推进个别化教育，为每个智力残疾学生制订和实施个别化教育计划；应将课堂教学与个别教育训练相结合，针对学生的个体需要安排一定时间的个别训练，为有需要的学生提供补救教学，满足不同学生的发展需求。这些文件足以体现特殊儿童在整个课程组织中的重要地位。

---

① 张华：《课程与教学论》，20～21页，上海，上海教育出版社，2000。

(二)特殊教育者

特殊教育者也是特殊教育课程组织的一大要素。通常来讲，特殊教育者包括特殊教育教师、特殊儿童家长等。这里主要从特殊教育教师和特殊儿童家长两个角度来论述特殊教育者。

教师掌握整个课程组织的进度和过程，可以通过实际的教学过程对特殊儿童产生直接影响。任何课程的实施都要借助教师，对儿童的评估也依靠教师，评价课程效果也主要依靠教师。特殊教育教师的专业水平决定了课程实施的效果。课程组织的有效性依赖于教师能动性、主体性和专业性的发挥。教师是所有要素中最具有能动性的。在整个教学过程中，教师必须依据特殊儿童身心发展的特点和规律以及表现出的个体差异来组织教学活动。

特殊教育尤其强调家校合作，家长在特殊教育中具有不可替代的作用。习近平总书记在 2018 年全国教育大会上指出：家庭是人生的第一所学校，家长是孩子的第一任老师，要给孩子讲好"人生第一课"，帮助扣好人生第一粒扣子。《残疾人教育条例》指出：积极开展家庭教育，使残疾儿童、少年及时接受康复训练和教育。《第二期特殊教育提升计划(2017—2020 年)》指出：加强家校合作，充分发挥家庭在残疾儿童少年教育和康复中的作用。《全国家庭教育指导大纲(修订)》分别对智力障碍、听力障碍、视觉障碍、肢体残障、精神心理障碍、智优儿童六类儿童的家庭教育提出了指导意见。家长作为孩子的第一任老师，同时是家庭教育的主导者，他们参与教育对于孩子的发展来说至关重要。

特殊教育者的课程组织过程并非仅发生在实际课堂教学中，在其他时候如备课和课后反思时也都有所体现。课程组织并不局限于课堂这个地点，在户外或社区也都有所体现。因此，特殊教育者是特殊教育课程组织非常重要的枢纽。

(三)特殊教育教材

说到教材，大家通常认为就是教科书。但教科书不等于教材，教科书只是一种重要的教材。教材的范围大于教科书的范围，它包括文字材料和音像材料等。[①] 在特殊教育领域，我国从 2001 年开始新一轮基础教育课程改革；2007 年，教育部印发了《盲校义务教育课程设置实验方案》《聋校义务教育课程设置实验方案》《培智学校义务教育课程设置实验方案》；2016 年，教育部发布实施《盲校义务教育课程标准(2016 年版)》《聋校义务教育课程标准(2016 年版)》《培智学校义务教育课程标准(2016 年版)》；2017 年，盲校、聋校、培智学校三类学校的教材和教师用书陆续出版。在推进我国特殊教育课

---

① 钟启泉：《课程与教学概论》，124 页，上海，华东师范大学出版社，2004。

程建设的过程中，盲校、聋校大多数学科的教材内容可以与普通学校义务教育教材一致，但需要根据盲、聋学生的特点和特殊需要配备盲文教材（增加方向辨别与定向行走、生活自理等课程）以及手语、听力言语训练等教材；同时以普通学校义务教育教材为蓝本，基于盲、聋学生的学习特点和注意事项，编写全套的盲校、聋校教学指南。培智学校也需要教材，这些教材和普通学校教材系统既有交叉又有不同，交叉体现为相同的思想品德要求、基本的学科知识等，不同体现为对智力障碍儿童开展的基本感官能力训练和生活自理教育以及较难的学科知识的选择等。

教师进行教学时要树立正确的、符合特殊教育发展规律的教材观。教材仅是教学资源之一，教师是用教材教而不是教教材。教师要突破教材的局限，从学生的现实需求出发，对教科书的内容进行重新处理和组织。同时我们倡导教材的校本化，其最重要的依据是学生的实际情况，即根据学校学生群体的特点、需求、能力等对教材的教学进行校本化处理。教材校本化不等于简单地增删教材，而是要处理好课内外学习资源的关系，有目的、有计划地探索适合学生的合理方案。

(四)特殊教育情境

情境是由人、事、物及其联系构成的综合体，包括相对静止的自然界的物质，人类社会的精神物化品、人工物，社会文化、风俗、行为环境，人的情感、态度、需要，以及由此形成的心理世界和心理环境，等等。[1]

教育情境在特殊教育领域中起着非常重要的作用，在特殊教育的教学中通过创设情境开展教学有利于特殊儿童学习知识。在特殊教育领域，教育情境是课程组织的载体，它不仅能够作用于特殊儿童，而且是特殊儿童和教师共同建构的结果。虽然当下的教学对教学情境的创设逐渐重视，但主要强调认知学习中的情境创设，而忽视其他教学情境的创设。这就要求教师在教学过程中不仅要备学生、备教材，还要备环境、备资源，为特殊儿童提供问题情境、提供更多可选择的资源、提供多种尝试的机会。课程要与生活情境相联系，使教育内容与生活情境相吻合。为特殊儿童提供适宜的教学情境不但可以丰富教学内容，还可以给特殊儿童提供在实践中应用知识的机会，促进知识与经验相互联系，促进课内向课外迁移。创设良好的教学情境不但有利于学生的全面发展，也有利于学生的个性发展。

针对特殊儿童的评估同样要考虑情境，这就是所谓生态化评估。一般情况下，教师在进行评估时容易忽视环境因素，但环境因素很有可能影响评估结果。因此，广大特殊教育工作者在评估学生和设置课程时，应从生态的角度来了解学生与环境的互动关系，进而提供有利于特殊儿童发展的生态课程及相应的教学活动，以促进这些儿童

---

① 周德锋、秦莉、韦世祯：《学前教育课程理论与实践研究》，58页，北京，中国书籍出版社，2017。

在较好的生态环境中成长。

特殊儿童、特殊教育者、特殊教育教材、特殊教育情境为特殊教育课程组织的四个要素。要使这四个要素之间达到动态平衡，我们需要梳理四者之间的关系。施瓦布认为，教育者和学习者是课程的主体和创造者，其中学习者是实践性课程的中心。教材是课程的有机构成部分，是由课程政策文件、课本和其他教学资料构成的，具有很大的灵活性和变通性。情境由在教师、学生、教材之外的物质、心理、社会、文化等因素构成，它直接参与课程相互作用的系统。[①] 这四个要素缺一不可。课程要求教育者不能把单一的教材知识直接教授给学生，要综合多方面的资源引导学生主动探究。这就意味着教师要具有更强的探究和反思能力，也要对学生的探究活动进行鼓励和指导。学生则要主动、积极地发现问题和解决问题。教与学过程的推进都需要结合具体情境。

第二节
特殊教育课程组织的类型

一、课程组织的价值取向

在对学科、儿童、社会三者重要性的不同理解的基础上，产生了三种课程组织的价值取向，不同的价值取向决定了不同的课程组织类型。

(一)学科本位的课程组织

当课程以学科逻辑为依据、围绕学科组织时，课程组织即为学科本位的。[②]

学科本位的课程组织在整个课程组织的历史中占据优势地位，它的发展历史很长，相对来说体系更加完善。从古希腊、古罗马和中世纪的教育课程中可以看到学科本位的课程组织萌芽。现代学科本位理念起源于 19 世纪的美国，强调学校课程应由许多独立的学科组成，每个学科都有目的、有意识地陈述专门和同质的知识体系。学科本位的课程组织理论流派主要包括永恒主义、要素主义、结构主义。

永恒主义课程组织理论流派产生于 20 世纪 30 年代，代表人物为赫钦斯和艾德勒。永恒主义和古希腊哲学是一脉相承的，认为教育的目的及性质是亘古不变的、永恒的，

---

① 张华：《课程与教学论》，20 页，上海，上海教育出版社，2000。
② 张华：《课程与教学论》，20 页，上海，上海教育出版社，2000。

在于挖掘人类天性中共同潜在的要素——理性，以学习"永恒学科"为主，"永恒学科"主要指古希腊、古罗马著作。要素主义课程组织理论流派出现的时间也是 20 世纪 30 年代，代表人物为巴格莱、科南特等。要素主义认为应该将人类历史中永恒不变的、共同的要素作为课程组织的基础。到了 20 世纪 50 年代，以布鲁纳为代表人物的结构主义课程组织理论流派诞生。结构主义主张以学科结构为课程组织的基础，而学科结构指的是学科的基本原理、概念和范畴。布鲁纳认为学习者并非被动地接受知识，而是主动地获取知识，并且把新获得的知识和已有的认知结构联系起来，积极地建构自身知识体系。因此，他主张无论教授哪种知识，都应该先使学生理解学科的基本结构。

学科本位的课程组织具有结构性、系统性等优点，它非常注重学科之间的逻辑组织。不过，它的这些优点也决定了它存在的不足——在强调学科逻辑性的同时忽略了学科之间的联系以及学生兴趣和需要的发展。

学科本位的课程组织可分为单一科目课程组织、相关科目课程组织、融合课程组织和大范围(广域)课程组织四种类型。

(二)儿童本位的课程组织

儿童本位的课程组织也称学习者取向的课程组织，指围绕儿童的兴趣、需要、心理逻辑等组织课程。[①] 儿童本位的课程组织在整个课程组织的发展历史中占据至关重要的位置，它以儿童为核心内容，认为儿童是课程组织的出发点，在课程组织的过程中要充分尊重儿童的个性与人格特质，将儿童的自我决定考虑进来。

早在古希腊时期，智者学派就提出了个人本位论。到 18 世纪和 19 世纪上半叶，儿童本位的课程组织开始盛行，代表人物有卢梭、裴斯泰洛齐、福禄贝尔。他们所持的观点主要为：要以儿童的兴趣和需求为出发点，遵循自然的原则，顺应儿童的天性，在教育中强调遵循儿童的自然发展和顺序。卢梭认为人们既不能把孩子当成待管教的奴仆，也不能把孩子当成缩小的成人，应当把成人看作成人、把孩子看作孩子。[②] 裴斯泰洛齐也在他的思想中表明，只有使教学过程与儿童心理的自然发展保持一致，才能使儿童的天性和能力得到和谐发展；反之，如果教学不与儿童关于事物的亲身经验有机联系起来，那么一切教学活动都是没有价值的。儿童本位者认为人的天性是善的，主张让儿童回归自然、反对对儿童的束缚，主张把儿童培养成自由的人、反对灌输式的教学方法，主张根据儿童心理发展的特点来促进儿童各种潜能的和谐发展。

相较于学科本位的课程组织，儿童本位的课程组织重视儿童的需要与兴趣，尊重儿童的主体地位。然而，儿童本位的课程组织在强调儿童个性发展的同时，在某种程

---

① 　钟启泉：《课程与教学概论》，119 页，上海，华东师范大学出版社，2004。
② 　朱永新：《中外教育思想史》，255 页，南京，南京大学出版社，2015。

度上忽视了学科的逻辑性和系统性，还忽视了社会需要。

(三)社会本位的课程组织

社会本位的课程组织以社会生活的问题为课程组织的核心，其目的是使学习者适应或改进当代社会生活。这种课程组织取向认为课程是为学生适应或改进社会情境做准备的，课程内容应源于社会或整个世界的状况和情境。学生通过课程研究社会的特征，特别是他们自己所在的社会的特征，如社会机构的功能、社会生活的主要活动、人们面临的难以解决的问题等。①

斯宾塞提出教育应该为完满的生活做准备，引起人们对社会生活问题的关注。20世纪初，斯特里默进一步强调课程与社会相适应的问题，主张课程组织关注社会的变化和社会生活问题。20世纪，社会本位的课程组织的积极倡导者还有博比特、康茨、不拉梅尔德、阿普尔等。

事实上，任何课程组织取向都并非绝对，它们都不否认其他取向在课程组织中的价值，只是各有侧重。学科本位并不决然否定学生的兴趣和发展的重要性，也不否认社会问题在课程组织中的价值，只不过认为课程组织的核心应源于学科；同样，儿童本位认为课程组织的核心应源于儿童的兴趣和发展，社会本位认为课程组织的核心应源于广大的社会生活情境中的主要问题。课程组织的价值取向并没有绝对的划分，以上划分只为分析之便。

二、特殊教育的课程类型

(一)学科课程与经验课程

1. 学科课程的实质

所谓学科课程，即以文化知识(科学、道德、艺术)为基础，按照一定的价值标准，从不同的知识领域或学术领域选择一定内容，根据知识的逻辑体系，将所选出的知识组织为学科。②

关于学科课程的相关理论有很多，如布鲁纳的结构主义课程论、瓦根舍因的范例方式课程论及赞科夫的发展主义课程论。他们都以学科为出发点，强调学科知识的重要性。

在整个教育发展中，学科课程之所以一直处于显要地位，是因为它具备一些特点：学科课程是按每门学科的知识体系进行安排的，这种方式有利于所学知识的系统传递，

---

① 张华：《课程与教学论》，236页，上海，上海教育出版社，2000。
② 张华：《课程与教学论》，244～255页，上海，上海教育出版社，2000。

对于人类文化遗产的传递和保存也可起到非常重要的作用；而且学科课程使教学更高效，在有限的时间内能够实现高效的输出。

当然，学科课程也不可避免地存在一些缺陷。纵观学科课程的发展历史，我们可以发现有很多批判它的流派或人物，这是因为学科课程在带来高效教学的同时也忽略了很多内容。首先，学科课程分门别类的组织方式人为地将知识划分为不同科目，并不利于儿童认知结构的发展，也不利于综合能力的培养；其次，各学科之间彼此孤立，容易造成学习内容的脱节；最后，在学科课程中，有很多内容对于儿童来说是无法与日常生活和经验相联系的，这导致儿童在学习一些科目的时候会感到知识与自身需求和兴趣相冲突。

对于特殊教育来说，仅采取学科课程的课程组织方式是不利于特殊儿童发展的，这在特殊教育的教学中也是很难推行的。后文谈及的综合课程、融合课程等都是针对学科课程的弊端而提出的新的发展方向，即走向综合。

2. 经验课程的实质

与学科课程相对应的是经验课程。经验课程亦称活动课程、生活课程、儿童中心课程，是以儿童主体性活动的经验为中心组织的课程。① 与学科课程不同，经验课程模糊学科之间的界限，将学生的兴趣和需要放在首位。经验课程在卢梭的思想中有所体现，到 19 世纪末 20 世纪初，杜威和克伯屈延续了这一思想，杜威主张"教育即生活""学校即社会""教育即生长""儿童中心"和"做中学"。经验课程更多地强调实用性。《儿童权利公约》第十二条提出：缔约国应确保有主见能力的儿童有权对影响到其本人的一切事项自由发表自己的意见，对儿童的意见应按照其年龄和成熟程度给以适当的看待。从这一条中可以看出，儿童应该拥有自我决定的权利，而经验课程相较于学科课程能够更好地体现这一点。杜威认为任何一门学科都可以发展智力，智力不是固定的内在结构，重要的是它的功能，它具有启动和指导有意义的探究及反思的能力。虽然儿童中心观点的支持者有很多，但在实际的教育过程中，许多教师仍然较少考虑儿童的需要和兴趣。

与学科课程相比，经验课程的特点也十分显著：首先，经验课程认为学习应该依据儿童的经验和兴趣，学习就是经验的改造或改组，要发挥儿童的主动性和积极性；其次，经验课程认为所学的新知识应该与儿童已有的经验发生联系，教学的起点应该是儿童已有的经验；最后，经验课程主张在活动中学习，打破学科之间的界限，重视课程的综合性，使儿童完整地认识世界，在学习的过程中儿童应是活动的主体。同时，经验课程也不可避免地存在一些问题：首先，经验课程过分强调儿童经验和兴趣的重要性，而忽视了知识的系统传授和学科知识的教育价值；其次，儿童所接受的是碎片

---

① 张华：《课程与教学论》，244～255 页，上海，上海教育出版社，2000。

化的知识，不利于儿童思维品质的发展；最后，经验课程的组织给教师带来了极大困扰，它要求教师具有水平相当高的教育艺术，对于教师发展的要求过高，很多教师无法适应这一点。

3. 特殊教育中经验课程与学科课程的关系

这里以培智学校为例探讨经验课程与学科课程的关系。两者的关系是课程理论、课程哲学的基本问题。因为它反映的是人的直接经验与间接经验、个人知识与学科知识、心理经验与逻辑经验之间的关系。更进一步说，它反映的是人与文化世界、生活世界和科学世界之间的关系。[①]　我们不能对经验课程与学科课程持二元对立的态度，它们是具有内在统一性的。经验课程并不否认逻辑经验的教育价值，它反对的是逻辑经验脱离儿童的心理经验的现象，认为这会阻碍儿童发展。学科课程也不否认儿童心理经验的价值，它反对的是盲目局限于儿童当前的经验发展水平，认为这会抑制儿童经验的进一步发展。[②]　探讨培智学校中经验课程与学科课程的关系也要基于这一点。

(1)培智学校课程的特点和要求

在探讨课程组织之前应了解培智学校课程具备怎样的特征，可以通过课程标准来了解。教育部发布的《培智学校义务教育课程标准(2016年版)》具有以下三个基本特性：①整体性，即课程标准是一个整体的育人目标体系，体现在发展性、功能性、环境生态性和支持性上；②有效性，即通过个别化教育有效落实高质量教育；③灵活性，体现在个别化教学、一般课程与选择性课程相结合以及校本课程上。[③]　这三项也正是培智学校课程组织需要注意的三点。

(2)培智学校中经验课程与学科课程的冲突

从具体实践来看，培智学校的课程实质上以经验课程为主。因为培智学校的课程更加注重功能性及儿童的个体差异，这些正是经验课程非常强调的。但在培智学校中，整个课程组织是按照学科课程的形式进行的，有统一的课程计划及课程目标等。这也正是培智学校中经验课程与学科课程的矛盾所在，但这一矛盾并不是不可调和的。如何进行经验课程与学科课程的融合是我们需要关注的重点，也是我们应该在实践中探索的。在讨论经验课程时会出现教育生活化的提法，这里需要阐明：将经验课程简单地理解为教育生活化是错误的，这样的理解过于强调功能性；教育虽然是生活的一部分，但也有区别于生活的特点，有独立的运行机制。

(3)培智学校中经验课程与学科课程的统一

目前培智学校的课程从表面上看是学科课程，但是实质上是经验课程。经验课程

---

① 张华：《课程与教学论》，255～257页，上海，上海教育出版社，2000。
② 张华：《课程与教学论》，256～257页，上海，上海教育出版社，2000。
③ 许家成：《培智学校义务教育课程标准的基本特点》，载《现代特殊教育》，2017(1)。

强调课程组织的核心是学生的经验，区别在于学生经验形成的途径，而不是最终目标；重点在于形成经验的方法，可以通过不同的途径达到同一个目的。培智学校的特殊教育过程其实是用学科课程的框架来安排经验课程。

经验课程与学科课程各有利弊，因此，如何平衡两者从而更好地进行教学就成了培智学校的教育中一个重要的问题，它们在培智学校的课程组织中并不是非此即彼的关系。经验课程的实施可以达成学科发展的目标，实现学生概念能力的提升，促进学生认知的发展，但前提是注意学科之间的联系。培智学校的课程具有经验课程的内在特质，是以学生的经验和兴趣为核心开发的，其目标源自学生的生活需要。特殊教育与普通教育有一个很大的区别就是个别化教育计划。培智学校制订个别化教育计划时，首先要对学生进行全面评估，根据评估的结果确定短期目标、长期目标，再选择和编制课程内容，并通过教学活动实施个别化教育计划。这一流程充分体现了经验课程开发的逻辑，培智学校课程具备了经验课程的内在特质。[①] 培智学校的课程中学生的生活指学生的完整的生活，是学生有权利参与的广泛的社会生活。同时，学科课程的知识可以通过经验课程的方式来教授，这两者是可以统一的。但如何在教学实践中真正实现两者的统一，还需要进一步探索。

(二)综合课程与分科课程

1. 综合课程的实质

综合课程是一种以对学校课程内容进行统整为特点的课程类型，是一种将具有内在逻辑或价值关联的原有分科课程内容及其他形式的课程内容统整在一起，旨在消除各类知识之间的界限，使学生形成关于世界的整体性认识和全息观念，并培养深刻理解和灵活运用知识以综合解决现实问题的能力课程。[②]

国际上综合课程的改革发展经历了100多年的历史进程。有关课程综合化的主张和实践大约出现于19世纪末20世纪初。20世纪中期后，课程综合化逐渐成为国际课程改革领域的一个重要趋势。[③] 20世纪80年代后期，受世界各国课程综合化潮流的影响，我国开始在上海、广东、浙江进行综合课程的理论研究和实践探索。[④] 2001年，教育部印发了《基础教育课程改革纲要(试行)》，标志着新一轮课程改革开始。这次课程改革的一个非常明显的变化就是把课程综合化作为改革目标之一，改变课程结构过于强调学科本位、科目过多和缺乏整合的现状，要求在基础教育阶段构建起综合课程与分科课程相结合的课程结构。

---

① 杨中枢：《培智学校校本课程的意义、内涵与开发》，载《现代特殊教育》，2018(11)。
② 钟启泉：《课程与教学概论》，131页，上海，华东师范大学出版社，2004。
③ 冯增俊、余雪莲：《课程综合化及实践形式》，载《教育发展研究》，2005(13)。
④ 王鉴：《课程论热点问题研究》，238页，桂林，广西师范大学出版社，2008。

　　同一时期，我国特殊教育领域的课程改革也在不断探索。1993 年，国家教委颁发了《全日制聋校课程计划（试行）》《全日制盲校课程计划（试行）》，各地聋校、盲校几乎都根据试行的课程计划调整了原有的课程设置。1994 年，国家教委印发《中度智力残疾学生教育训练纲要（试行）》，要求教育训练方法应采用综合教学。此后，特殊教育学校中关于综合课程的研究与实践逐渐开展起来。① 2007 年，教育部印发了盲校、聋校、培智学校三类特殊教育学校的义务教育课程设置实验方案，其中《培智学校义务教育课程设置实验方案》明确提出施行"分科课程与综合课程相结合"的课程组织形式。

　　综合课程的类型有很多，主要可分为四种：一是相关课程，即在保留学科独立性的基础上，寻找两个或多个学科之间的共同点，使这些学科的教学顺序能够相互照应、相互联系、穿插进行；二是融合课程，也称合科课程，就是把部分科目统合于范围较广的新科目，选择对于学生有意义的论题或概括的问题进行学习；三是广域课程，即合并数门相邻学科的教学内容而形成综合性课程；四是核心课程，这种课程围绕一些重大的社会问题组织教学内容，社会问题就像苹果的果核，被包裹在教学内容里，核心课程又被称为问题中心课程。

　　前三种课程都是在学科领域的基础上进行知识综合的课程形式，它们打破了原有的学科界限，是旧的学科课程的改进和扩展；而核心课程是以解决实际问题的逻辑顺序为主线来组织教学内容的。

　　综合课程是相对于分科课程而言的，它打破学科之间的界限，有利于培养学生对事物的整体认知能力，而且减少课程的门类，有利于减轻学生的负担。另外，综合课程是从生活、社会的实际出发的，具有较强的实践性，有利于培养学生的动手能力。《基础教育课程改革纲要（试行）》规定，要改变课程结构过于强调学科本位、科目过多和缺乏整合的现状，整体设置九年一贯的课程门类和课时比例，并设置综合课程，以适应不同地区和学生发展的需求，体现课程结构的均衡性、综合性和选择性。特殊教育是基础教育的一个组成部分，因此，特殊教育学校的课程改革也应在此目标的指导下进行，并充分体现政策文件的精神。② 也就是说，特殊教育学校课程要体现均衡性、综合性和选择性。

　　综合课程虽然强调了课程之间的整合，但在实践中整合学科的内容、建立起新的课程体系是十分有难度的，而且对教师能力的要求也较高。因此，综合课程落实起来很困难，但它依然是我们努力的方向。

　　2. 分科课程的实质

　　分科课程是从不同门类的学科中选取知识，按照知识的逻辑体系，以分科教学的

---

①　夏莲芳：《浅谈中、重度弱智儿童的综合课教学》，载《现代特殊教育》，2003(5)。

②　王辉：《培智学校现行培养目标和课程问题的探析》，载《中国特殊教育》，2003(2)。

形式传授知识的课程。分科课程与学科课程基本上是一致的，分科课程强调的是课程内容的组织形式，而学科课程强调的是课程内容固有的属性。分科课程又称百科全书式课程，有较强的逻辑体系，注重知识的传授，知识相对独立。从课程开发来说，分科课程坚持以学科知识及其发展为基点，强调学科知识的优先性；从课程组织来说，分科课程坚持以学科知识的逻辑体系为线索，强调学科自成一体。

就分科与学科的关系而言，学科课程以分科的形式最为典型且影响最大。分科课程的特点十分明显：第一，它有助于突出教学的逻辑性和连续性，是学生简洁有效地获取学科系统知识的重要途径；第二，它有助于体现教学的专业性、学术性和结构性，可有效地促进学科尖端人才的培养和国家科技的发展；第三，它有助于组织教学与评价，有利于提高教学效率；第四，它有利于学生学习和巩固基础知识。同时，分科课程存在的缺点也是教育者应不断克服的：第一，分科课程使总体课程体系过于臃肿，加重了学生的学习负担；第二，分科课程以分门别类的方式组织和编排知识，而学生的现实生活是完整的；第三，学科划分得过细，造成知识面过窄，内容偏难偏深；第四，各学科相互分离，彼此孤立，造成学习内容相互分离甚至脱节；第五，具体的某门课程对于未来从事该学科工作的劳动者来说是必备的，但对于其他学生来说也许是多余的。

3. 特殊教育中综合课程与分科课程的关系

综合课程与分科课程是两类不同的课程。分科课程是一种单学科的课程组织模式，它强调不同学科门类之间的相对独立性，强调一门学科逻辑体系的完整性。综合课程是一种多学科的课程组织模式，它强调学科之间的关联性、统一性和内在联系。[1] 但这两种课程组织模式之间也存在内在联系，这里以培智学校的课程为例加以说明。

(1)培智学校的课程的特点和要求

关于特殊教育的分科课程，有学者指出分科课程把学生面对的生活世界分解得支离破碎，难以使学生对其所生存的世界形成整体的理解和把握。[2] 在现实生活中，人们需要运用综合的、整体的知识去认识世界和改造世界。对于智力障碍儿童来说，由于其分析、综合能力发展得较差，其思维能力大多停留在直观形象阶段，如果仅教给他们一些分散的、联系不太紧密的知识，他们则很难获得关于世界的完整图像，难以将所学知识很好地运用于今后的工作和生活中。相较于学习零散的知识，他们更需要把所学的知识与自身生活经验相联系，形成对知识的整体认识，运用知识去解决实际问题。基于此，很多学者及实践者开始反思培智学校的课程设置与实施，综合课程逐渐成为培智学校关注的焦点。因此，探讨特殊教育中综合课程与分科课程的关系就显得十分紧迫。

① 张华：《课程与教学论》，276～277页，上海，上海教育出版社，2000。
② 郭元祥、伍香平：《综合实践活动课程的理念》，70页，北京，高等教育出版社，2003。

与普通学校相比，培智学校的综合课程在课程内容的选择与设计上更需要与学生生活实际相联系，课程组织的价值取向应逐渐向儿童本位过渡，课程组织应逐渐走向综合化。从《中度智力残疾学生教育训练纲要（试行）》到《培智学校义务教育课程标准（2016年版）》，关于综合课程的描述与要求都不断增多。虽然有关培智学校开展综合课程的系统研究依旧较少，但在培智学校教学中对综合课程的实践不断推进。同时，并不是说选择综合课程就要摒弃分科课程。只强调功能性和实用性而忽略学生的发展性和补偿性，这种方式也是不可取的。

（2）培智学校中分科课程与综合课程的冲突

在培智学校的课程中，经验课程要求课程有综合性。培智学校的课程表面上是分科课程，实际上开展的是具有综合性的课程，如生活语文、生活数学等。综合课程不一定是将不同的学科门类合并为一门课程，可以是不同程度的综合，学校课程综合的程度取决于这所学校的历史、教师的专业水平、社区的支持程度（学校与社区的合作程度）等方面。适合的才是最好的，在多元化的课程类型中，没有孰好孰坏之分。

（3）培智学校中分科课程与综合课程的统一

分科课程与综合课程的关系在特殊教育领域最好的体现就是个别化教育计划。美国为了促进特殊学生参与个别化教育计划，采取多样化的教学实施方式，将单列课程与融入式课程结合起来。我们可借鉴美国现有的课程模式，开发促进学生参与个别化教育计划的本土化课程。教师也可以将个别化教育计划中相关技能的训练融入学生的日常学习。例如，在晨会或生活适应课上学习、巩固参加个别化教育计划会议的技能，包括陈述自己的需求、优势、劣势、兴趣和爱好，分享上阶段的学习表现和长短期目标的达成情况等；在生活语文课上学习、巩固撰写个别化教育计划的技能，可以抄写个别化教育计划文本中学生的基本情况部分，在师生沟通的基础上口述或撰写长短期目标等；在生活数学课上对自己目标的达成情况进行评估、计算目标达成率等。在特殊教育中，无论是课程的内容还是个别化教育计划的内容都使课程具有综合性的特点，可以说制订个别化教育计划的过程就是课程开发的过程。

在了解了培智学校的课程中综合课程与分科课程的内容后，就应该思考如何进行课程的设置。王辉在《培智学校现行培养目标和课程问题的探析》一文中提出，根据轻度智力障碍儿童身心发展的特点和培养目标，结合《基础教育课程改革纲要（试行）》的要求，针对轻度智力障碍儿童的课程应充分体现课程的基础性、实用性、补偿性、教育性、灵活性和综合性等特点。课程设置可着眼于三个方面：一是围绕生活问题处理和适应社会设置综合性生活单元，在每一个生活单元里，既可融入语言、算术知识，又可融入常识、社会实践等知识，同时让学生体验、感悟生活实际，并把这一经验运用到真实的生活中；二是职业技能训练课程，这些技能应是适合地方需要的简单技能，目的是最大限度地保证其今后的就业、自立需要；三是综合的大课程，轻度智力障碍儿童的身体缺陷弥补、智力潜能开发可通过这种方式开展，将音乐、体育、美术、手工、游戏等融为一体，根据儿童不同的年龄阶段进行适合其身心特点的不同形式和方法的训练，同时对其进行美的熏陶、教育，让儿童愉快地活动、学习、训练，以实现最大限度的康复，令身心得到全面的发展。[①]

🔗 拓展阅读

基于问题的学习

基于问题的学习(problem-based learning，PBL)是基于现实世界的以学生为中心的教学方法，1969 年由神经病学教授巴罗斯在加拿大麦克马斯特大学首创，目前已成为国际上较流行的一种教学方法。因此教学方法而闻名的包括荷兰马斯特里赫特大学等世界知名院校。基于问题的学习与传统的以学科为基础的教学方法有很大不同，强调以学生的主动学习为主，而不是传统教学中的以教师讲授为主。基于问题的学习将学习与更大的任务或问题挂钩，使学习者投入问题；它设计真实的任务，强调把学习置于复杂的、有意义的问题情境中，学习者通过自主探究和合作来解决问题，从而学习隐含在问题背后的科学知识，形成解决问题的技能和自主学习的能力。基于问题的学习的问题设计模型如图 4-1 所示。

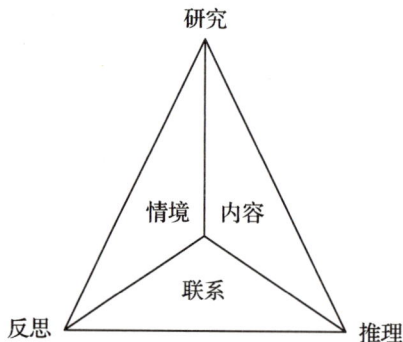

图 4-1　基于问题的学习的问题设计模型

体验式课程[②]

体验式课程是课程综合化的一个范例。教师和学生不再只是既定课程计划的实施者，他们还是课程开发者与教学设计者，师生共创、共建教学内容。体验式课程之体验是根植于人的精神世界，着眼于自我、自然、社会之整体有机统一的人的超越经验。它揭示了人作为一种精神存在的根本规定，也揭示了个性的根本规定。体验并不与经验对立，体验赋予经验个性意义。体验式课程即超越性课程，它指向人的自然性、社

---

① 王辉：《培智学校现行培养目标和课程问题的探析》，载《中国特殊教育》，2003(2)。

② 张华：《课程与教学论》，265～266 页，上海，上海教育出版社，2000。

会性、自主性的健全发展。它以个性发展为归依，因此是一种个性化课程。体验式课程并不与经验课程、既有的文化模式对立，只有在体验式课程的个性追求中，经验课程、既有的文化模式才能找到意义之源。体验式课程的心理学基础是价值心理学或存在心理学，这种心理学以存在爱、存在认知为研究的核心。由新主体教育观可得出体验式课程开发的基本向度是有机统一的自然、社会、自我。文化也是体验式课程的基本向度，但体验式课程视域中的文化真正实现了科学、道德、艺术的统一。

STEAM 教育

STEAM 的每个字母分别代表科学（science）、技术（technology）、工程（engineering）、艺术（art）、数学（mathematics），倡导跨学科融合的理念，注重对学生进行想象力和创造力的培养。STEAM 教育综合课程的本质即综合性学科课程，其主要观点有：跨学科，以相关学科整合为基础；项目驱动，以真实问题解决为导向；设计思维，以任务整体构思为支架；融合艺术，以创造美为发展趋势；角色分工，以公平地参与为价值追求。[①] STEAM 教育的课程理念和课程形式对特殊教育课程组织具有启发意义，可以借助 STEAM 教育的优势发展特殊教育，如重视跨学科跨领域的知识融合、真实情境中的问题解决及全体学生的发展等方面。[②]

STEAM 教育的第一个核心理念是重视跨学科跨领域的知识融合。通过在学科内部、学科之间或不同实践领域之间寻找合适的主题，并围绕这些主题开展教学活动，来实现知识的整合和学科的整合，改变学科相互割裂、各成体系的状态，使学生学习的零碎知识变成相互联系、相互统一的整体。这有利于促进学生的知识、情感、态度及价值观的综合发展。

STEAM 教育的第二个核心理念是真实情境中的问题解决，即帮助学生在真实的情境中通过解决问题学习知识。在这种学习环境中，学生学习的内容和学习的过程是真实的，真实意味着这些问题与学生在实际生活中或将来在职业生涯中可能遇到的问题相似，所学内容有较强的迁移性。在真实情境中解决问题不仅可以帮助学生学习概念，而且使学生学习的知识与其他学科的知识整合起来。

STEAM 教育的第三个核心理念是强调全体学生的发展。STEAM 教育关注所有学生，包括不同认知能力水平、不同性别、不同文化背景的学生，也包括残疾学生等有特殊教育需要的学生。[③] 教育的多样化和多维度是 STEAM 教育的一大特点。在传统教育过程中，残疾学生等有特殊教育需要的学生可能被忽视，这对于他们来说是不公平的。STEAM 教育则强调给予这些学生更多的关注，以使其得到应有的和有用的教育。

---

① 闵宝翠：《STEAM 课程：在学科融合中培养学生的综合实践能力》，载《辽宁教育》，2019(9)。
② 师保国、高云峰、马玉赫：《STEAM 教育对学生创新素养的影响及其实施策略》，载《中国电化教育》，2017(4)。
③ J. D. Basham，M. Israel，K. Maynard，"An Ecological Model of STEM Education：Operationalizing STEM FOR ALL," *Journal of Special Education Technology*，2010，25(3)，pp. 9-19.

STEAM 教育的理念与特殊教育的理念有很多不谋而合之处，对于特殊教育课程组织来说具有借鉴意义，为我们思考特殊教育课程提供了新的思路和视角。

(三)显性课程与隐性课程

1. 显性课程的含义

显性课程又称正式课程、官方课程、公开课程、显露课程，指为实现一定的教育目标而在学校课程计划中明确规定的学科以及有目的、有计划、有组织的课外活动，按照预先编制的课程班实施，是教科书编写、学校施教、学生学习和考核的依据之一。①

2. 隐性课程的含义

隐性课程的概念于 1968 年由美国学者杰克逊在他的《课堂生活》一书中正式提出。② 杰克逊分析了教室中的团体生活、报偿体系和权威结构等特征，认为就是因为有这些不明显的学校特征，独特的学校气氛才得以形成，进而构成了隐性课程。隐性课程又称非正式课程、非官方课程、潜在课程、隐蔽课程，指学习政策及课程计划中未明确的非正式和无意识的学校学习经验。③ 隐性课程的影响是无处不在、无时不有的，其包含的内容极其丰富，对隐性课程的关注是非常有必要的。隐性课程主要包括：学校的物质、社会和文化环境；社会制度中的价值观念、意识形态；情意方面的学习；特殊的认知学习、直觉学习。

通过对相关文献的梳理我们不难发现，特殊教育的隐性课程的发展并不像普通教育那样成熟。由于我国特殊教育起步较晚，缺乏办学资源，理论基础相比于西方发达国家较为薄弱，师资水平参差不齐。另外，长期以来，由于学科课程的独尊地位和对学生成长环境的简单化理解，隐性课程的教育价值难以展现，功能无法充分地发挥。因此，隐性课程的地位与作用常被忽视。④ 但是，在特殊教育领域中，隐性课程担负着有效补偿特殊儿童缺陷的任务，注重特殊儿童自理能力和生存能力的发展。特殊儿童要学习的东西不只是课堂上教师所传授的知识，校园的整体环境、物质和精神环境及学校与社会的融合程度等也都是促进学生发展、逐渐回归主流的重要因素。⑤ 因此，对于隐性课程的关注是特殊教育课程组织必不可少的内容。

---

① 钟启泉：《课程与教学概论》，126 页，上海，华东师范大学出版社，2004。
② P. Jackson, *Life in Classroom*, NewYork, Holt, Rinehart&Winston, 1968.
③ 钟启泉：《课程与教学论》，126 页，上海，华东师范大学出版社，2004。
④ 葛金国、吴玲、周元宽：《课程改革与学校文化重建》，4 页，合肥，安徽教育出版社，2007。
⑤ 熊琪：《培智学校隐性课程的实施与对策研究——以武汉市江岸区辅读学校为例》，硕士学位论文，华中师范大学，2009。

3. 隐性课程与显性课程的关系

隐性课程与显性课程是两种不同的课程类型，但它们之间也存在内在联系。一方面，显性课程的实施总伴随隐性课程；另一方面，隐性课程也不断地转化为显性课程。

生态系统理论认为，人的发展处于完整的生态系统中，离不开人与环境的相互作用。在特殊教育的隐性课程中，校园文化建设是重点内容之一。校园文化具体可分为校园物质文化、校园精神文化及校园制度文化。一般来说，校园物质文化是载体，校园精神文化是核心，校园制度文化是保障。例如，承担特殊教育任务的培智学校的教育目标为：通过适合学生身心发展特点的教育与训练最大限度地补偿其缺陷，使其掌握生活中适用的知识，形成基本的实用能力和必要的良好习惯。这与普通中小学的教育目标存在较大的差异，因此培智学校的校园文化建设具有自己的特殊性。家校合作文化应该成为特殊教育学校的校园文化建设的重点。一方面，家长掌握学生最详细和最真实的资料，有能力为教师的教育教学提供基础资料；另一方面，大部分家长迫切需要正确的教育和康复知识、技能。此外，特殊教育学校的校园文化建设还应该加强自身同社区的联系，并引导家庭积极走出家门、融入社区，为培养学生良好的社会交往能力创造条件。

对特殊教育来说，隐性课程的开发是非常有必要的，如果能很好地利用隐性课程的特点和规律来进行特殊教育课程的改革和探索，就可以更好地帮助特殊儿童全面发展。如何利用隐性课程的特点进行课程建设，将之嵌入学校的环境，形成具有课程意识的校园文化，是我们需要深入思考的问题。

课程组织类型并没有绝对的孰好孰坏之分，没有一个统一的范式可以适应不同的课程。在实践中特殊教育者仍需要不断探索，始终遵循一个原则——适合的才是最好的。

本章小结

要了解特殊教育课程，把握特殊教育课程组织的内容是至关重要的。学校课程的变革可以说是课程组织的变革。在特殊教育中，课程组织的重要性不言而喻。课程组织就是对课程结构进行调整，所处理的是不同课程类型之间的平衡问题。需要注意的是，这是一个在实践中不断探索的过程。课程组织是课程改革的一个永恒话题。

思考题

·单项选择题

1. 学校课程有多种类型，其中最有利于学生系统地掌握人类所取得的经验和科学认识的课程是(　　)。

A. 学科课程　　　B. 经验课程　　　C. 活动课程　　　D. 隐性课程

2. 校风、教风和学风是学校文化的重要构成部分，就课程类型而言，它们属于(　　)。

A. 学科课程　　　B. 活动课程　　　C. 显性课程　　　D. 隐性课程

3. 特殊教育课程组织的要素不包括(　　)。

A. 特殊儿童　　　B. 特殊教育者　　C. 特殊教育教材　　D. 特殊儿童家长

·简答题

1. 简述经验课程的特点。

2. 简述学科本位的课程组织的主要观点。

·论述题

1. 简要论述特殊教育课程中综合课程与分科课程的关系。

2. 谈谈你对教育生活化的理解。

本章阅读资料

[1]拉尔夫·泰勒. 课程与教学的基本原理[M]. 北京：人民教育出版社，1994.

[2]钟启泉. 课程与教学概论[M]. 上海：华东师范大学出版社，2004.

[3]张华. 课程与教学论[M]. 上海：上海教育出版社，2000.

[4]孙泽文，叶敏. 课程内容的构成要素、组织原则及其结构研究[J]. 内蒙古师范大学学报(教育科学版)，2013(2)：60－63.

[5]周德锋，秦莉，韦世祯. 学前教育课程理论与实践研究[M]. 北京：中国书籍出版社，2017.

第五章

特殊教育课程实施

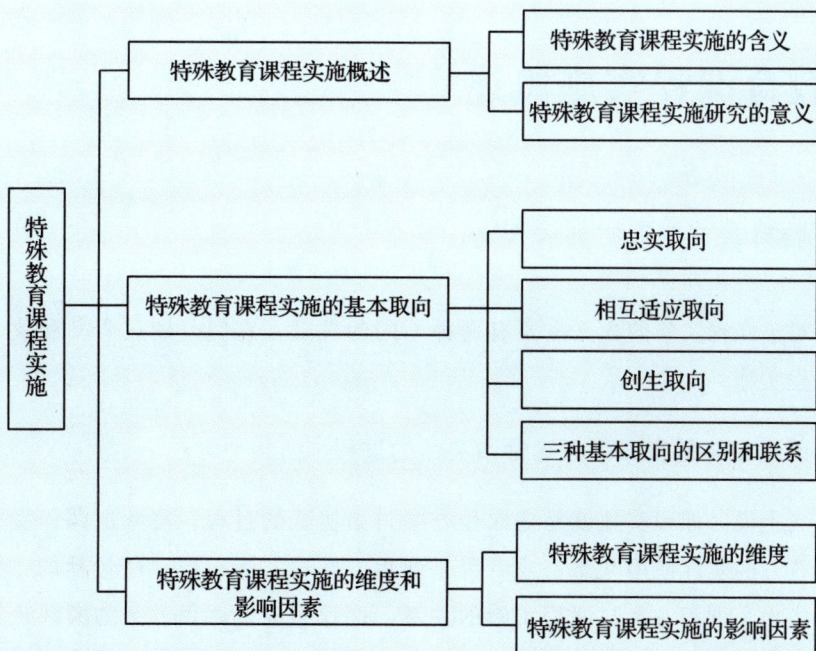

```
                              ┌─────────────────────┐
                    ┌─────────│ 特殊教育课程实施的含义 │
         ┌──────────────────┐ │ └─────────────────────┘
         │ 特殊教育课程实施概述 │─┤
         └──────────────────┘ │ ┌─────────────────────┐
                              └─────────│ 特殊教育课程实施研究的意义 │
                                        └─────────────────────┘

                                        ┌─────────────────────┐
                              ┌─────────│      忠实取向        │
                              │         └─────────────────────┘
                              │         ┌─────────────────────┐
┌────────┐ ┌──────────────────┐ ├─────────│     相互适应取向      │
│ 特殊   │ │                  │ │         └─────────────────────┘
│ 教育   │ │ 特殊教育课程实施的基本取向 │─┤         ┌─────────────────────┐
│ 课程   │─│                  │ ├─────────│      创生取向        │
│ 实施   │ └──────────────────┘ │         └─────────────────────┘
└────────┘                     │         ┌─────────────────────┐
                              └─────────│   三种基本取向的区别和联系  │
                                        └─────────────────────┘

                                        ┌─────────────────────┐
         ┌──────────────────┐ ┌─────────│   特殊教育课程实施的维度   │
         │ 特殊教育课程实施的维度和 │ │         └─────────────────────┘
         │    影响因素       │─┤
         └──────────────────┘ │ ┌─────────────────────┐
                              └─────────│  特殊教育课程实施的影响因素  │
                                        └─────────────────────┘
```

本章导读

特殊教育课程实施是课程方案实际执行的过程，是课程方案预期目标的实现路径。特殊教育课程实施有三种基本取向：忠实取向、相互适应取向、创生取向。应当在理解三种基本取向的基础上了解特殊教育课程实施的实际情况。同时，在课程实施的过程中应当充分考虑诸多因素的影响。

学习目标

①理解特殊教育课程实施的含义。
②把握特殊教育课程实施的取向。
③了解影响特殊教育课程实施的因素。

第一节
特殊教育课程实施概述

一、特殊教育课程实施的含义

目前对于课程实施的含义主要有两种不同的理解，它们分别从广义和狭义的角度来阐述课程实施。

(一)课程实施是将课程方案付诸实践的过程

从广义上说，课程实施就是把课程方案付诸实践的过程。富兰把课程实施定义为任何课程核心的实际使用状态，或者说是课程方案在实际运作中所包括的一切。这个定义明确指出了课程方案与课程实施的关系：课程实施是课程方案的实践化和操作性环节。课程实施是做的过程，是达到预期课程目标的基本途径。[1] 持这种观点的人把课程方案看成固定的、不可变更的程序，认为课程实施就是一个执行程序的过程。

---

[1] 李子建、黄显华：《课程：范式、取向和设计》，311 页，香港，香港中文大学出版社，1994。

(二)课程实施是教学过程

从狭义上说，课程实施就是教学。有学者认为课程实质上就是实践形态的教育。[①]也有学者认为，教学过程是实施课程方案的过程，凡是按照课程标准进行的教学就是正常的，凡是未按照课程标准进行的教学就是不正常的，是要加以改变和改进的。[②] 这些定义实质上都是在课程实施与教学过程之间画等号。

(三)理解特殊教育课程实施必须处理的两对关系

要理解特殊教育课程实施的含义，就要清楚课程与教学的关系、课程实施与教学的关系。

关于课程与教学的关系，主要有以下几种理解：课程与教学并列说，教学包含课程的大教学观，课程包含教学的大课程观，课程与教学相互关联说，课程与教学整合说。

课程与教学并列说认为课程与教学是两个独立的系统，两者无交集。课程位于一端，教学位于另一端，可以分开研究，也可以分开进行。这种观点实际上是用一种二元对立的思维看待课程与教学。大教学观认为教学是大的概念，课程是小的概念，主张将课程视为教学的内容；教学包含课程，课程理论只是教学理论的一部分。大课程观认为课程是大的概念，教学是小的概念；课程不仅指教学内容，也指教育的整个进程，其中包含教学进程；教学是课程的一部分，对教学的研究是课程理论的重要组成部分。课程与教学相互关联说主要有两个观点：一是认为课程与教学两者相互联结、部分交叉，如课程实施涉及教学、教学内容涉及课程等，但彼此没有上下关系，也无包含关系；[③] 二是认为课程与教学是相互循环的，课程会对教学产生影响，而在实施教学、评价教学成效后，会根据教学成效修正课程，此过程环环相扣、互为反馈，周而复始、不断推进。[④] 虽然课程与教学有各自相对独立的系统，但它们是相互反馈、相互影响和相互作用的。任何课程设计最终都要通过具体的教学工作才能完成，教学通过对实施结果的评价反过来影响课程。课程与教学整合说认为课程与教学是一个整体，高度关联与融合，不可分割。课程与教学之间的整合主要体现在两个方面。一方面，教学是课程开发的过程，是师生共同创生课程的过程，课程是具有社会历史特性的教学事件。另一方面，教学是课程的体验过程，课程的内容和意义在本质上并不是对所有人都相同，教师应尽力使学生主动参与学习过程；课程不再是静态的书面文件，而

---

① 黄甫全：《大课程论初探——兼论课程(论)与教学(论)的关系》，载《课程·教材·教法》，2000(5)。

② 黄政杰：《多元社会课程取向》，131 页，台北，师大书苑有限公司，1995。

③ 霍秉坤、叶慧虹、黄显华：《课程与教学：区隔与连系之间的探讨》，载《全球教育展望》，2010(6)。

④ 刘力：《课程与教学辨》，载《杭州教育学院学报》，1999(5)。

是教师与学生在教育情境中不断生成的活生生的经验。于是，课程与教学开始由封闭走向开放，两者之间的界限越来越模糊，课程与教学你中有我、我中有你，并且在相互转化、相互促进的过程中有机地融为一体。

课程实施与教学之间又是什么样的关系呢？这是两个不同的概念，它们的区别主要表现在两个方面。第一，课程实施涉及的范围比教学广。课程实施是执行课程计划的过程，涉及确定课程目标、组织课程形式、准备课程实施的环境和条件、选择课程内容、开展课程实施等。而教学仅指发生在课堂环境中的教师教和学生学的互动过程，涉及教师和学生直接的双向互动，与课程实施相比，其涉及的范围狭窄。第二，课程实施与教学分属不同的研究领域。课程实施研究主要探讨课程计划的实施程度、影响课程实施的因素、课程计划与实际情境的关系等。而教学研究主要探讨教师的教授行为、学生的学习行为及两者之间的内在机制。

课程实施与教学也有内在的统一性和联系，表现在两个方面。第一，课程实施包含教学。教学是课程实施的关键环节和基本途径，课程实施是通过教学来实现的。也正是因为两者之间的这种联系，才产生了课程实施就是教学这一观点。第二，课程实施与教学是相互影响、相互促进的。课程实施起到统筹全局的作用，对教学设计和活动起指导作用；教学是课程实施的检验与实践环节，可以体现出课程实施过程的优势和不足，从而促进课程的开发及实施。

课程与教学的关系同课程实施有关。因为课程实施涉及的范围比教学广，所以课程是大概念、教学是小概念，课程是包含教学的，这也是大课程观的一种体现。对于课程实施的理解要着眼于课程变革，课程实施是课程变革过程的环节之一，课程变革是一种综合性系统工程(如图5-1所示)。课程变革首先要确定它的理想及实现这种理想的具体方案，即课程计划；接下来决定采用某项课程计划，即课程采用；然后将采用的课程计划付诸实践，即课程实施；最后对课程变革进行评估，即课程评价。课程变革是这些环节之间动态、复杂的交互作用过程，而非单向的由一个环节到另一个环节的线性运作过程。

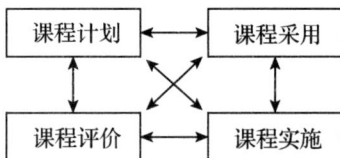

图 5-1　课程变革

二、特殊教育课程实施研究的意义

(一)有利于及时发现课程实施中的问题

课程方案与课程实施之间存在理想与现实的差距，存在预期效果与实际效果的差距。[1] 并不是每个课程方案在课程实施后产生的效果都能达到之前的设想。对特殊教育课程实施过程进行监测就是研究课程方案的执行过程，可以明确课程方案在不同实施环境中的真实运作情况，并发现其中存在的问题。这些问题可能表现为地方教育行政部门支持不足、学校办学水平不高、学校领导的重视程度不够、师资配置不合理、教师专业化水平不足和成长体系不完善等。有研究者对《培智学校义务教育课程标准(2016年版)》的实施现状进行调查，结果表明，大多数教师能够较好地落实课程标准的课程理念，但由于课程标准培训力度不够、课程资源短缺、教师配备不足等问题，教师在课程实施过程中遇到了困难。[2]

(二)有利于改进课程方案

国家颁布的课程标准是具有指导性的文件，体现的是国家层面对课程的管理。但任何课程标准的制定都不是一劳永逸的，必须在课程实施的过程中收集反馈信息，从而不断完善课程标准。有学者认为，要想比较成功地推行一项变革，就必须自始至终地深入研究变革方案的实施过程，在实施过程中及时调整方案，使之不断完善。[3] 特殊教育课程标准在规范特殊教育学校的课程实施方面发挥着指导性作用，但随着特殊教育规模不断扩大和融合教育逐渐普及，对特殊教育质量的要求越来越高，对课程标准的修订完善也被提上日程。有研究者调查了教师所认为的《培智学校义务教育课程标准(2016年版)》存在的问题，这些问题集中体现为两点：一是难度大，二是可操作性不强。[4] 研究在课程实施过程中收集到的反馈信息是改进课程标准的途径之一。课程标准的完善还需要结合课程改革的需要、考虑现实的因素、征求专家的意见等，而不是单纯地研究课程实施。

(三)有利于了解特殊儿童实际的学习需求

我国的课程变革是国家通过颁布课程标准推行的变革。课程标准的研制、完善过程应从具体的学生需要、学校需要出发。通过研究特殊教育课程实施，我们可以了解

---

[1] 李臣之：《课程实施：意义与本质》，载《课程·教材·教法》，2001(9)。
[2] 董俊花、蔺红春、邓欢：《培智学校新课程标准实施现状的调查研究》，载《现代特殊教育》，2020(6)。
[3] 张华：《课程与教学论》，334～335页，上海，上海教育出版社，2000。
[4] 董俊花、蔺红春、邓欢：《培智学校新课程标准实施现状的调查研究》，载《现代特殊教育》，2020(6)。

实施过程中的情况，对课程实施如何最大限度地满足特殊儿童实际的学习需求有最直接的了解。特殊教育的课程标准是面向全国特殊教育学校的，而我国地域辽阔，南方与北方、东部与中西部、城市与乡镇在特殊教育学校的规模、学生的障碍程度等方面存在明显差异。因此，当课程标准具体到每所学校、每个班级、每名学生时，具体情况就可能在一定程度上与规定的内容存在出入。这是任何一门学科的课程标准都先天存在的问题，无法回避。因为特殊儿童群体的障碍类型多样、具体表现各异，研究课程实施的过程有利于了解特殊儿童实际的学习需求，处理好具有普遍性的课程标准与具有特殊性的教学实践之间的关系问题。

第二节
特殊教育课程实施的基本取向

课程实施的基本取向指对课程实施过程本质的认识以及支配这些认识的课程价值观。人们对课程实施的认识有所不同，导致人们在课程实施过程中选择不同的取向。富兰等人于 1977 年提出了课程实施的三种取向：得过且过取向、适应取向和忠实取向。① 后来辛德尔、波林和扎姆沃特对此理论进一步发展完善，将课程实施归纳为三个基本取向，即忠实取向、相互适应取向和创生取向。下面具体探讨特殊教育课程实施的这三个基本取向。

一、忠实取向

(一)忠实取向的含义

忠实取向将课程方案看作固定的、不可变更的方案，实施就是执行的过程。忠实取向强调课程方案的优先性与重要性，强调事先规划的课程方案具有示范作用和权威作用。课程实施追求最大限度地忠实于课程方案原本的意图，严格按照课程方案规定的目标、内容、方法等实现课程制定者的意图。

(二)忠实取向的特点

忠实取向将课程变革视为一种线性过程，它的逻辑是一种机械的线性过程，课程

---

① Michael Fullan，Alan Pomfret，"Research on Curriculum and Instruction Implementation，"*Review of Educational Research*，1977(2)，pp. 335-397.

被视为由专家确定的、固定不变的文本材料。[1] 课程专家在课堂外制订课程变革计划，教师在课堂中实施课程变革计划，人们根据是否实现预先计划的结果来评价课程。[2] 忠实取向看重课程实施者对课程变革决策者和计划制订者的忠实执行程度，课程被理解为官方制度，课程实施也被看作落实制度课程的主要途径。因此，忠实取向在本质上体现的是一种技术追求。

忠实取向强调课程专家在课程变革中的重要地位，课程专家始终处于领导者的位置，课程方案的目标、内容、方法等都由课程专家制定，他具有较高的学术权威；忠实取向强化了课程政策制定者和课程专家在课程变革中的作用。[3] 在这种取向下，作为课程执行者的教师处于被领导的地位，被要求忠实地执行课程方案的内容。教师是专家开发的课程的被动"消费者"，在课程实施中的主动性相当有限。[4] 在忠实取向下，学生是课程开发与教学设计的接受者和被加工的对象，是学习结果的呈现者和课程的受益者，对如何进行课程实施没有任何发言权。

(三)对忠实取向的评价

忠实取向有值得肯定的方面。首先，国家对教育进行管理的途径之一是颁布课程标准，对课程标准的忠实是维护国家利益的体现。我国颁布的盲校、聋校和培智学校三类特殊教育学校的义务教育课程标准是体现国家意志的纲领性文件，特殊教育学校要在课程标准的指导下实施课程。其次，忠实的课程实施是达到国家课程标准提出的最低要求的条件，学校可以在这个基础上提升课程实施的质量。课程标准中提到的课程目标是课程实施要达到的基本要求，在课程实施的过程中，教师一方面要落实课程标准的目标和内容，另一方面要结合教学实际对课程标准的目标和内容进行分解和细化，在基础部分围绕课程标准规定的学生必须掌握的基础性内容展开。在完成基础部分的学习后，教师或加深认识，或扩展边界，开展拓展学习，提升课程实施的质量。再次，忠实取向下的课程方案是由课程专家制定的，具有一定的科学性和专业性。在我国的盲校、聋校和培智学校三类特殊教育学校的义务教育课程标准的制定过程中，有关部门组织高校特殊教育专家、普通教育课程专家等作为核心成员开展这项工作。最后，忠实取向有其特定的适用范围，它适用于课程内容极为复杂、困难且师生不容易准确理解的课程方案，或者学生的理解需要基于对课程内容所做的特定安排、详细

---

[1]　杨杨：《教师课程实施的基本取向及影响因素探析》，载《科教文汇(下旬刊)》，2018(6)。

[2]　张华：《课程与教学论》，337页，上海，上海教育出版社，2000。

[3]　张华：《论课程实施的涵义与基本取向》，载《外国教育资料》，1999(2)。

[4]　周仕德：《论课程实施基本取向与教学设计的转变》，载《西华师范大学学报(哲学社会科学版)》，2009(1)。

说明的时候。① 总的来说，忠实取向的课程实施有利于建立课程方案和学生学习结果之间的联系，为评价和改进课程方案提供反馈意见。②

片面追求忠实取向也存在弊端。首先，忠实取向下的课程实施有可能使教师缺乏创造性。教师如果专业水平不高，就可能忠实地按照课程方案的原本意图进行课程实施，不能根据实际情况做出调整，缺乏灵活性。其次，忠实取向的课程实施有可能使教师形成狭隘的课程观。在忠实取向的影响下，教师对课程本质的理解认识不足，认为课程就是一成不变的，课程实施是对课程方案的严格执行。最后，忠实取向可能消除教师在课程实施中的主体性价值。有学者指出，忠实取向将课程实施视为机械的程序化过程，片面地追求专家开发的课程，使教师成为课程方案的执行工具，对教师主体性价值的认识不足。③

课程标准是国家对课程的基本规范，是每位教师都应学习、研究和遵循的指导性文件。我国于 2016 年发布了三类特殊教育学校的义务教育课程标准，结合各类特殊儿童的实际情况设置了课程内容，提出了符合特殊教育实际的教学建议。特殊教育学校必须努力将国家课程标准落实为学校实践性课程，课程目标要根据课程标准来制定，课程实施也需要根据课程标准来开展。因此，特殊教育学校总体上要以课程标准为依据，这在一定程度上要求特殊教育学校的课程实施具有忠实取向。但具体到课程实施过程便会发现，绝对忠实的课程实施是不可能的。实践证明，课程实施的过程在客观上是存在变化的，是受情境要素影响的。特殊教育学校课程标准既要遵循国家对各级各类学校课程标准的基本要求，又必须考虑特殊儿童的特殊性，适应不同类型特殊儿童身心发展的特点和学习成长规律。面对具体的教学情境和特殊儿童的个体差异，作为课程方案执行者的教师总会在课程实施的过程中有意识或无意识地根据实际教学情况和学生能力对课程进行适当的调整。在特殊教育现实条件的束缚下，忠实取向的课程实施是无法实现的。

二、相互适应取向

(一)相互适应取向的含义

相互适应取向把课程实施视为课程方案与课程实施双方统一修正、调整的过程。相互适应取向强调课程实施不是简单的单向传递和接受，而是双向的互动和改变。课程变革过程需要课程方案和课程实施相互调整以达到适应。一方面，预定的课程方案

---

① 钟启泉：《课程与教学概论》，145 页，上海，华东师范大学出版社，2004。

② 杨明全：《课程实施的学理分析：内涵、本质与取向》，载《全球教育展望》，2004(1)。

③ 徐小容、朱德全：《课程实施：忠实取向与创生取向相统一》，载《中国教育学刊》，2011(8)。

需要调整，以适应各种具体实践情境的特殊需要；另一方面，实际的课程实施需要调整，以适应课程方案的特定要求。

(二)相互适应取向的特点

相互适应取向将课程变革视为复杂、非线性且不可预知的过程，而不是预期目标和计划的线性演绎过程。[1] 相互适应取向关注课程变革的过程性和复杂性，强调课程变革决策者、方案制定者和课程实施者相互适应。因此，该取向在本质上体现的是一种实践理性。

课程方案与课程实施需要相互适应，课程专家需要赋予课程方案一定的张力，留出空间，让教师可以对课程目标、课程内容及教学方法等做出适当的调整。在相互适应取向下，教师不再一味地服从于课程方案，而成为课程实施的积极协调者，成为主动、积极的"消费者"。教师根据具体的教育教学情境对课程实施做出适当调整，以保证课程方案的实施效果。

(三)对相互适应取向的评价

事先规定精确的实施程序是不可能的，也是不应该的。应该让不同实施者自己决定实施程序，因为对实际情况最了解的人最有可能做出最恰当的选择。[2] 相互适应是课程实施过程中必然经历的阶段。首先，课程实施是在具体情境下开展的，教师需要把课程方案与具体的学校情境和教学情境综合起来考虑，根据教学情境、教学目标、学生学习状态和课堂表现等随时对课程实施做适当调整，以促进课程知识最大限度地被学生理解与掌握。其次，课程方案需要在课程实施的过程中进行调整，来适应课程实施过程中的具体情况，使课程方案更有针对性和时效性。我国的特殊教育课程标准明确提出了积极推进个别化教学的课程理念，课程实施要在充分发挥特殊儿童学习主动性和自觉性的同时坚持因材施教的原则，尊重特殊儿童的个体差异，从他们的基础与发展需要出发，对课程方案进行调整。如此一来，特殊教育教师在课程实施过程中必须平衡课程方案与对特殊儿童个别化教学需求的满足。再次，教师需要依据自身的专业能力和实施水平，通过调整自己的课程实施来适应课程方案。课程标准对教师提出了新的要求，教师可能一开始达不到，此时教师就要不断调整自己的角色和行为方式以达到课程标准对教师的要求。最后，课程实施的对象是学生，学生具有个别差异性，不同发展水平的学生有不同的学习需要。课程实施要考虑学生的差异和学习需要，不断调整课程方案以使其适应学生，促进学生的发展。

---

① 张华：《课程与教学论》，340 页，上海，上海教育出版社，2000。

② 施良方：《课程理论：课程的基础、原理与问题》，132 页，北京，教育科学出版社，1996。

相互适应是促进课程方案完善、提升教师专业水平、促进学生发展的过程。在课程实施动态发展的过程中，教师通过不断地对课程进行个性化解读、调整和处理，使课程方案得到进一步完善。对具体情境、教师和学生的综合考虑可以促进教师专业发展水平的提高，使学生获得最大限度的发展。然而，"在课程实施过程中做多大的调整是合适的"这一问题的答案并不明确，这种取向的课程实施对教师的要求比较高，教师在实践中难以把握。

相互适应取向考虑了具体的实践情境（如学校情境、师生特点等）对课程实施的影响，反映了师生的主动性以及课程实施的复杂性、不确定性和过程性。在特殊教育中，与忠实取向相比，相互适应取向更符合课程实施的实际情况。第一，特殊教育的相互适应取向更明显。特殊教育课程标准明确提出了积极推进个别化教学的理念，要求课程给学校和教师的自主选择和使用留有空间，教材的编写有一定的弹性。课程的实施要在充分发挥学生学习主动性和自觉性的同时尊重学生的个体差异，从学生的基础与发展需要出发，确定适合的教学目标、教学内容、教学组织形式和教学评价方式。第二，特殊教育的相互适应取向更直接，这是由于特殊教育对象具有特殊性。特殊儿童与普通儿童相比，不管是个体间差异还是个体内差异都极大，这决定了他们的教育起点、教育目的不一致。教育目的不一致导致学习方法、学习途径不一致。如果教师在教学中不进行创新和调整，无法满足学生个体的学习需要，久而久之就会严重挫伤学生学习的积极性。普通学校的教师在授课时最先考虑的是如何按照课程标准把要求的内容传授给学生，第一反应更多体现的是忠实取向。而在特殊教育学校，无论是新教师还是老教师，其在授课时的第一反应都是使所教授的内容与每个层次甚至每个特殊儿童的实际情况相匹配，更多地思考如何使本班学生都参与其中，而不是确保课程标准内容的准确教授。第三，相比于普通学校的教师，特殊教育教师更倾向于课程实施的相互适应取向。教师从学生的实际能力出发调整教学顺序，从学生的认知规律和主要障碍出发调整教材内容，从学生的学习需要出发确定课程目标。具体地说，特殊教育教师对教材内容、课程目标、课程实施都要进行必要的、适度的调整。关于课程教材，尽管在三类特殊教育学校义务教育课程标准颁布后，国家组织相关专家编写了配套教材，但很多特殊教育学校都使用自编的校本课程教材。虽然在编写校本课程教材的时候学校会参考课程标准的主要指示，但主要还是根据本校学生的情况、本校教师的专长、可调动的社会资源和家长资源来设计教材。相互适应取向还表现在课程目标上。普通学校的学生有相同的课程目标，而特殊教育学校的学生在课程目标上的差异性较大，课程目标的确定、实现、评价都需要教师根据课程方案的要求及学生的实际水平做出调整。相互适应取向还表现在课程实施过程中，做出的调整可能是：教学内容的深浅、多少，教学进度的快慢，强化或削弱一门课，采用不同的教学方法，使用不同的教材，等等。[①]

三、创生取向

(一)创生取向的含义

创生取向也叫缔造取向，指在教育情境中，教师与学生根据自己的实际情况与需要，在已有知识、经验、能力、技能、智慧的基础上整合既有的课程变革计划，联合发明、建造、构谋、创造并自然生成新的教育经验的过程。[②] 真正的课程并不是在实施之前就固定下来的，既有的课程方案是创生经验的一种资源，是供经验的创生过程选择的工具。课程实施并不是简单的按部就班的过程，不是社会对教师和学生施加控制的手段，而是教师和学生追寻主体性、获得解放与自由的过程，是在具体的课堂情境中创生新的教育经验的过程。

(二)创生取向的特点

在创生取向下，课程变革被视为一个不断前进、不断建构的过程。课程变革是由教师和学生在课程实施中创生的，强调师生主体意识在课程变革和课程实施中的觉醒，是个性化的释放和展现。因此，创生取向在本质上是追求解放与自由的。

在创生取向下，专家设计的课程只是一种暂时性假设，课程不是由专家传递给教师，再由教师传递给学生的。主体相互配合、共同建构，教师和学生可以根据教学的具体需要主动建构课程。[③] 在特定的教育情境中，每一位教师和学生对既定的内容都有自己的理解，对它的意义都有自己的解读，从而对既定的内容不断进行变革与创新，以使它不断转化为自己的课程。教师不是学生学习的引领者，而是学生学习的支持者。

(三)对创生取向的评价

首先，未来课程发展的趋势是追求创生取向。课程理论的研究领域由课程开发范式转向课程理解范式，从科学主义课程理论追求的技术兴趣到实践性课程开发理论追求的实践兴趣，再到概念重建主义课程理论追求的解放兴趣。解放兴趣意味着教师与学生能够自主地从事课程创造，在不断自我反思和彼此交往的过程中实现个性的自由和解放。课程理论的发展已经超越了现代控制论的范畴，课程实施是在建构的过程中生成的。其次，创生取向下的教师开始积极突破自我，在精神层面追求解放自我，引

---

① 陈云英等：《中国特殊教育学基础》，30页，北京，教育科学出版社，2004。

② 韦冬余、吴义昌：《创生取向课程实施：本质与涵义》，载《天津市教科院学报》，2010(1)。

③ 李杰、陈凤英：《课程实施取向选择的影响因素探析》，载《教学与管理》，2014(4)。

领自身专业成长走向更高层次，专业能力和专业水平的提高也进入新的阶段。最后，学生的主体性价值得到最大限度的实现。学生的主体性充分发挥，学生积极参与课程创生的过程，他们不再是单纯的课程方案接受者。创生取向强调的是学生在课程实施过程中实现自我成长。学生的自我成长是自我决定的过程，通过自我选择促进自我发展、得到自我实现。教师不是目标的创造者，在这个过程中对实现怎样的目标也是未知的。目标是学生在自我成长的过程中自我选择的，自我选择的过程就是创造。

然而，创生取向在现实教学中有限制性条件。一方面，当下的课程实施大多以控制为导向，在一定程度上背离了教育的本质，一些教师对国家制定的课程标准认识不足或不准确。另外，若学校管理者没能正确理解课程标准的理念，过分依赖课标，就限制了教师的专业自主。学校管理者倾向于用机械化的思路管理课程、评价教师，这显然不符合教师专业成长的要求，也不符合教育的追求。另一方面，创生取向对教师和学生的要求都比较高，推行的范围相对有限。对教师而言，"什么样的创生是合理的"这一问题会给课程实施带来一定的困扰。教师如果错误地解读课程，在现实教学中就难以把控情境和具体的实施条件，很可能造成教学质量的下降。学生要面对的问题是：如何通过创生实现自我价值？在这个过程中如何判断创生是否促进自我发展？创生取向的课程实施主观性较强，并且注重课程运行的过程性，这便造成很难测量并归纳课程实施的效果，其普适性也受到质疑。①

在所有取向中，较为理想的是创生取向，它把课程视为一个和学生相互探索的过程。特殊教育和普通教育一样，都将创生取向作为教育追求，相比于普通教育，特殊教育对创生取向的要求更加迫切。随着整个社会文明程度的提高，让特殊儿童接受教育成为人们的共识。人们认识到必须提高特殊教育的质量，但对于如何提高、通过什么途径来提高并没有明确、可操作的指示。而且特殊儿童作为教育对象，他们之间的差异性较大，这也导致难以提出有可操作性的意见，也没有统一的评价标准。在这样的背景下，教师必须充分发挥创生取向的优势来使特殊儿童接受最合适的教育、提高特殊教育的质量。另外，在特殊教育领域，教师的创生取向也有更多的可能性。在统一的要求下，教师若要进行创生的实践，则需要较强的专业知识、丰富的教学经验、较高的教学智慧。在特殊教育学校，教师要重视特殊儿童的差异，让有差异的特殊儿童有一定的选择性。理想的课程方案必须与特殊儿童的实际相结合、与学校的特点相融合，不一致的教学目标、教学内容都有可能激发教师进行创生取向的实践。教师可以根据实际课堂教学的变化开发一门新课程，也可以根据特殊儿童的特点或需求重新组织课程内容，从而创新课程实施。

---

① 徐小容、朱德全：《课程实施：忠实取向与创生取向相统一》，载《中国教育学刊》，2011(8)。

拓展阅读

古德莱德的课程层次论

古德莱德提出课程是由五个部分组成的层次性架构，这一观点对我们理解课程问题(不论是理论问题还是实践问题)有独到的启发作用。具体内容如图5-2所示。

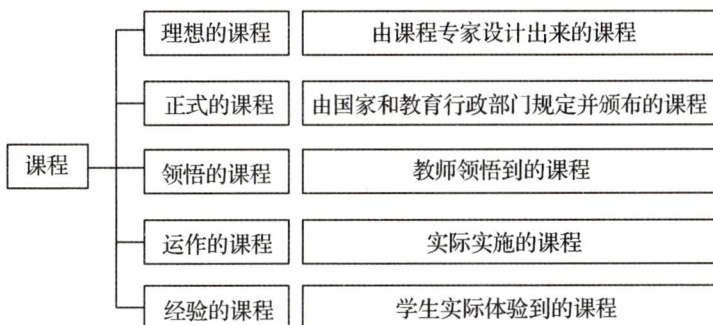

课程	理想的课程	由课程专家设计出来的课程
	正式的课程	由国家和教育行政部门规定并颁布的课程
	领悟的课程	教师领悟到的课程
	运作的课程	实际实施的课程
	经验的课程	学生实际体验到的课程

图 5-2　古德莱德的课程层次论

第一，理想的课程，即课程专家根据一定的教育思想设计出来的课程，是课程专家对一门课程的理论建设。它指的是理论上各级各类学校应该开设的课程，与一个国家或地区所要达成的教育目标息息相关。

第二，正式的课程，指国家和教育行政部门规定并颁布的课程，即学校课程计划列出的正式的课程。审核通过的理想课程是以文本的方式呈现出来的，所以也有人将之翻译成文本课程。

第三，领悟的课程，指教师在结合自身实际教学情况的基础上领悟到的课程。由于不同教师有不同的教育经历、知识储备和生活体会，教师对课程的领悟也是多样化的。

第四，运作的课程，指教师在课堂上实际实施的课程，也就是人们在课堂上观察到的课程，所以也被称为观察的课程。运作的课程是教师理解的课程预设的落实，即课程的具体实施。

第五，经验的课程。这是从学生的角度出发而提出的课程层次，是学生通过课堂学习实际体验到的课程，是学生在自身原有基础上形成的对事物和知识的独特理解，是学生对学习获得的经验的总结。

正式的课程与理想的课程相辅相成。正式的课程本质上是理想的课程的具体化。理想的课程具体化成为正式的课程后，还要通过教师领悟的课程转化为教师运作的课程，再经过一系列转化变成教育实践，最后才能对学生有所影响，变为经验的课程。

理想的课程是课程专家倡导的课程，属于观念层次的课程。正式的课程是国家和教育行政部门通过各种政策法规和纲领性课程方案颁布的课程，属于社会层次的课程。领悟的课程是学校和教师对国家课程进行理解和选择后形成的课程，属于学校层次的课程。运作的课程是教师规划并在课堂上实际实施的课程，属于教学层次的课程。经验的课程是学生实际体验到的课程，属于体验层次的课程。观念层次和社会层次的课程属于课程计划、课程采用阶段，学校层次、教学层次和体验层次的课程属于课程实施阶段。

四、三种基本取向的区别和联系

从忠实取向到相互适应取向再到创生取向，反映了对课程变革、课程实施、价值理念的认识的转变。忠实取向将课程变革视为一种线性过程，把计划的过程作为课程实施的唯一标准和尺度，认为课程实施的过程即忠实地执行计划的过程，本质上体现的是技术导向。相互适应取向将课程变革视为一种非线性过程，把计划的课程变为修改的课程，并将之作为课程实施的基本要求；课程方案和课程实施是通过相互调整来相互适应的，本质上体现的是实践导向。创生取向将课程变革视为一种建构的过程，把课程变革视为变革参与者的个性变化、发展与成长的过程；课程是不断建构的，课程实施要根据实际情况进行创造，本质上体现的是解放导向。因此，在研究课程实施问题时不仅要研究课程方案的落实过程，还要研究学校和教师在执行一个课程方案的过程中是否按照实际的情况进行调整以相互适应或进行创生。三种基本取向的区别如表 5-1 所示。

表 5-1   三种基本取向的区别

方面	忠实取向	相互适应取向	创生取向
课程变革	线性过程	非线性过程	建构过程
课程实施	固定不变	相互调整	积极创造
价值理念	技术导向	实践导向	解放导向

课程实施从忠实取向到相互适应取向再到创生取向，是一个不断超越的过程。相互适应取向和创生取向都必须在忠实于课程方案的基础上进行调整与创生，这是课程得以实施的基本保障。调整和创生的前提是充分了解课程方案原本的设计理念及精神，创生并非毫无根据、没有边界的延伸。[1] 调整有一定的限度，创生也不可能是凭空、任

---

[1]   李西顺：《"课程创生取向"刍议》，载《教育导刊》，2011(6)。

意的。如果不对课程方案的原意做忠实、精确的理解，完全摒弃、否定忠实取向的课程实施，那么课程方案就可能被曲解和误读，或者根本就没有实施，也就不能实现课程方案和课程实施的相互适应，创生也无从谈起。创生取向下的课程实施并不是对忠实取向和相互适应取向的否定和排斥，而是对两者的超越。[①] 实际上，在课程实践中不存在绝对的忠实，也没有纯粹的相互适应或创生。在对待三种取向时，教师要超越忠实取向、积极采取相互适应的取向、追求最理想的创生取向。因此，教师要在忠于课程方案的基础上，主动对课程实践情境进行批判和反思，从而不断调整预设的课程目标、内容和进程，灵活地选择不同的课程实施取向来进行教学，进而主动制定合适的课程方案，以实现对课程的合理变革、构建和创造。[②]

第三节
特殊教育课程实施的维度和影响因素

一、特殊教育课程实施的维度

特殊教育课程实施作为一个动态的、序列化的实践过程包含一些维度。我们可以根据课程实施的主体划分特殊教育课程实施的维度（如图 5-3 所示）。

教育行政部门在课程实施中起领导作用，是课程实施的领头羊，负责研制课程方案，保证课程方案一层层落实，并监督课程方案的实施。课程方案颁布后，学校在落实课程方案时，首先要研究学习课程方案，领会课程的理念。在认真学习课程方案后，学校确定采用的课程方案，为组织课程实施做一系列准备工作，包括开发课程资源、配备师资、安排课程表等。教师在课程实施中要分析学生情况，即研究学生的学习活动和个性特征，了解学生的学习特点；要参考特殊教育课程目标以及特殊儿童学习水平的差异，从学生的认知规律和障碍出发，确定课程目标；要规划课程内容，即对具体的教学单元和课程的类型、结构进行规划，在对教学单元进行规划时需要对其主要原理、主要概念、技能、态度、诊断性测验和评价等方面加以考虑，并对课堂教学活动做出安排；要开展教学活动，即选择并确定与学生的学习特点和教学任务相适应的教学模式进行教学。

---

① 常海洋、张芳兵：《基于创生取向的教师教育课程实施研究》，载《高等继续教育学报》，2019(4)。
② 贾海菊：《课程实施的价值取向研究》，载《贵州教育学院学报》，2008(5)。

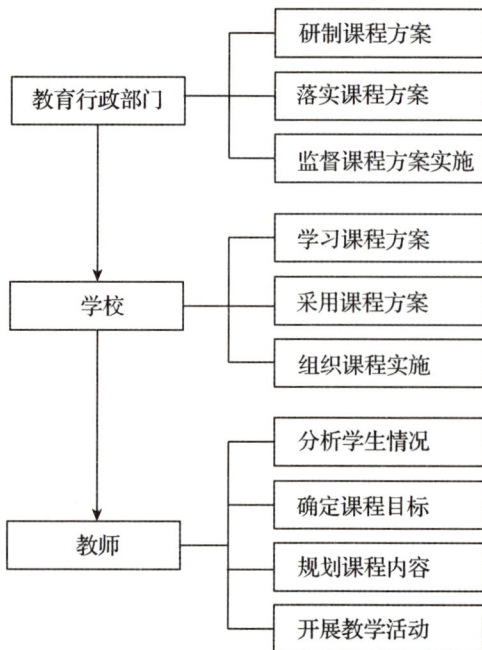

图 5-3　特殊教育课程实施的维度

二、特殊教育课程实施的影响因素

课程方案实施受到很多复杂的因素影响，课程实施研究关注的焦点是课程方案实施的状况以及影响实施效果的种种因素。①

(一)课程方案本身的因素

课程方案本身的因素主要指课程方案的实用性。在课程实施过程中，课程方案所提供的课程资料的质量和实用程度越高，课程得到实施的程度就越高。研究认为，课程方案所提供的课程资料质量低、可利用性差是阻碍课程实施的基本原因，教师无法得到课程方案要求的资料也是阻碍课程实施的原因之一。② 2016 年，教育部出台实施了盲校、聋校和培智学校三类特殊教育学校义务教育阶段的课程标准，这是中华人民共和国成立以来第一次专门为特殊教育学校制定一整套系统的课程标准。这套课程标准结合我国特殊教育的实践经验，开发研制了一批特色课程，如盲校的定向行走、聋校的沟通交往、培智学校的康复训练等，重点解决学生的潜能开发和功能补偿等问题，

---

① 李臣之：《课程实施：意义与本质》，载《课程·教材·教法》，2001(9)。

② 张华：《课程与教学论》，354 页，上海，上海教育出版社，2000。

帮助他们更好地融入社会。这套课程标准具有较强的实用性，体现了缺陷补偿和潜能开发方面的特色，针对各类有特殊教育需要的学生的实际提出了相应的课程内容，明确了在课程中需要学习的概念、原理、事实、技能等具体内容，并提出了符合特殊教育实际的教学建议，主要对教学、评价、教材编写、课程资源开发等环节提出了可操作性建议。

(二)教育行政部门的重视程度

从宏观层面上看，教育行政部门对于特殊教育课程方案的关注度越高，特殊教育课程得到真正落实和完善的可能性就越大。我国于 2007 年颁布的三类特殊教育学校义务教育阶段课程设置实验方案明确指出了教育行政部门在特殊教育学校课程管理、组织、实施过程中的权限与职责，对特殊教育学校的课程门类、所开课程的年级及课时分配等做了统一要求，同时赋予地方和学校在具体组织和安排教学活动的过程中进行适当调整的权限。国家对于课程方案的要求从理念和原则上来说是最基本和最具有普遍性的。从国家层面颁布课程方案到地方教育行政部门贯彻实施，如果政府不加以重视，没有进行系统的分析整合，没有严格落实到具体的特殊教育学校的教学中，那么课程方案制定的目标和要求就是无法达到的。各地要把特殊教育学校课程标准培训作为提高特殊教育学校办学质量的重要契机，将之纳入教师培训计划，开展专题培训。培训要覆盖三类特殊教育学校义务教育阶段的所有校长、教师、教研人员，并适当扩大到普通学校特殊教育资源教师，帮助他们全面理解、深入领会、准确把握课程标准的理念、思想和要求。也就是说，地方教育行政部门在特殊教育课程实施的过程中起着承上启下的作用，其态度和作为可以直接决定特殊教育课程实施的实际效果。

(三)特殊教育学校管理者的态度

特殊教育课程实施的主要环境是学校，学校层面的课程实施的影响因素主要是学校管理者的态度。校长是特殊教育学校课程实施的直接管理者、组织者、监督者、评价者，对特殊教育课程实施具有关键性影响，也会对教师的课程实施的观念和行为产生深刻影响。学校领导对课程实施的支持程度越高，课程的实施程度就越高。学校出现的问题是学校管理者往往不对课程方案的统一要求加以变通，严格地执行课程标准的要求。课程的实施需要与时俱进的创新型管理，而目前特殊教育学校多沿袭传统的经验型管理，限制太多，约束了教师的主动性，制约了课程的有效实施。学校作为课程的实践基地，应加大对课程实施的组织力度，积极构建推进课程实施的科学机制；要进一步加强对课程实施的组织领导，健全学校课程实施的组织机构，完善课程实施的制度保障；严格规范课程实施的各项要求，开齐科目，开足课时；加强课程实施的学校评价体系建设，有效监测学校课程实施的效果，从而以科学的机制保证课程在学校的有效实施。

(四)特殊教育课程目标价值取向的影响

第三章介绍了特殊教育课程目标的四种价值取向：普遍性目标取向、行为性目标取向、生成性目标取向和表现性目标取向。普遍性目标取向是国家、社会、哲学观等对课程的一般性要求。行为性目标取向是忠实取向的，用可测量、可观察的指标来陈述课程目标，本质上追求技术兴趣，是控制本位的目标取向。生成性目标取向本质上追求实践兴趣，不预设目标，通过教师、学生和情境三者的交互作用，在互动过程中自然而然地生成课程目标，本质特点是过程性。表现性目标取向关注人的自主性和创造性，本质上追求解放兴趣。四种目标价值取向之间不是非此即彼的关系，它们只有在适用的范围内才能发挥最大作用，滥用必然导致问题频发。四种目标价值取向与教师专业化成长密切相关，新教师最容易掌握行为性目标取向，严格按照预设的程序执行，具有较高的执行忠诚度，所上的就是忠实的课程。然而，教师即使可以预设教学过程，也无法控制教学中的其他因素，如学生的反应与预设的反应不一致，导致教学无法按"剧本"流程继续。随着对行为性目标取向掌握得越来越熟练，教师便开始加入生成性目标取向，弱化自己在课堂中的绝对地位，转向引导者的角色，在课程实施中主动地调整自己或调整课程方案以达到相互适应。当教师对生成性目标取向有进一步的认识、教学反思积累到一定程度时，便逐渐追求个人的解放、追求充分发挥的创造性，那么课程就成为教师主动创造的，课程实施是不断建构生成的。

(五)特殊教育教师的专业水平

所有课程方案在现实的教学实践中都必须经过教师的具体操作。在特殊教育课程实施的过程中，教师起主导作用，是整个教学活动的设计者、发动者、执行者和管理者，维持活动的进行和发展。[1] 因此，教师是课程实施中的关键角色，教师的素质直接影响课程的实施效果。[2] 特殊教育教师会根据自身的专业能力与知识来选择自己能够执行的课程实施。有研究指出，教师缺乏实施新的课程模式所需要的知识和技能是阻碍新的课程实施的重要因素。[3] 忠实取向和相互适应取向对于特殊教育教师来说或许是比较容易的，但创生取向对教师能力的要求较高。课程专家所制定的课程方案、课程标准和教科书在规定与限制教师教学行为的同时，也为教师留出一定的创生空间。但是，如何在忠实取向的基础上实现课程的意义创生？课程创生的资源是否具备，又应该如

---

① 张楚廷：《教学论纲》，34～35页，北京，高等教育出版社，1999。
② 朱慕菊：《走进新课程：与课程实施者对话》，236页，北京，北京师范大学出版社，2002。
③ 张华：《课程与教学论》，357页，上海，上海教育出版社，2000。

何寻找？如何判断创生的课程是否适合学生的发展？这些问题其实都对教师的专业知识和能力提出了更高的要求。

（六）特殊儿童的发展和需要

特殊教育课程实施要遵循特殊儿童身心发展的规律，要对教学过程进行系统的设计，要有一定的严密性和逻辑性。需要特别强调的是，特殊儿童在课程实施中应具有主体地位。在特殊教育领域中，课程改革的目的是尽可能地使特殊儿童获得最大的教育效益，促进特殊儿童的成长和发展应被视为课程实施的出发点和归宿。因此，特殊教育课程实施要充分考虑特殊儿童的发展水平和需要。

首先，要考虑特殊儿童的发展，分析课程方案与特殊儿童发展水平之间的吻合度。[①] 课程方案是否考虑学生的发展水平和潜能是课程实施的一项重要评估标准。特殊教育课程实施应着眼于特殊儿童的发展水平，提供有一定难度的内容，调动特殊儿童的积极性，挖掘其潜能，超越其当前的发展水平而达到下一发展水平，然后在此基础上再进行下一个发展阶段的学习。

其次，要考虑特殊儿童的需要，分析课程方案与特殊儿童的需要之间的吻合度。一方面是发展的需要，主要是进一步学习的需要，提供特殊教育和相关服务支持，这便要求课程实施必须是系统的而不是支离破碎的；另一方面是应用的需要，包括在实际生活中的应用和在学习中的应用，这便要求在课程实施中必须关注实际生活，而不是单纯、忠实地执行课程方案。

本章小结

课程实施是一个连续的过程，教师需要通过长期探索，在不断积累的过程中提升实施的水平。任何课程方案都不是完美的，它们要在实践中不断完善，这是一个永不停歇的过程。不应将目光放在追求完美的课程方案上，这样就会忽视实际。在课程实施的维度中，教师是最具有能动性的要素。教师在课程实施的过程中不能照本宣科，要自我发现，依靠专业素养、专业知识和智慧实现自身专业意识的觉醒。我们不仅要对特殊儿童有高期待，也要对教师有高期待。教师在专业发展上要走向自由解放，这是教育发展的理想，也是教师专业发展的要求。

---

① 林淑媛：《新课改实验中课程实施问题的反思》，载《课程·教材·教法》，2007(3)。

思考题

·单项选择题

1. 下列关于特殊教育课程实施过程的描述，哪个是错误的？（   ）

A. 特殊教育课程实施是连续的、动态的、创造性的过程

B. 在特殊教育课程实施中教师起决定性作用

C. 在特殊教育课程实施中教师只需要关注教学

2. 下列哪个特殊教育课程实施取向将专家视为绝对权威？（   ）

A. 忠实取向　　　　　B. 相互适应取向　　　　　C. 创生取向

3. 下列哪个特殊教育课程实施取向强调学生充分发挥主体作用？（   ）

A. 忠实取向　　　　　B. 相互适应取向　　　　　C. 创生取向

4. 根据古德莱德的课程层次论，我国于 2016 年颁布的三类特殊教育学校的义务教育课程标准属于下面哪种课程？（   ）

A. 理想的课程　　　　B. 正式的课程　　　　　C. 运作的课程

5. 下列关于特殊教育课程实施取向的说法有误的是（   ）。

A. 忠实取向下的特殊教育课程实施是一种线性过程

B. 相互适应取向下的教师可以根据实际情况和学生情况进行适度调整

C. 创生取向下的教师可以随意创造开发课程

·简答题

1. 课程实施的三种基本取向是什么？简述其主要观点。

2. 影响特殊教育课程实施的因素有哪些？

·论述题

1. 结合所学，论述你对特殊教育课程实施含义的理解。

2. 如何看待课程实施的三种基本取向之间的区别与联系？

3. 如果你是一名特殊教育教师，你更倾向于哪种课程实施取向？为什么？

本章阅读资料

[1]陈云英，等．中国特殊教育学基础[M]．北京：教育科学出版社，2004.

[2]钟启泉．课程与教学概论[M]．上海：华东师范大学出版社，2004.

[3]朱慕菊．走进新课程：与课程实施者对话[M]．北京：北京师范大学出版社，2002.

特殊教育课程评价 ── 特殊教育课程评价的含义 ── 特殊教育课程评价的价值演变

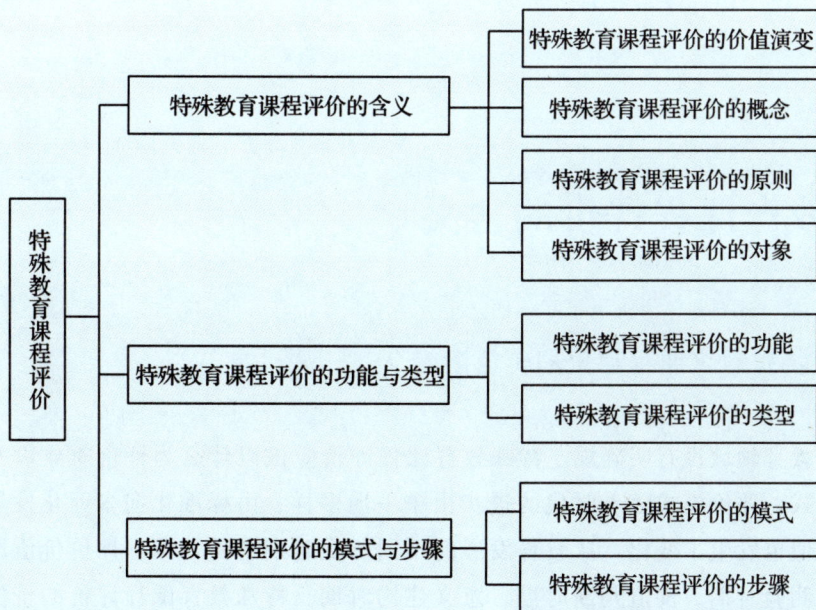

特殊教育课程评价的概念

特殊教育课程评价的原则

特殊教育课程评价的对象

特殊教育课程评价的功能与类型 ── 特殊教育课程评价的功能

特殊教育课程评价的类型

特殊教育课程评价的模式与步骤 ── 特殊教育课程评价的模式

特殊教育课程评价的步骤

本章导读

课程是对教育目标、教学内容、教学活动方式的规划和设计，是教学计划、教学大纲等诸多方面实施过程的总和。评价即对事物进行评述和价值判断，旨在促进事物的完善和发展。特殊教育课程评价是一个完整的体系，它以普通教育课程评价的模式和类型为蓝本，根据特殊儿童身心发展特点的差异性及适用性在评价模式和评价内容等方面进行调整和补充。本章包含三个方面的内容：特殊教育课程评价的含义，特殊教育课程评价的功能与类型，特殊教育课程评价的模式与步骤。

学习目标

①理解特殊教育课程评价的含义。
②了解特殊教育课程评价的不同功能与类型。
③在实践中能够恰当运用特殊教育课程评价模式，熟练掌握评价的步骤。

第一节
特殊教育课程评价的含义

一、特殊教育课程评价的价值演变

特殊教育领域没有明确规定特殊教育课程评价应该以什么为评价对象以及采用哪种评价方式，评价模式随着时代的进步由单一向多样、由标准化向多元化发展，课程评价的价值也发生了变化。从教育发展的不同历史时期来看，课程评价价值取向的发展经历了测验时期、价值判断时期、意义建构时期。特殊教育课程评价的价值取向与社会思潮和评价价值的总体取向密切相关。

(一)测验时期

20世纪初，随着自然科学蓬勃发展，各种统计、测量技术得到长足发展，一批教育学家、心理学家开始把测验和测量技术应用于教育领域。在这一时期，人们认为评价就是测量，评价者需要做的就是选择测量工具、进行实时测量、提供测量数据。

20 世纪 30 年代至 20 世纪中期，随着八年研究的兴起，人们认为评价即描述教育目标的达成程度。评价实质上是一个确定课程与教学计划实际达到教育目标的程度、判断课程的实施是否满足程序性要求的过程。尽管测验可以作为评价的一部分，但评价并不等同于测验。

从 18 世纪末到 20 世纪中期，受社会思潮的影响，在特殊教育领域，残疾的医学—心理学范式占据了主导地位，残疾普遍被认为是个体自身的缺陷。它以实证/经验主义认识论为基础，强调对残疾个体或群体进行客观的观察与实验，揭示残疾与其病理学依据之间的因果关系，以期获得具有推广意义的诊断结果与干预方法。许多学者从脑科学、认知心理学、医学等学科出发，探讨孤独症、学习障碍等特殊儿童的病因、遗传规律、心理特点、学习机制等，这是此范式的具体体现。[1] 在此范式下，特殊教育课程评价更多地使用心理学的测评方法，通过各种测量手段观察并记录学生的行为，将评价的结果作为收集教育决策信息的依据。在特殊教育领域，测验和测量技术的应用较为广泛。但只有合理运用测验和测量，将之作为收集参考资料的方法和评价手段之一而非绝对的评价手段，才能发挥其独特作用。

(二)价值判断时期

这一时期的学者认为评价在本质上是判断。评价不只是根据预定目标对结果进行描述，对预定目标本身也需要进行价值判断，过程本身的价值也应当是评价的有机构成。[2] 在特殊教育领域，20 世纪中期，随着以人本主义哲学为基础的回归主流运动和一体化运动的开展，特殊儿童的安置方式从特殊教育学校向普通教育学校过渡，全纳教育产生了广泛、深远的影响。当今世界正朝着多元化的方向发展，各国文化也朝着多元化的方向发展，一元的价值或观念越来越受到反对与批判，全纳教育倡导的一元的教育安置方式也毫无疑问地受到批判。[3] 在标准化测验方式下，结果取向的课程评价并没有真正关注特殊儿童的需要。在标准化评价模式下，这样的价值判断并没有考虑到教育的主体。人们认为评价不是一个纯技术性问题，不是对现象的客观描述，不应仅评价课程的实施结果，还要注意评价课程的实施过程、实施方式以及课程目标本身的正当性与合理性等，将课程评价逐渐与价值判断联系起来。个体之间是千差万别的，课程的评价方式也应是灵活多样的。

由此看来，价值判断时期的评价是对测验时期的评价的重要超越，它走出了价值

---

[1]　邓猛、颜廷睿：《西方特殊教育研究进展述评》，载《教育研究》，2016(1)。

[2]　张华：《课程与教学论》，385～386 页，上海，上海教育出版社，2000。

[3]　黄希利：《全纳教育研究中值得注意的几个问题》，载《中国特殊教育》，2006(11)。

中立的误区，确认了价值判断是评价的本质以及评价的过程性。[1]

(三)意义建构时期

20世纪60年代末70年代初，随着对课程改革运动的深刻反省，传统的评价方式也受到了猛烈冲击，人们渴望发展新的评价理论和方法。[2] 多元化的课程评估方式得到认可与推崇，人们开始探究结果对不同主体的意义。走向建构的课程评价首先要澄清的问题是课程评价的本质是什么，在确认评价本质的基础上探讨评价的方法、过程和结果，这可以深层次地促进评价理论的发展。课程评价协商式的共同建构实质上是尊重每一个个体的主体性，并在此前提下寻求共识的达成，这反映了一种深刻的民主意识。走向建构的课程评价一方面指课程评价的过程要注重评价主体的平等性和评价方式的协商性，另一方面指课程评价处在一个不断建构和发展的过程中，它并不完全排斥其他评价模式，而是视具体的评价任务与其他评价模式相互补充。[3] 在特殊教育领域，体现尊重差异、践行公平原则的融合教育成为趋势和潮流。在建构模式下，课程评价的对象超越了主客体的关系，评价的价值也指向多方受益，评价的目的在于促进多方面的完善与发展，评价的方法也多元化。目前在特殊教育学校中已不再使用单一的课程评价方式，课程评价的多元化有利于对学生有全面的了解以及完整掌握学生的发展、进步情况。[4] 多元化的课程评价方式在特殊教育领域的实践使特殊教育课程向前迈进。课程评价的对象整合了课程目标、教学过程及教学结果，根据学生当前的课程学习表现来决定他们的教学需要，为教师提供快速有效地获取学生学习信息的渠道。

然而，部分特殊教育课程的评价方式依然比较单一，评价的功能不够健全。以面向视力障碍学生的中医按摩职业教育课程为例，学校对视力障碍学生的专业知识与技能进行考核的方式较为单一，侧重于评价他们的学习效果；在评价功能上，学校对视力障碍学生的学业成就更为关注，即侧重于对学生进行评价，而教师的教学与专业课程等方面的评价机制不够健全。这导致评价功能涉及面较窄。[5]

总体来说，不同时期课程评价的价值取向以时代发展为背景，是在前一时期评价的基础上进行反思、批判与超越的结果。若要满足不同主体的价值判断需求，特殊教育课程评价就要随时代做出进一步调整并进行完善。

---

① 张华：《课程与教学论》，386页，上海，上海教育出版社，2000。
② 张华：《课程与教学论》，386页，上海，上海教育出版社，2000。
③ 艾兴：《建构主义课程研究》，博士学位论文，西南大学，2007。
④ 肖非、刘娟：《培智教育课程改革需要课程观念的优化——北京市培智学校课程现状调查报告》，载《中国特殊教育》，2004(5)。
⑤ 韩彬：《特殊教育学校视障中医按摩职业教育课程实施困境及对策研究》，载《中国校外教育》，2020(2)。

二、特殊教育课程评价的概念

长期以来，对课程评价这一概念，教育学者之间有广泛的争论。泰勒把课程评价看作对课程目标实际达成程度的描述。德诺认为课程评价应基于本地课程，通过各种测量手段进行直接的观察并记录学生的行为，将结果作为教育决策的依据。[①] 李雁冰认为，课程评价是以一定的方法、途径对课程的计划、活动及结果等有关问题的价值或特点做出判断的过程。[②]

对课程评价的不同理解源于不同历史时期、不同教育理念下人们对课程、对评价的不同理解。在测验时期，人们认为课程评价即对学生行为的变化程度是否达到评价指标的测量。在价值判断时期，人们认识到不同的主体对价值的判断不同，评价是对不同的价值需求进行描述。在意义建构时期，评价者和被评价者不再是主体和客体的关系，评价的过程即知识理解和建构的过程，人们利用变化和发展来解释评价结果。随着社会思潮的演进，特殊教育课程评价的含义不断丰富和发展。一种观点为：特殊教育课程评价是在一定宏观价值观的指导下，以一定的方法和途径促进特殊教育课程计划的完善、特殊教育课程内容的实施、特殊教育课程目标的达成、教师和学生多方面发展的过程。想要准确地把握特殊教育课程评价的概念，则需要明确回答谁来评价、评价基于什么样的教育理念、评价的对象是什么、以什么样的方法进行评价、评价的标准是什么这五个问题。只有回答了这五个问题才能对特殊教育课程评价的概念做进一步界定。

三、特殊教育课程评价的原则

基于对特殊教育课程评价定义的理解，特殊教育课程评价应遵循以下原则。

第一，客观性原则。在进行课程评价时，评价目标的制定、评价的方法和工具、评价者在评价过程中所持的态度等都应符合客观实际，不能掺入个人情感。

第二，科学性原则。在进行课程评价时，评价者不能依靠直觉或主观臆断，而要依据科学。只有科学合理的评价才能发挥积极作用。评价目标、评价程序和评价方法都应以科学为依据。

第三，协商原则。应把评价过程看作评价者和被评价者协商进行的共同的心理建

---

① S. Deno, "Curriculum-Based Measurement: The Emerging Alternative," *Exceptional Children*, 1985 (52), pp. 219-232.

② 李雁冰：《课程评价论》，72～182 页，上海，上海教育出版社，2002。

构过程。[①] 课程评价中，评价者和被评价者的身份并不是固定不变的，整个评价过程需要主客体协商进行。

第四，多元价值观原则。评价受多元价值观的支配，被评价者亦是评价主体，评价主体要多元(如教师、学生、家长等)，评价过程即主体参与、全面协商的过程。

第五，多样方法原则。面对具体的评价对象，应选取最适宜的评价方法，结合不同方法体现多元价值。

四、特殊教育课程评价的对象

有学者认为施瓦布提出的四个课程要素，即教师、学生、教材及环境可作为课程与教学评价的对象。[②] 尽管这四个要素在评价中都是必要的，但在不同的评价中对它们的重视程度不同，有关要素的信息来源也有很大不同。在特殊教育领域，由于教育对象的复杂性和特殊性，课程评价的对象比较丰富，不仅包括学生的学习过程及学习结果，还包括课程标准、课程组织、课程实施等。在进行课程评价时明晰评价的对象是非常必要的。特殊教育课程评价的对象可以从宏观、中观和微观三个层面进行分析。

(一)宏观层面

从宏观层面来看，特殊教育课程评价的对象是课程标准、教材、课程方案等。2016 年教育部正式颁布了《盲校义务教育课程标准(2016 年版)》《聋校义务教育课程标准(2016 年版)》《培智学校义务教育课程标准(2016 年版)》，特殊教育学校课程标准的颁布为中、重度及多重残疾儿童的课程实施提供了依据，是提高义务教育普及水平和提升教育质量的重要手段，也是进一步推进教育公平的重要实践。要想明确课程标准是否符合我国国情及特殊教育发展的状况，就必须开展课程评价。对于课程标准的实施，亟须建立相应的评估系统，以随堂听课、座谈等多种方式来收集资料，包括知识内容和能力标准的适切性等，从特殊儿童的能力发展水平、特殊教育教师和特殊儿童家长的满意度、知识的难易度与侧重点等方面设定评估指标，并通过长期的跟踪调查为课程标准的进一步修订完善做准备。[③]

(二)中观层面

从中观层面来看，特殊教育课程评价的对象为特殊教育课程目标、课程组织及课

---

① 张华：《课程与教学论》，391 页，上海，上海教育出版社，2000。

② C. Marsh, *Curriculum*：*Alternative Approaches*，*Ongoing Issues*，Englewood Clitts, Simon & Schuster Company，p. 258.

③ 黄伟：《特殊教育学校课程标准制订研究》，载《中国特殊教育》，2017(4)。

程结构等。第一，对特殊教育课程目标的评价。以《培智学校义务教育课程标准（2016年版）》中的生活语文课程为例，该课程设了总目标和学习领域目标，其中学习领域目标按低、中、高年级段进行了划分。不同年级段的课程目标是否契合该年级段的学生、不同学期的课程目标是否符合学期目标、某一节课的目标是否符合学情、课程材料能否起到相应的作用、课程实施的结果是否达到了课程目标设定的水平等，都是课程评价的对象。第二，对特殊教育课程组织的评价。对课程组织的评价包括对课程组织形式、课程组织要素等的评价。全面评价特殊教育学校的课程计划包括评价特殊教育学校的课程安排与社会要求之间的契合程度、学校课程的设置与特殊儿童身心发展的匹配程度、课程教学的组织安排等方面。第三，对特殊教育课程结构的评价。课程结构是课程目标转化为教育成果的渠道，是课程活动顺利开展的依据。课程结构主要规定组成课程体系的学科门类、各学科内容的比例以及必修课程与选修课程、分科课程与综合课程的搭配等，体现出一定的课程理念和课程设置的价值取向。课程结构是针对整个课程体系而言的，课程的知识构成是课程结构的核心问题，课程的形态结构是课程结构的骨架。因此，对课程结构的评价包括对课程知识构成和形态结构的评价。

(三)微观层面

从微观层面来看，特殊教育课程评价的对象是教学实施。教学实施是实现教学目标的中心阶段，通常由一个完整的课堂教学案例来体现，教学实施的过程与结果如何则通过对教师的教与学生的学的评价展现出来。对教学实施的评价一般从教学内容构成的完整性、教学目标定位的准确性、教学重难点的适切性、情境创设的艺术性、教学过程的连贯性、媒体运用的实效性、板书设计的合理性、教学反思的客观性等方面展开。对教师教学工作（教学设计、组织、实施等）的评价是对教师课堂和课外教学的评估，对学生学习效果的评价一般通过考试、测验、测评等完成。其目的一是对教学设计方案的成效做出准确的诊断；二是促进当前教学设计的优化、帮助后续教学设计完善，加快教师的专业成长和学生的全面发展。

总的来说，课程评价的主题并不仅有教学。课程评价包含教学评价，它的价值涉及学生发展的需要。课程评价的价值取向必然是文化价值、社会价值与学生价值的整合。课程评价对象的范围很广，不仅包括课程材料，还包括教育目的和目标、课程研制主体、课程学习主体及课程效果。[①] 在不同的历史时期中、不同的探究层面上、不同的评价模式下，课程评价的对象大不相同。因此，如果要对特殊教育课程评价的对象进行界定，就要明确所选的视角。

---

① 黄甫全：《课程理想与课程评价——世纪之交对课程评价指标体系构建的文化思考》，载《华南师范大学学报（社会科学版）》，1996(6)。

第二节
特殊教育课程评价的功能与类型

一、特殊教育课程评价的功能

克伦巴赫认为，课程与教学的评价主要有课程改进、针对学生的决定、行政法规三种功能。张华认为，课程评价的功能可分为需要评估、诊断与修订课程、比较与选择课程、了解目标达成的程度和判断成效五种。[①] 结合我国特殊教育课程的发展历程，课程评价的功能大体可以分为导向功能、评估诊断功能和激励功能。

(一)导向功能

特殊教育的发展与国家的法制建设、经济发展、文化背景等有着密切的关联。特殊教育课程评价的发展亦离不开特殊教育发展的背景。特殊教育课程评价的导向功能主要体现在以下四个方面。

第一，特殊教育课程评价是促进课程目标实现和课程建设的重要手段。就特殊教育课程评价与特殊教育课程标准而言，特殊教育课程评价通过不断检验和证实来完善特殊教育课程标准，特殊教育课程标准也对特殊教育课程评价的方式方法等做出规定与说明。

第二，中层管理者可通过特殊教育课程评价制定出适合本地区或本校的课程实施方案。无论是国家、地方还是学校层面，都要正确利用评价的导向功能，使特殊教育课程朝着切合学生实际、满足学生需要、提高学生生活适应能力的方向发展。

第三，社会或学生的需要可以作为课程开发的直接依据。特殊教育课程评价可以准确反映教师、学生和学校的发展需求，引导教师朝着正确的方向开展教学活动，取得较为理想的教学效果。

第四，特殊教育课程评价本身要向更科学、更完善的方向发展，评价机制要成为课程发展的内在动力。

---

① 张华：《课程与教学论》，394～395 页，上海，上海教育出版社，2000。

(二)评估诊断功能

特殊教育课程评价服务于特殊教育课程与教材，服务于教学，也服务于学生。其评估诊断功能体现在三个方面。

首先，特殊教育课程的诊断与修订离不开课程评价，特殊教育课程的编制也需要课程评价作为参考。特殊教育课程评价通过检验来促进特殊教育课程的编制。课程编制是一个长期且复杂的过程，课程评价在这一过程中起着至关重要的作用。课程评价在课程编制者与课程实施者之间构建起联系，使课程系统与外部世界(社会、教学环境、教学人员、学生等)的信息交换得以持续进行，从而为课程编制与完善提供支持。[①]

其次，特殊教育课程评价可以通过评估教师和学生的表现为教学提供依据。若教学活动在实施过程中存在不足之处，则可以通过课程评价进行诊断，进而对教学活动进行调整。

最后，面对不同的课程方案，可以通过课程评价来比较与选择。对于一项实施过的课程，通过评价可以判断其成效，了解目标的达成程度。[②] 特殊教育课程计划是否满足社会或学生的需要是特殊教育课程开发的直接依据，特殊教育课程开发正是基于特殊教育课程评价的结果，制订特殊教育课程计划，在特殊教育课程计划落实后，对社会或学生的需要是否被满足再次进行评估，这一过程也是诊断功能的体现。

(三)激励功能

特殊教育课程评价的激励功能体现为发展性作用，即在对特殊教育课程目标达成程度的了解、对特殊教育课程实施成效的判断和对特殊儿童进步的监控的基础上，促进特殊教育课程与教材、课程标准、教师和学生的发展。首先，对于已经实施过的特殊教育课程计划，特殊教育课程评价可以判定其结果，并通过与预期目标做对照来判断其达成目标的程度，根据评价结果对未来的课程与教学内容进行调整。其次，特殊教育课程评价可以检验在课程标准的落实情况、课程目标的达成程度之外课程是否获得了其他成效，以此促进课程标准的进一步完善。最后，课程的实施以促进学生的全面发展为目标，特殊教育课程评价的结果可以反映学生的发展变化。积极的评价结果可以使教师与学生从中得到肯定，从而使他们做到最好，同时也可以鞭策他们在遇到挫折时加倍努力，增强发展的积极性和主动性。教师、家长可通过课程评价了解学生对当前课程的把握，从而制订出高效的个别化教育计划，促进学生的进步。

---

① 丁朝蓬：《教材评价指标体系的建立》，载《课程·教材·教法》，1998(7)。

② 张华：《课程与教学论》，395页，上海，上海教育出版社，2000。

二、特殊教育课程评价的类型

课程评价的主要目的是对学生的学习表现做系统的评量，同时对整个个别化教育计划和课程设计做全面评估，并将结果作为拟订下一阶段个别化教育计划、设计课程及实施教学的参考。教学评价可以评价学生的学习成效，也可以评价课程与教学的成效，还可以评价个别化教育计划、课程和教学的制定与实施的成效。[1] 根据不同标准，特殊教育课程评价的类型有以下划分方式：根据评价的阶段和作用，分为形成性评价和总结性评价；根据评价与价值判断的关系，分为相对评价和绝对评价；根据评价与预定目标的关系，分为目标本位评价和目标游离评价；根据评价的结果，分为伪评价、准评价和真评价；根据评价的方法，分为量化评价和质性评价；根据评价的主体对象，分为课程本位评价和学生本位评价；根据评价的内容，分为环境生态评价和学业评价。

(一)形成性评价和总结性评价

1. 形成性评价

形成性评价又称过程性评价，是在教学过程中即时、动态、多次对学生实施的评价，它注重及时反馈，用以强化和改进学生的学习。[2] 然而，也有学者认为形成性评价和过程性评价并不相同：形成性评价是在一个相对短的学习阶段结束后进行的，是一种事后评价；过程性评价则是与教学同时进行的共时性评价，提倡评价和教学相互交叉融合。作为考查学习目标达成程度的一种手段，形成性评价在教育实践中发挥着重要的作用。一个学习评价活动，无论在教学过程中的哪个时间点开展、由谁设计、在哪里实施、以什么方式开展以及内容覆盖范围有多大，只要所收集的信息用于诊断、分析和改进教师的教与学生的学，那么它就是形成性评价。[3]

在特殊教育中，形成性评价是针对教学效果实施的系统的持续性评价，有助于教师设计后面的课程，使教学可以根据评量所得的资料来实施。其及时性的特点能帮助教师及时发现教育过程中存在的问题，从而采取适当的矫正措施。及时的反馈、矫正能使教学活动处于一种可控、可调节的状态，成为促进学生学习的有力手段，也有助于教师与家长沟通。但是，教师作为形成性评价的操作者在实践中容易误解这种评价。例如，认为重视形成性评价就是及时给予学生反馈、多表扬学生，将学生平时的作业成绩记录下来，并按较高比例计入最终成绩；或者认为形成性评价的形式大于实质，

---

① 钮文英：《启智教育课程与教学设计》，309～310页，台北，心理出版社，2003。

② 赵德成：《教学中的形成性评价：是什么及如何推进》，载《教育科学研究》，2013(3)。

③ P. Black，D. Wiliam，"Inside the Black Box: Raising Standards through Classroom Assessment,"*Phi Delta Kappan*，1998，80(2).

其根本目的在于结果评价，直接将目光聚焦于结果。

2. 总结性评价

总结性评价指的是在教育活动结束后为判断其效果而进行的评价，包括一个单元、一个模块、一个学期、一个学年、一个学段的教学工作结束后对最终效果所进行的评价。[①] 总结性评价主要是通过对学习者的测试结果与其他学习者的测试结果或统一标准进行比照得出评价结论，如期中、期末考试和其他标准化考试。这些考试只注重最后的考试成绩，将其作为衡量学习水平的唯一标准。[②] 同时，总结性评价是多个过程的循环。例如，一个知识模块结束后的评价对于这个知识模块来说属于总结性评价，而对于该年级的整个知识结构来说则属于形成性评价。

在一个构建残疾学生体育中考评价模式的研究中，研究者为了体现考试的公平性和评价目的，借鉴了我国大多数地区普通学生体育中考的评价模式，并结合残疾学生的具体情况，设计出两套评价模式，供有关部门参考。[③] 这两套评价模式给予形成性评价和总结性评价不同的权重：A 类残疾学生的形成性评价占总评的 70%，总结性评价占总评的 30%；B 类残疾学生的形成性评价占总评的 50%～60%，总结性评价占总评的 40%～50%，其中实践评价占总结性评价的 20%～30%、体育理论评价占总结性评价的 20%。从权重分配可以看出，这两套评价模式侧重于形成性评价。

总体来说，形成性评价能够为教学提供反馈信息，有利于及时调整教学的进度与内容，而总结性评价是对某一学段的全面性评价，能够对当前成果做出较全面的判断。形成性评价与总结性评价是无法相互取代的，但两者在根本目的上的区别并非本质的，而是由不同的目的或期望用途派生的，有着较强的互补性与一致性。在课程评价中，应将形成性评价与总结性评价结合起来运用，以促进学生的发展。

(二)相对评价和绝对评价

1. 相对评价

相对评价，又称常模参照评价，是通过把个体的成绩与某一特定的参照团体的平均成绩或标准化常模做比较来确定个体水平的评价方式。相对评价是一种强制分布法，表现为个体在团体中的位置和名次。相对评价可以辨别个体间的差异、优劣，具有遴选性强的优点，可以引起学习者之间的竞争，激发外在动机。相对评价使学生对成绩评价产生公平知觉，可以消除教师的主观偏见、减轻教师负担、提高管理效率、激发学生的竞争意识、增强学生的学习动力。[④] 其判断的标准是学生的位次，不易受学生所

①　王洵：《高中信息技术新课程总结性评价研究》，硕士学位论文，南京师范大学，2006。
②　王闯、樊敏：《浅析形成性评价的理论模式和实施过程》，载《教育现代化》，2019(6)。
③　刘礼国、徐烨、朱琳：《教育公平理念下残疾学生体育中考模式的构建》，载《教育评论》，2015(5)。
④　朴成道、尹凤哲：《高校学业成绩的相对评价方法》，载《教育教学论坛》，2015(23)。

在发展群体和评价者的主观影响，有利于判断学生总体达到教育目标的程度。然而，在特殊教育领域，教育对象障碍类型多、个体差异大，很难制定统一的标准，且无法很好地区分个体达到教育目标的程度。

2. 绝对评价

绝对评价是在评价对象的集合之外确定一个评价的标准，这个标准被称为客观标准，通常以教学大纲规定的教学目标为依据来建立。在评价时，把评价对象与客观标准进行比较，以是否达到标准作为评价的主要依据。绝对评价所进行的测验一般被称为标准参照测验，它的试题取样范围较窄，即大纲制定的教学目标所要求的内容，测验成绩直接反映达到教学目标的程度。绝对评价的优点是可以直接评估各项教学目标的完成情况，使每个被评价者清楚地看到自己与教学目标要求之间的差距，因此可为改进教学指明方向；缺点是不易分辨出学生之间在学习方面的真实差异。随着我国特殊教育学校招生对象的转变（从以轻度障碍学生为主到以中重度障碍学生为主），原本较为稳定的教学模式受到了挑战，而个别化教育和个别化教育计划成为此种挑战的应对之道。[1] 个别化教育计划完全是以每个学生为中心设计的，它必然要求关注每个学生个别的、独特的需要。[2] 在特殊教育课程评价中，个别化教育计划目标的实现程度能够更好反映出学生的进步情况。对个别化教育计划的评价也以绝对评价为主，教师通过绝对评价能较准确地把握学生的优势与不足。比较而言，绝对评价的方式更适合培智学校的课程。但课程评价绝不是非此即彼的，特别是在盲校、聋校教育中，相对评价作为考核的准入制度，有利于判断学生总体达到教育目标的程度。

（三）目标本位评价和目标游离评价

1. 目标本位评价

目标本位评价即以课程或教学计划的预定目标为依据而进行的评价，通常判断的是目标实现的程度，因此，这类评价往往要求准确描述可以辨别的目标。[3] 目标本位评价模式是在泰勒的评价原理和课程原理基础上形成的。泰勒认为首先要把教育的总目标转化为可测量的行为目标，根据行为目标编制课程、编写教材和进行教学，然后根据行为目标进行评价，因此，其评价的目的为判断课程目标实现的程度。具体的评价程序包括确定课程目标、根据目标选择课程内容、根据目标组织课程内容、根据目标评价课程这四个步骤。在对目标本位评价的进一步研究中，泰勒把编制评价的步骤概

---

① 张文京、严小琴：《特殊儿童个别化教育：理论、计划、实施》，16～19 页，重庆，重庆大学出版社，2015。

② E. C. Lynch，P. L. Beare，"The Quality of IEP Objectives and the Relevance to Instruction for Students with Mental Retardation and Behavioral Disorders,"*Remedial and Special Education*，1990(11)，pp. 48-55.

③ 张华：《课程与教学论》，397 页，上海，上海教育出版社，2000。

括为七个方面。目标本位评价的优点在于其形成了一套完善的评价模式，且清晰、易于操作。然而，其局限性在于评价的范围较窄，仅适用于忠实取向的课程实施，对于课程的创生内容无法做出评价。

2. 目标游离评价

1967 年，斯克里文在对目标本位评价进行批判反思的基础上提出目标游离评价，又称需求本位评价或无目标评价，即评价的结论不取决于教学设计者设定的教学目标。这种不被教学设计影响的评价的最大特征是评价的结论与教学设计者的意图几乎无关，从教学设计者的主观意图转变为学习参与者的客观效果，进而体现出学习参与者在课堂上的主动发现、主动发展，把学习参与者作为主体来衡量教学效果。[①] 斯克里文认为，为了减少评价受到的评价者的主观影响，不能把活动的目的告诉评价者。同时，评价步骤应该循环多次，将形成性评价与总结性评价有机结合。尽管目标游离评价作为一种更民主的评价模式关注被评价者的意图，但不利于评价活动的组织与管理。

目标本位评价与目标游离评价各有优缺点，两者之间是互补关系。特殊教育课程评价需要将两者结合起来使用。根据自我决定理论，人们有三个原始心理需求：自主、能力和关系。当这三种需求得到满足，内部动机就会增强；反之，则会给人带来显著的负面结果，产生习得性无助。[②] 目标游离评价强调学习者的主体地位，把学习者的主动发现和主动发展作为衡量教学效果的重要指标；自我决定学习理论同样重视学习者的意志和发展，个体根据自己的了解来认识自我、评估自我，并计划、行动和体验学习。因此，目标游离评价较适合用于自我决定学习与教学。在特殊教育领域，促进自我决定能力发展有两个教学模型，分别为菲尔德和霍夫曼在戈登的工作的基础上发展的自我决定五步模型[③]与韦迈尔等人提出的以学生为中心的自我决定教学模型。[④]

以学生为中心的自我决定教学模型使用结构化的问题解决方法和发展性活动帮助学生获得自我倡导技能。[⑤] 模型由三个教学阶段组成，每个阶段有四个需要学生回答的问题（如图 6-1 所示）。该模型的教学策略包括技能的清晰教学、角色扮演学习、自我倡导技能的频繁使用机会等。[⑥] 通过自我决定教学模型，能使特殊儿童了解和维护自己的权利，为自己设定目标、制订计划、进行评价，对学习、生活、工作和休闲进行选择

① 李琴：《刍议目标游离评价模式对"大语文课堂"的促进作用》，载《福建教育学院学报》，2019(8)。

② E. L. Deci, R. M. Ryan, "The What and Why of Goal Pursuits: Human Needs and the Self-Determination of Behavior," *Psychological Inquiry*, 2000, 11, pp. 227-268.

③ S Field, A. Hoffman, "Development of a Model for Self-Determination," *Career Development for Exceptional Individuals*, 1994, 17(2), pp. 159-169.

④ M. L. Wehmeyer, S. B. Palmer, M. Agran, D. E. Mithaug, J. E. Martin, "Promoting Causal Agency: The Self-Determined Model of Instruction," *Exceptional Children*, 2000, 66(4), pp. 439-453.

⑤ M. L. Wehmeyer, S. B. Palmer, M. Agran, D. E. Mithaug, J. E. Martin, "Promoting Causal Agency: The Self-Determined Model of Instruction," *Exceptional Children*, 2000, 66(4), pp. 439-453.

⑥ 申仁洪：《美国特殊儿童自我倡导的内涵与培养研究》，载《比较教育研究》，2017(11)。

和决策，明确和履行自己的责任；体现出把特殊儿童作为主体来衡量教学效果的评价标准。教师在其中的作用不再是教学的控制者，其任务是为学生提供协助和支持，帮助学生达成目标，引导学生找到自己的兴趣爱好和发展方向。在教学中随时会出现各种事先未预料到的情况，教师要随机应变地处理突发事件，这对教师提出更高的要求。[①]

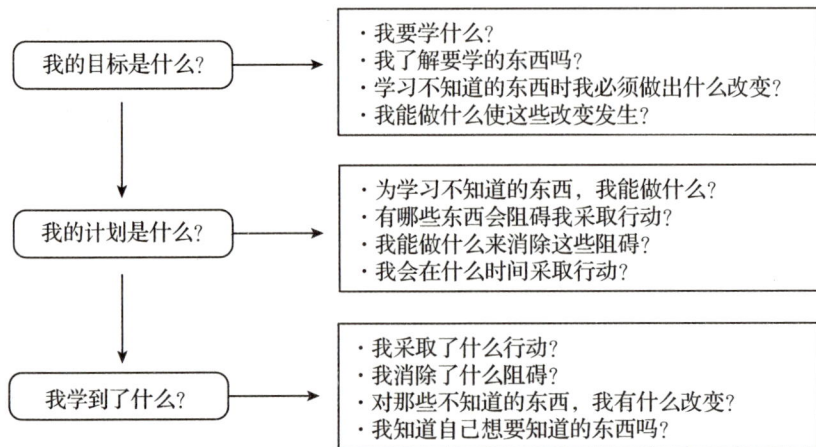

图 6-1　自我决定教学模型

拓展阅读

自我决定理论

Ⅰ　自我决定的概念和起源

较为完整的自我决定理论是由罗切斯特大学心理学家理查德·M. 瑞安和爱德华·L. 德西在 20 世纪 80 年代提出的。自我决定理论的创立深受人本主义心理学观点的影响，在人本主义取向下，当时许多心理学家开始关注人的需求、行为动机、个人价值与目标、自我实现等议题，并且采用科学实证的研究方法进行分析。自我决定理论的完善与成熟经过了一个长期发展过程，目前主要由认知评价理论、有机整合理论、因果定向理论、基本心理需要理论、目标内容理论五个子理论构成。虽然五个子理论的研究侧重点不同，但作为一个系统理论的分支，它们的契合点也是很明显的。各子理论都强调行为者的主观能动作用，对人类的自主意志给予充分的信任，注重通过满足人类的内在意愿、减少外部环境因素的不利影响来激发内部动机，促进行为的积极性

[①]　M. L. Wehmeyer，B. Abery，D. E. Mithaug，R. J. Stancliffe，*Theory in Self-Determination：Foundations for Educational Practice*，Springfield，Charles C. Thomas Publishing Company，2003，pp. 225-289.

和持久性。① 20 世纪 80 年代末，自我决定这个心理学概念被应用到教育领域，并作为教育成果出现，这个概念要求残障人士在自己的生活中拥有更多的自我控制和选择，特别是平等参与就业的机会。

最早在特殊教育领域为自我决定下定义的是沃德，之后又有多位学者为自我决定下定义。② 韦迈尔认为自我决定是个体通过掌握自己的兴趣、技能和限制，在最基本生活的基础上，以在生活中达到主控为目的去行动，以保持或提高自身生活品质的意志行为，且不受外在影响的干扰。主控意味着行动有目的或执行这个行动能达到目的。自我决定是个体的行为特征，也是成功的成年人的特征，通过终身学习来完成。通过终身学习，在有机会和支持的条件下，所有的人都能实现自我决定。③

Ⅱ　自我决定的理论模型

i　艾伯里和斯坦克利夫的自我决定生态模型

艾伯里和斯坦克利夫根据布朗芬布伦纳的生态系统理论提出自我决定生态模型，认为自我决定是个体和环境交互作用的结果。④ 个体的四个生态系统（微观系统、中系统、外系统和宏观系统）包含许多能被观察的水平，个体水平因素（技能、知识、态度、信念）对自我决定产生影响。一个人要想获得自我决定的社会技能，就需要有由知识和环境激发控制的信念系统，它促使个人设置目标、达到个人目标及与其他人产生相互作用和交流，其中包括设置目标的能力、选择和决策的能力、个人调节能力、独立生活能力、人与人之间问题解决的能力等。

ii　韦迈尔的自我决定功能模型

韦迈尔认为自我决定是个体的某种特性，它可以用来解释发展障碍或其他障碍人士的生活受自我决定影响的操作性研究。自我决定的本质特征包括行动自治、自我调节、心理赋权和自我实现。自我决定功能模型的构成要素包括：选择、决策、问题解决、目标设置和达成、自我调节、自我拥护和领导、控制、效率、期待成果的积极理解、自知之明。⑤

---

① 谷明非：《基于自我决定理论分析中小学教师职后培训中的教师学习动机》，硕士学位论文，陕西师范大学，2015。

② 徐胜、张福娟：《美国残障人士自我决定研究及对我国的启示》，载《心理科学》，2010(1)。

③ M. L. Wehmeyer, M. Schwartz, "The Relationship Between Self-Determination and Quality of Life for Adults with Mental Retardation," *Education and Training in Mental Retardation and Developmental Disabilities*, 1998, 33(1), pp. 3-12.

④ B. H. Abery, R. J. Stancliffe, "The Ecology of Self-Determination," In D. J. Sands, M. L. Wehmeyer, *Self-Determination Across the Life Span: Independence and Choice for People with Disabilities*, Baltimore, Paul H. Brookes, 1996, pp. 111-145.

⑤ M. L. Wehmeyer, "A Functional Model of Self-Determination: Describing Development and Implementing Instruction," *Focus on Autism and Other Developmental Disabilities*, 1999, 14(1), pp. 53-61.

iii 米肖的自我调节模型

米肖的自我调节模型也叫自我决定问题解决模型。① 学生调节自己的期望、选择、行动和结果，消除期望要点和结果要点的差异，从而解决问题，消除他们已有的知识和他们想有的知识间的差异。自我调节模型中有两个最重要的因素：选择机会和自我调节。这两个重要因素被合并到这个模型的三个阶段：寻找提供机会的环境，将这个机会转变成一个可用资源，按优化机会的计划行动。每个阶段学生有三种类型的问题解决：在资源使用过程中发现完善的机会；使用现有资源产生一些策略，并以最低的成本和最高的成功可能性来优化机会；使用策略达到目标，评估结果并调整，为以后可能发生的自我调节问题做准备。这个模型提供自我决定学习策略。

iv 鲍尔斯的自我决定动机模型

鲍尔斯的研究团队提出的动机模型认为自我决定是学习无助感以及促进掌握动机和自我效能期待的结果。② 学习无助是养成被动的、自我诋毁的、贬低社会地位的、永久的、普遍的、内化的消极归因的行为特征；掌握动机即个体通过理解能力、自尊、保持内在控制、目标和奖赏的内化以表现自身特点，反复尝试并从成功强化中获得；自我效能指个体相信自己有能力去证明在一个明确的情境中做出被期望的行为。③ 自我决定动机是掌握动机和自我效能理论的概念基础，包括四个主要成分：促进自身技能发展以达到个人目标；教师为青少年提供经验；同伴提供支持；提供信息并支持父母促进孩子的积极自我归因。自我决定动机模型促进特殊儿童自我决定的条件包括：机会（做决定、成就、障碍管理），信息（自我意识、选择资源、期望），支持（对鼓励挑战的确认、伙伴），技能（成就伙伴、竞争）。

（四）伪评价、准评价和真评价

美国评价专家斯塔弗毕姆和辛克菲尔德在 1985 年出版的《系统评价》一书中提出了伪评价、准评价、真评价这几种类型的区分。④

1. 伪评价

评价是信息的反馈形式，伪评价是一些看似真实、实则通过"走过场"等形式开展

---

① D. E. Mithaug, D. K. Mithaug, M. Agran, et al., *Self-Determined Learning Theory: Construction, Verification, and Evaluation*, Mahwah, NJ, Lawrence Erlbaum, 2003, pp. 119-201.

② L. Powers, J. Sowers, A. Tumer, et al., "Take: A Modelfor Promoting Self-Determination among Adolescents with Challenges," In L. E. Powers, G. H. S. Singer, J. Sowers, *Promoting Self-Competence in Children and Youth with Disabilities*, Baltimore, Paul H. Brookes, 1996, pp. 291-322.

③ A. Bandura, *Social Foundations of Thought and Action: A Social Cognitive Theory*, Englewook Cliffs, Prentice. Hall, 1986.

④ D. L. Stufflebeam, A. J. Shinkfield, *Systematic Evaluation: A Self-Instructional Guide to Theory and Practice*, Boston, Kluwer-Nijhoff Publishing, p. 299.

的过度评价或虚无评价，它们既不能及时地反馈信息，又会误导人们。例如，课堂评价有的单调乏味，导向不明；有的敷衍应付，无关痛痒；有的反馈不明，评价失当。这些评价"作秀"的性质远大于评价本身。这种为评价而评价的做法是例行公事的，不但不能监控和促进教与学的过程，而且不能起到激励、诊断和发展的作用，还会白白浪费课堂教学时间，起到相反的作用。[①] 例如，在培智学校课堂中教师滥用激励，回避批评式评价。无论学生的障碍程度如何，只要学生说了一个词，或者回答了一个问题，教师就无一例外地进行口头表扬或给予小红花等奖励，甚至发动全班同学一次次鼓掌。如此盲目的称赞表扬并没有发挥评价应有的作用。在特殊教育课程评价中，由于课程和学业成就的特殊性，专业人员要尽量避免伪评价，应根据特殊儿童的实际情况进行合理评价。

2. 准评价

准评价指虽然具有正当的评价目的和评价途径，但因关注的问题过于集中或过于狭隘而不能深入有效地探讨评价对象的价值和特点的评价。[②] 例如，在特殊儿童部分语言训练类课程中，只关注儿童的发音是否正确而不关注学生儿童在认知方面是否有所发展就是典型的准评价，如只评量学生是否会说"香蕉是黄色的"，并不评价学生是否理解黄色是什么。在孤独症儿童部分行为干预训练过程中，只集中观察学生的行为有没有改善，而不关注学生所处的情境变化等其他因素是否产生影响，此类评价也为准评价。

3. 真评价

真评价指目标真、方式真、语言真，能全面反映评价对象的价值与特点的评价。评什么、怎么评都是有依据的，而非随意评，更不是盲目揣测。评价目标真，即评价的目标以课程目标为导向，以学生学情为基础，以学习目标为依据。评价方式真，即评价方式多种多样，根据科目和内容选取最合适的一种或多种评价方式。评价的语言真，即课堂评价语言有诊断的作用，使学生习得真知识；课堂评价语言有导向，帮助学生养成良好的学习习惯；课堂评价语言富有哲理，使学生在学习过程中潜移默化地提升能力。对特殊教育课程进行真评价有助于及时了解课程实施的效果，调整和改进课程方案，提高课程效率，促进学生在原有水平上发展。

(五)量化评价和质性评价

1. 量化评价

课程的量化评价是力图把复杂的教育现象和课程现象简化为数量，进而从对数量

---

① 蔡奕新：《课堂教学拒绝"伪评价"》，载《教育教学论坛》，2013(1)。

② 张华：《课程与教学论》，400页，上海，上海教育出版社，2000。

的分析与比较中推断某一评价对象的成效。① 课程的量化评价以实证主义方法论为理论基础，其客观性、逻辑性及程序性较强，评价目的为对评价对象的控制与改进，多用于评价课程结果。课程的量化评价多有固定的评价程序和步骤，注重评价程序的逻辑性和严密性，该程序一般包括提出问题、做出假设、设计评价、定义变量、抽样、分析、验证假设、得出结论等。课程的量化评价主要用观察、实验、调查、统计等方法，对于精确度、信度、效度有严格的要求。课程的量化评价多以测验、考试、结构性观察等方式进行，评价者扮演控制者的角色，在过程中秉持价值中立原则。

2. 质性评价

质性评价的理论基础是以人文主义和自然主义为代表的解释主义哲学。不同于科学实证主义所认为的只有客观、实证和定量的评价才是有价值的评价，质性评价强调知识的形成和发展并非只受知识内在理性原则的限制或纯粹是理性推论的结果。质性评价的主要特征是强调过程、对话、协商和理解。② 质性评价没有严格的程序，其本质为一个动态调整、连续评价、自下而上推进和归纳的过程。评价者同时是参与者，评价的方法和工具都随着评价的进展不断调整。

课程的量化评价与质性评价在理论基础、价值取向、评价功能、评价标准、评价过程、评价结果等方面都不同，两者各有优点和缺点。量化评价的优点在于评价过程逻辑性强、标准化水平高，评价过程简便、易于操作，评价结果信息量较小、更为直观。然而，教育是人类有意识地传递社会经验的活动，教学活动并不是一成不变的，标准化的评价程序、单一的评价标准不利于全面了解教学活动和课程开发。质性评价的优点在于多元的评价标准可使对问题的认识比较全面，沟通、反思、改进的评价功能有利于课程的再开发，多元的评价主体也使评价结果更具有代表性和全面性。然而，质性评价容易受评价者主观因素的影响，信度和效度较难衡量。量化评价与质性评价两者可以互为补充，数据为质性分析提供数据，质性评价为量化评价指明方向，两者都是科学研究的基础方法。

例如，在培智学校中较常用的案例分析法、档案收集评价法、成果展示评价法等都属于质性评价的方法。案例分析法是典型的质性评价的方法，案例是对含有问题或疑难情境的真实发生的典型性事件的描述，也可能包含解决问题的办法，是通过事件来呈现的，可能是一个也可能是多个。事件是同一主题的，多为偶发事件，以问题呈现为特征，有一个详细的过程。③ 质性评价强调运用多种方法收集资料，并通过互证的形式增强研究结论的合理性。案例分析常用的收集资料的途径是观察、访谈、实物分

---

① 张杨：《论课程评价中的量化评价与质性评价》，载《宁波大学学报（教育科学版）》，2004(3)。
② 南纪稳：《量化教学评价与质性教学评价的比较分析》，载《当代教师教育》，2013(1)。
③ 潘苏东、白芸：《作为"质的研究"方法之一的个案研究法的发展》，载《全球教育展望》，2002(8)。

析及自我报告等，具有较强的真实性，能够反映学生在自然情景中的行为。

(六)课程本位评价和学生本位评价

1. 课程本位评价

随着融合教育理念的践行，人们认识到传统的评价方式是以常模为参照的，学生接受评价的次数很少，在测验前可能从未见过某些测验题目，这就很难全面客观地评估特殊儿童的需要、促进特殊儿童的发展，因此课程本位评价越来越受到重视。国内外许多学者都对课程本位评价做出界定，以下列举几种有代表性的界定。

吉克林等人认为，课程本位评价是基于学生当前的课程表现确定他们的学习需求，为教师提供正确且有效的资讯。[①] 德诺认为，课程本位评价是通过直接观察并记录学生在课程中的表现，根据收集到的信息来制定教学决议的一系列过程。[②] 萨尔维亚等人认为，课程本位评价是一种通过学生在现有课程内容学习上的持续表现来决定其教学需求的评估方式。[③] 贝丝等人指出，课程本位评价是一类通过收集和评价学生的成就数据来管理学生学业的评估方法。[④] 也有学者提出，课程本位评价以课程作为评价的参照，对学生的进步反应灵敏，能够持续评估学生在课程上的表现。[⑤] 综上所述，广义上，任何以实际课程内容为依据来评估学生技能发展程度的评价都可被称为课程本位评价。[⑥] 课程本位评价不仅可以用于学业测验，还应该贯穿于教学过程。直接、定期、频繁的测验可以获取学生在当前课程上的行为表现数据，明确学生对日常教学材料的反应，确定学生是否向特定目标迈进，从而决定课程应如何进行调整。在国外，课程本位评价主要用于分层—干预模型以及特殊儿童的鉴定和安置、教学目标生成、进步监控、制订个别化教育计划、评价教学效果等诸多方面。

课程本位评价是一类评价方法，按照课程内容可以分为：发展里程碑模式，功能/适应模式，认知—建构主义模式和互动/相互作用模式。[⑦] 按照评价方法又可分为：标准参照模式，着重测量学生对课程目标的掌握水平；正确性本位模式，注重控制教学材料呈现的难度水平；流畅性本位模式，重点在于为教师提供基于学生进步情况调整

① E. E. Gickling, V. P. Thompson, "A Personal View of Curriculum-Based Assessment,"*Exceptional Children*, 1985(52), pp. 205-218.

② S. L. Deno, "Curriculum-Based Assessment,"*Teaching Exceptional Children*, 1987(20), pp. 40-42.

③ J. Salvia, J. E. Ysseldyke, *Assessment in Special and Remedial Education*, Boston, MA, Houghton Mifflin, 2001.

④ R. Beth, M. Katherine, G. Caroline, et al., "Kentucky's Early Childhood Continuous Assessment and Accountability System: Local Decisions and State Supports,"*Early Childhood Special Education*, 2007(27), p. 19.

⑤ Festus E. Obiakor, Jeffrey P. Bakken, Authony F. Rotatori, *Current Issues and Trends in Special Education: Identification, Assessment, and Instruction*, Bradford, Emerald Group Publishing Limited, 2010.

⑥ 闫明、刘明：《课程本位评估在特殊儿童早期教育中的应用》，载《绥化学院学报》，2012(4)。

⑦ 转引自闫明、刘明：《课程本位评估在特殊儿童早期教育中的应用》，载《绥化学院学报》，2012(4)。

教学计划的依据。[1] 按照评价方法划分的三种课程本位评价模式的比较如表 6-1 所示。

表 6-1　按照评价方法划分的三种课程本位评价模式的比较[2]

评价模式	标准参照模式	正确性本位模式	流畅性本位模式
代表人物	布兰肯希普、伊多尔-梅斯塔斯	吉克林、哈维塔普	德诺
实施程序	没有技术性资料	非标准化实施程序	标准化实施程序
研究基础	没有技术性资料	较少技术性资料	相当丰富的实证性研究基础
信度、效度	内容效度强	有内容效度	信度、效度皆佳

塔克于 1987 年提出了课程本位评价的三个基本特点：①测验材料应具有高度的内容效度，来自学生获得的课程教材；②经常施测；③评估结果作为教学决策的依据。[3] 具体来说，课程本位评价具有以下特点：更具直观性；评估材料选自教学材料，具有较高的内容效度；以学生自身为参照；施测简便，每次施测仅需要几分钟；定期、频繁地施测，能够灵敏反映学生的进步情况；呈现结果的方法直观易懂，如课程本位测量图等。课程本位评价是一种关于教学过程和教学结果的双测度评价，包括量化评价和质性评价两种方式。然而，课程本位评价仍具有局限性：重视与教学内容紧密结合，以学科知识为主要结构，因而忽略了评价的情境与生态因素。[4] 如果教师不满足于只了解学生对课程内容的学习情况，而想更深入地探究学生学习具体的课程内容时在认知上的障碍以及学生的潜能是否有进一步发展的空间，就需要寻求其他评价方式。[5]

以学生发展为导向是课程本位评价实际应用的基本价值取向，无论是个别化教育计划目标的制定、差异化教学策略的实施，还是学校支持服务的提供，都需要建立在课程本位评价的基础上。以学生为本的课程本位评价是促进特殊教育学校课堂教学范式由教师中心走向学生中心的推力，也是促使特殊教育学校实现由学生管理向学生服务转变的有效途径。[6] 总之，课程本位评价兴起于特殊教育领域，可为特殊儿童提供真实性评估，促进特殊教育课程的完善和融合教育的发展。该评估模式也为今后评价的发展指明了方向。

———————

[1]　R. L. Taylor, *Assessment of Exceptional Students-Educational and Psychological Procedures. 7th ed*, Boston, Pearson Education Inc., 2006, pp. 117-145.

[2]　陈政见：《特殊教育学生评量》，29～35 页，台北，心理出版社，2007。

[3]　J. A. Tucker, "Curriculum-Based Assessment is No Fad," *Collaborative Educator*, 1987, 1(4), pp. 4-10.

[4]　庄丽娟：《系统化多元评量模式之发展研究》，博士学位论文，高雄师范大学，2000。

[5]　饶宁：《课程本位动态评价对智力障碍学生语文阅读学习影响的研究》，硕士学位论文，华东师范大学，2011。

[6]　谢正立、邓猛：《新课标背景下培智学校课程本位评估的几点思考》，载《现代特殊教育》，2017(18)。

2. 学生本位评价

学生本位评价重视学生的主体性和参与性，而且以学生的需要、学生的发展、学生的权利为本位。学生本位评价意味着学生在全面参与评价的过程中建构自己的主体地位，进而在自主和责任下进行个性化选择，在自由状态下实现主动发展。学生本位评价在课堂教学中让学生参与评价标准设计，明晰自己应当达到的水平，在真实任务解决的过程中提高和发展自己，在多种学习表现形式中展示和证明自己，在评价报告体系中获取足够的反馈。[①]

学生本位评价的主要理念有：在设计评价标准时，从学生的角度理解课程结束后应该达到什么样的水平，教师与学生协商建立评分规则，注重学生的全面发展和不断进步；在真实任务的完成过程中，将学生评价和教学活动结合起来，学生在教师的引导下开展探究性学习，以此培养学生获取知识、应用知识、解决问题、反思提升的能力，开发学生的潜能，提高学生的参与度；在多种学习表现形式中，发掘学生的个性化学习方式，学生通过自我反省监控自己的学习进程，教师通过随堂测验监控学生知识结构的建构及学习策略；在评估设计中，把评价报告单、评价交流会和其他评价方式结合起来，帮助学生对评价资料和信息进行整理、综合，为学生发展提供支持。

档案收集评价法是一种典型的学生本位评价方法，指教师依据学生的学习目标，请学生主动、全程、动态地组织、收集与分析学习成果的档案并持续一段时间，以评定学生成长发展的情况。由于特殊儿童可能分析能力有限，他们更多地在资料收集的过程中达到自我肯定、自我发展的目标。[②] 档案袋记录的学习过程包括：学生的学习方式，学生如何思考和提问、如何分析问题和综合所获得的信息、如何创作自己的学习作品、如何进行创造，以及如何在智力、情感、社会方面与他人进行交流。[③] 学生根据和教师事先商定好的主题，在教师的指导下，有计划、有系统地收集学习进程中有意义的、能说明学习进步与改变历程的细节材料，这些细节材料可以完整地呈现学习与创作并取得成就的历程。档案收集评价法具有目标化、个别化、历程化、动态化等特点，兼顾过程和结果，能够顾及所有目标领域和学生个体差异。

学生本位评价注重评价的真实情境性、师生的共同参与、平等交流和自主合作，可以促进学生全面发展，激发学生学习的动力和热情。然而，由于每个人对知识的理解与建构存在很大的差异，而且学习主体多元化、评价方法多样化，评估反映每个评价对象主体的意志是不太可行的，实施的标准化程度较低。总体来说，特殊教育课程评价需要将课程本位评价与学生本位评价结合起来，以学生的个别化教育计划为中心制定评价目标、设计评价流程、分析评价结果。

---

① 张向众：《美国的学生评价改革趋向：学生本位评价》，载《外国中小学教育》，2006(6)。

② 夏峰、沈立：《适应每个智力障碍学生发展的"多元发展评价"研究》，载《中国特殊教育》，2004(10)。

③ Kathy Checkly, "Assessment That Serves Instruction," *Education Update*, 1997, 39(4), pp. 26-30.

(七)环境生态评价和学业评价

1. 环境生态评价

环境生态评价的发展在特殊教育领域主要体现在培智学校课程上。国外培智学校课程从零课程、发展性课程、功能性课程发展到环境生态课程;我国的培智学校课程则从学科课程起步,逐步走向综合课程。[1] 受到后现代主义思潮的影响,教育生态学产生并流行,环境生态评价的课程观得到了越来越多人的认可。环境生态评价以环境生态为轴心展开,将儿童置于常态生活(主要是家庭、学校、社区、职业)环境中,依照其能力水平及适应状况,以未来适应生活环境为导向,充分了解、运用生活环境,为促进其发展而提供适合其教育需求的个别化教育课程。[2] 王艳杰将中、重度智力障碍儿童生活适应能力的环境生态化教育模式的操作程序概括为:评估学生现有能力水平,分析学生的动态生活环境,设置课程,编写校本教材,设计教学活动并实施,动态评估教学效果,调整教学设计后再实施。[3] 何金娣提出了 0~6 岁儿童环境生态式早期个性化干预的过程,包括:评估幼儿目前的状况,确定个别化教学内容,制定个别化教学目标,设计个别化早期干预方案,评估(形成性评估和总结性评估)。[4]

课程的环境生态评价的理念为:对特殊儿童的教育需求所做的分析应该立足于其所生存的具体环境,在具体的环境里评估其各方面能力。具体来说,课程的环境生态评价具有以下四方面特点。

第一,评价标准的全面性和发展性。环境生态评价更注重学生、教师、学校和课程在发展中的需要,突出评价的激励功能而非等级或区分功能,促进多方的进步和提升。

第二,评价主体的多元化。环境生态评价的主体不仅包括教师和学生,还包括课程专家、行政人员等与课程相关的主体。不同的主体代表不同的评价视角,多方评价有利于课程的整合。

第三,评价方法的多样化。环境生态评价要求对教学效果进行动态性评估,将形成性评价和总结性评价结合、量化评价和质性评价结合,保证评价的公平性和公开性。

第四,课程的创生性和整体的联结性。环境生态评价始终处于儿童常态生活的真实情境。课程并不是按部就班地依照某些目标进行,课程评价人员在儿童常态生活(常态时空、常态活动、常态人际互动、常态环境)中进行教育诊断和动态性评量。无论是课程环境、课程内容还是课程参与人员,都是相互连接的。学校教育、家庭教育和社

① 徐胜、许家成:《智力障碍儿童环境生态课程的家庭教育模式初探》,载《中国特殊教育》,2003(3)。

② 张文京:《环境生态课程编制》,载《中国特殊教育》,2000(3)。

③ 王艳杰:《中、重度智障儿童生活适应能力的生态化教育模式初探》,载《中国特殊教育》,2006(8)。

④ 何金娣:《特殊需要儿童"生态式早期干预方案"的提出与实施——上海市卢湾区生态式早期干预模式介绍》,载《基础教育参考》,2009(8)。

区教育构成了特殊儿童的终身教育系统。环境生态评价模式下的特殊教育在原本学校教育的基础上强调了社区教育和家庭教育的重要性。

2. 学业评价

学业评价指以国家的教育教学目标为依据，运用恰当、有效的工具和方法，系统地收集学生通过各门学科的教学和自学在认知行为上产生变化的信息和证据，并对学生的知识和能力水平进行价值判断的评价。在环境生态评价的相对性概念下，学业评价并不考虑学生所处的环境，单纯以学业表现作为评价的唯一指标。学业评价可以从不同的角度分类，比较常见的分类有：按评价的目的分为选拔性评价、水平性评价、反馈性评价；按不同的学习维度分为知识评价、技能评价、能力评价；按在教学过程中的作用分为形成性评价、诊断性评价、总结性评价；按评价的主体分为他人评价、自我评价。无论是哪种类型的评价，都要体现科学性和有效性。也就是说，学业评价应在教学实践中尽可能符合实际需要，推动学生的学业进步。

就评价而言，它关心的是评价对象的整体特征。教育本就是极其复杂的社会现象，而在特殊教育课程与教学领域，由于教育对象、方法等的特殊性，单一的评价方法往往不足以支撑评价结论的可信度。尽管在特殊教育课程评价的类型上可以通过概念进行区分，但这种对应关系是相对的。将不同评价方式有机地结合起来，进而形成多元的课程评价方法是特殊教育课程评价的首选模式。这样既能获得较为全面的评价结果，也能保证结论的相对公正、客观，提高评价的信度和效度，使评价更好地服务于课程改革和建设。

第三节
特殊教育课程评价的模式与步骤

一、特殊教育课程评价的模式

作为一种理论研究方法，模式指一种小的模型或体系，它包含一定的思想取向和结构，并表现为一定的操作规则和方法步骤。课程评价在发展过程中形成了各种各样的评价模式，课程评价模式是指评价人员或研究工作者依据某种教育理念、课程思想或特定的评价目的，选取一种或几种评价途径所建立起来的相对完整的评价体系，它对评价的实施做了基本的说明。[①] 特殊教育课程评价的基本模式既包括发展历程较长的目标模式、差距模式、回应模式、过程模式、解释模式，也包括近几十年备受关注的

---

① 李雁冰：《课程评价论》，56～57页，上海，上海教育出版社，2002。

课程本位评价模式、学生本位评价模式、环境生态模式等。下面对目标模式、差距模式、回应模式、过程模式、解释模式做具体介绍。

(一)目标模式

目标模式，又称目标手段模式或目标达成模式。目标模式最早由泰勒应用于八年研究，是一种以目标为核心的评价模式，评价的目的在于找出课程实施的结果与预期目标之间的差距，以此作为修改、完善课程的依据。它形成于 20 世纪三四十年代，后经塔巴等人发扬，又经布卢姆、哈罗、克罗斯威尔等人进一步完善和发展，至今仍被广泛应用于课程评价领域。在目标模式下，评估的过程从本质上讲就是判断课程和教学计划在多大程度上实现了教育目标的过程。① 目标模式以行为主义为哲学基础，其实施一般包括七个步骤②：拟定教育的一般目的和具体目标；把目的和目标进行分类；用行为化术语界定目标；建立可以展示具体目标已达成的情景；发展和选择适当的测量技术；收集学生行为表现的资料；把学生的行为表现与既定目标进行比较。

泰勒指出评价过程从教育计划的目标开始，由于评价的目的是判断教育目标的实现程度，故而需要一整套评价程序，以给出每一个主要教育目标所隐含的每一类行为的证据，其中评价最核心部分就是评价工具的编制。③ 目标模式评价的顺序是：先编制课程目标，然后界定行为目标，选择合适的量化评价工具进行实验，并将实验的结果与预定的目标做比较，重新修订课程，如此反复，直到课程能达到预定的目标。

目标模式具有一些优点：预先确定评价目标使行为有目的性和计划性，可提高评价的效能；将教育看作实验对象，以心理学测量和教育测量技术来检验和评价目标，使教育评价变得简便、易操作；可扩大教育评价的范围，促进教育评价进一步科学化。然而，并非所有目标都可以行为化、量化，目标模式的课程评价无法对那些难以用行为目标陈述的方面进行评价，而且忽视了学习者的主体性和能动性。

我国于 2016 年颁布的特殊教育学校课程标准提出了综合性学习的要求，特别是在培智学校，综合课程成为课程组织的改革方向。从课程设置来看，培智学校课程要紧密与生活实际相结合，体现实用性、社会性、综合性、活动性等特点；从教学对象来看，智力障碍儿童不应局限于从课堂中学习、从书本中获得知识，而应在活动中学习、积累经验，课程与教学需做较大幅度的调整，多运用情境化教学的方式。鉴于此，目标模式下的课程评价方法并非特殊教育学校部分学科评价的优选方法。不过，由于目标模式强调控制性，个别化教育计划在制订时也要遵循具体性原则、可量化原则、可操作性原则、实用性原则、时限性原则，两者在理念和原则上较为接近，所以目标模

---

① ［美］拉尔夫·泰勒：《课程与教学的基本原理》，113 页，北京，人民教育出版社，1994。

② 黄光雄：《教育评鉴的模式》，88 页，台北，师大书苑有限公司，1989。

③ 杨磊、朱德全：《核心素养课程开发评价：以泰勒模式为参照》，载《教学与管理》，2019(33)。

式在特殊儿童个别化教育计划的制订中有较好的适用性。

(二)差距模式

差距模式与泰勒原理相比具有较强的选择性与开放性，它源于课程实践，有较高的应用价值。但事实上，差距模式所强调的确定评价标准和预定目标与泰勒的目标模式在本质上如出一辙。[①] 差距模式是由普洛沃斯在 1969 年提出的，他认为课程评价的最终目的是为课程开发和管理服务。差距模式的特点是通过对比找出所制定的课程标准和实际教学表现之间的差距，并以此为依据进行改进。该模式共有五个阶段。

第一阶段是设计阶段，评价者将设计的方案成分与标准做比较，若相符，则实施方案；若不符，则决定是修改标准还是调整方案。

第二阶段是装置阶段，将方案与计划做比较，了解制定的方案与原来的计划是否符合。

第三阶段是过程评价阶段，发挥过程性评价的作用，了解中间目标是否达成。

第四阶段是产出评价阶段，进行结果评定，将方案所产出的实际效果与预期目标做比较。

第五阶段是成本效益分析阶段，在整体上评价该课程设计与其他类似的设计在效益上的异同。

(三)回应模式

回应模式是斯塔克于 1973 年提出的。在此之前，斯塔克提出了外貌模式，这种模式是对泰勒的目标模式的批判性继承，也是一种目标取向的评价模式。直到 20 世纪 70 年代，他才从目标取向中解脱出来，开发出评价的回应模式。一些评价专家认为外貌模式是从目标模式向回应模式过渡的桥梁。与此前把预定目标作为评价标准的模式有所不同，回应模式牺牲某些测量上的准确性以换取对评价听取人的有用性，更关心方案的活动，更注意反映与方案有关的人员的意志。[②]回应模式的评价包含以下步骤。

①评价者接触与评价对象(如课程方案)有关的人，获取他们对评价对象的看法。

②根据获取的信息确定评价的范围。

③评价者亲自对方案的实施做实地观察。

④通过观察，评价者对方案希望达到的目标与实际取得的成果进行比较。

⑤评价者对评价应回答的问题进行理论上的修正。

⑥在修正的基础上，评价者设计评价方案。

⑦根据不同的要求，选择不同的收集信息的方法。

---

① 丁朝蓬：《新课程评价的理念与方法》，18 页，北京，人民教育出版社，2003。

② 钟启泉：《现代课程论(新版)》，405～406 页，上海，上海教育出版社，2003。

⑧对收集的信息资料进行加工处理。

⑨将处理过的信息按需要回答的问题进行分类。

⑩把分类评价结果写成正式报告，分发给有关人员。

⑪在分类评价报告的基础上对方案做出全面判断。①

回应模式的出现一方面是课程开发对评价的进一步需要，另一方面是评价自身发展的必然趋势。回应模式的提出突破了传统评价中的一些概念限制，改变了人们有关评价的理念，标志着评价领域的革新和进步。② 在特殊教育领域中，回应模式可应用于个别化教育计划的制订过程。图 6-2 展示了个别化教育计划的操作流程。个别化教育计划应该由一个团队在会谈中进行协商、共同制订，该团队成员包括家长、教师、学校行政人员、相关专业人员、评估人员、特殊儿童等。学情分析包括对教育对象基本信息、家庭资料、教育经历、既往病史以及现有情况如生活自理能力、语言能力、感觉统合等做的分析。教育诊断是指在儿童开始学习活动前对其心理特质、学习需求、学习现状、能力优势和劣势的把握和描述，从而明确教育起点。③ 总体来看，个别化教育计划的实施是一个动态的过程，需要不断反馈、修正，评估分析贯穿于个别化教育计划操作全程。从参与人员、制定目标、实施计划、校正修订等方面来看，个别化教育计划的制订是回应模式部分流程的践行。

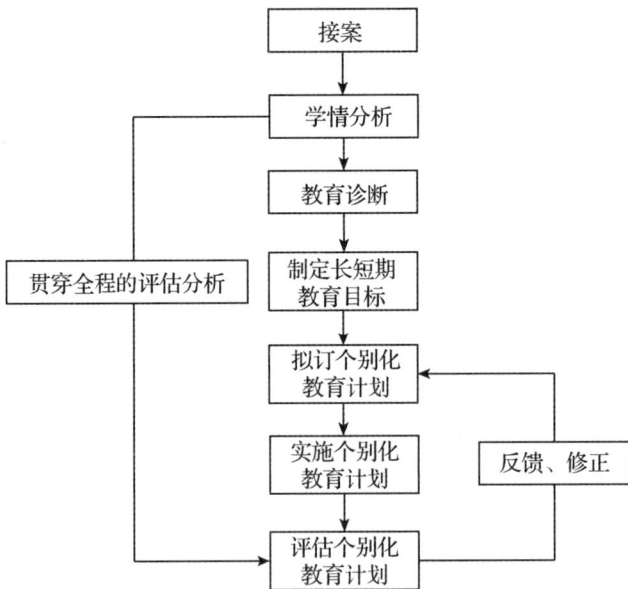

图 6-2　个别化教育计划的操作流程

① 张华：《课程与教学论》，400 页，上海，上海教育出版社，2000。
② 李雁冰：《质性课程评价研究》，博士学位论文，华东师范大学，2000。
③ 张文京：《弱智儿童个别化教育与教学》，20 页，重庆，重庆出版社，2005。

(四)过程模式

过程模式是由斯塔弗尔比姆在 20 世纪六七十年代提出的。经过相关学者的研究和发展，如今过程模式在世界各领域得到了广泛的应用。过程模式是一种系统的、具有改良取向的评价模式。斯塔弗尔比姆认为，课程的研究和开发不应按照某种事先预定的行为目标制定出一套方案再加以评价，而应是一个动态、持续的过程；目标并不是特定的，而是暂时、多变、不断修改的；课程的中心问题也不是目标，而是过程。他指出，评价既是提供有用资料以做决定的过程，也是学校及机构正规运作的一部分，而且评价所获取的信息对引导问题的解决、方案的变革及改进有重要作用。[①] 过程模式包含四种评价方式，具体如表 6-2 所示。

表 6-2　过程模式的评价方式[②]

评价方式	评价目的	评价内容	评价类型	评价功能
背景评价	界定方案的背景、相关主体的需求与满足需求的可能方式	对教育方案目标的合理性做出评价和判断	诊断性评价	为目标的确立提供基础性资料，为计划决策服务
输入评价	确认方案的策略和实施的程序	对所有备选方案进行判断，选择最佳方案	诊断性评价	考察多种可能的方案策略，选择最为适用的方案
过程评价	调整和改进方案实施的过程，为计划决策提供信息	对方案的实施过程和进度进行持续检查、监督和反馈	形成性评价	实施并调整方案的设计及程序，为结果解释及方案改进提供依据
成果评价	确定方案的达成度，收集对结果的描述和判断信息	测量、解释和判断方案是否达成预定目标	总结性评价	决定是否继续、中止、修正该方案，或者进行重点调整

背景评价：分析实施课程的背景，其目的在于提供确定目标的依据。

输入评价：对旨在达成课程目标的几种课程设计进行评价，筛选出最佳设计，确定如何运用资源达成目标。

过程评价：对课程实施的过程进行评价，为日后的改进方案提供依据和参考。应向课程实施的负责人员定期提供反馈。

成果评价：对课程实施的结果进行测量、判断，决定是否终止、修订、调整课程目标。

---

① 李雁冰：《课程评价论》，83～85 页，上海，上海教育出版社，2002。
② 李雁冰：《课程评价论》，83～85 页，上海，上海教育出版社，2002。

过程模式有较大的灵活性，更人性化，强调教育环境和过程的影响，注重过程本身的价值，主张探究与发现学习。其不足之处为：在具体的实践中，由于目标不很明确且没有规定的标准，容易形成相对主义的评价倾向。

随着融合教育的发展，过程模式被应用于融合教育质量评估。融合教育质量评估是一个持续的过程，借鉴过程模式可以对融合教育质量进行全面系统的评估，为融合教育过程中的问题解决与质量提升提供理论依据。[1] 钮文英指出，要推动融合教育的发展就需要对学校融合教育的实施与开展情况进行评估，并依据过程模式对融合教育的背景、输入、过程和成果方面的评估内容进行思考。[2] 可以从两个方面对融合教育质量进行评估：一是融合教育对象即所有学生的发展状态；二是融合教育工作的水平和状态，包括教育基础设施、教育管理制度和学校办学条件等。[3] 依据过程模式，背景评价即对融合教育背景的探析，是对融合教育实施必要性的诊断性评价；输入评价即对融合教育资源整合程度进行的诊断性评价；过程评价即对融合教育实施过程的监控，为形成性评价；成果评价即对融合教育实施成效的评估，为总结性评价。

(五)解释模式

解释模式又称阐明性评价模式，是帕勒特和汉米顿于1972年提出的。该模式强调教学体系的独特性和多变性以及学习环境的复杂性，认为评价都要视具体的情境而定，并且要把握整体的脉络。

解释模式主要包括三个阶段：一是观察阶段，观察并描绘课程实施的环境，使所有影响因素都得到重视；二是探究阶段，努力从琐碎细微的事物中找出最重要的因素；三是解释阶段，目的不是直接对课程做出判断。[4] 该模式运用了社会人类学及相关领域的方法。因为课程实施会涉及各种复杂的关系，所以对评价者有较高的要求。在特殊教育领域，解释模式的应用为功能性行为评估。对特殊儿童的问题行为进行功能性评估包含几个阶段：观察问题行为，探究问题行为产生的原因以及行为的表现和结果，解释问题行为的功能。这些阶段可以分别对应解释模式的观察阶段、探究阶段和解释阶段。功能性行为评估方法作为智力障碍儿童问题行为评估的常用方法，是解释模式的应用之一。它是在正向行为支持兴起之前就已被运用的一种行为评估方法，侧重于通过收集与问题行为有关的一系列情境事件、前奏事件和行为结果等资料来分析环境、

---

① 张婷、陈琴霞、杨柳：《基于"CIPP模式"的融合教育质量评估研究》，载《现代特殊教育》，2018(12)。
② 钮文英：《拥抱个别差异的新典范——融合教育》，613页，台北，心理出版社，2008。
③ 颜廷睿、关文军、邓猛：《融合教育质量评估的理论探讨与框架建构》，载《中国特殊教育》，2016(9)。
④ 刘垚：《课程评价模式发展理路研究》，载《当代教育理论与实践》，2011(12)。

生理和社会文化等因素对问题行为的影响。① 功能性行为评估的核心不是问题行为本身，而是问题行为、个体及个体所处的环境变量这三者之间的功能关系；它不是一个简单的测验或者观察，而是一系列方法的总和。收集和评估信息的方法除测试外还有访谈、观察、实验等，要因人而异地选择。

二、特殊教育课程评价的步骤

评价模式不同，评价步骤便不同。在目标模式下，评价步骤与目标有关，大致为：制定目标，创设情境，确定方法，比较目标达成程度。在过程模式下，评价步骤为：背景评价，输入评价，过程评价，成果评价。在解释模式下，评价则分为：观察阶段，探究阶段，解释阶段。从课程评价的不同要素出发，特殊教育课程评价的步骤也不同。综合来看，特殊教育课程评价的步骤大致为四个阶段：确定评价目标，收集资料，分析和归纳资料，形成评估报告。

（一）确定评价目标

课程评价不仅是对课程活动进行价值判断的过程，也是和课程相互作用的过程。因此课程评价目标的确定不仅要从价值判断本身出发，还要从课程及课程开发过程来思考。在特殊教育领域，课程评价目标的确定包括：从问题的宏观角度出发对评价活动做出概括说明；从不同维度确立目标；将评价目标具体化、概念化。需要注意的是，确立的目标不能代表单一的价值取向，因此确定评价目标的过程必须由多人共同参与，如教师、家长、学生、专业人员等。评价者和被评价者的意见都应作为确定目标的参考。

（二）收集资料

收集资料阶段可运用测量与测验等量化方法，也要结合访谈与观察等质性方法。通过访谈了解各种特定情境的需求，对需求的性质加以分析，明确在满足需求方面存在的困难，制定满足需求的方案。评价者也可以通过观察了解复杂学习环境中的交互作用，并做连续的观察记录，但不能参与操纵与控制。一般来说，收集资料需要遵循以下原则：首先，收集资料要有目的性，要紧紧围绕评价目标展开；其次，收集资料要全面，要广泛涉猎，从宏观的课程设置到微观的课程实践，从环境、学校、家庭到个人情况，为了确保资料的全面性，在收集资料的初期应列好收集资料的提纲，避免

---

① B. Stahr，D. Cushing，K. Lane，J. Fox，"Efficacy of a Function-Based Intervention in Decreasing Off-Task Behavior Exhibited by a Student with ADHD," *Journal of Positive Behavior Interventions*，2006(8)，pp. 201-211.

脱离目标；最后，收集资料是逐渐积累的过程。

(三)分析和归纳资料

资料的整理过程实质上是资料的辨析过程。第一，要辨析资料的适用性，资料必须以评价目标为中心，什么资料能用，什么资料不能用，要依据目标来筛选。第二，要辨析资料的全面性，即资料的收集是否全面，如果收集到的资料缺少某个方面，则不够全面、准确。第三，要辨析资料的真实性，无论是第一手资料还是第二手资料，都要有明确的依据，避免受收集资料者的主观影响。第四，要辨析资料的新颖度，所谓新颖的资料即有未被发现的视角和内容，有时候在普遍性资料中也有新颖的资料。应将收集到的资料作为重要因素，对其进行深入、系统的分析。在归纳资料时，可以按照评价的主题或顺序进行排列。例如，了解方案的进度；了解与原计划相比实施过程是否有差异及差异程度；了解可用资源的利用程度；了解执行程度；思考是否对方案进行修正及其原因；了解参与人员进入角色的程度；弄清经费状况；了解评价者与方案参与者对方案质量做出的判断。将所设计的方案成分与标准做比较，若相符，则实施方案；若不符，则决定是终止标准还是调整方案。对资料的分析与归纳应发挥过程性评价的作用，了解中间目标是否达成，调整方案目标以满足特定的需求。

(四)形成评估报告

课程评估报告在整个课程评价活动中处于末端，但它是课程评价活动中至关重要的部分。国际上通用的做法是把课程评估报告作为课程评价活动不可或缺的环节，因为它既是课程评价过程的展现形式，也是课程评价结果的重要载体。[①] 评估报告的撰写是特殊教育课程评价的重要环节，是评价过程具象化的重要体现，评估结果和反馈能为评价目标的后续改进和完善提供参考。在撰写评估报告时，第一，要遵循客观原则，内容要真实反映客观情况，避免主观猜测和判断；第二，要遵循全面原则，要全面呈现评估的目标、背景、方案、流程、数据采集和分析、结果分析等内容，为确定的评价目标做规律性、因果性的解释说明，将方案产出的实际效果与预期目标做比较，对方案的成就进行测量、判断；第三，要遵循问题导向原则，发展是特殊教育评价不变的价值追求，在评估报告中，不仅要客观、翔实、全面地记录过程和结果，还要以问题导向为原则，阐明评价对象在评价过程中出现的问题，厘清在方案实施中产生的预期效果与非预期效果、正面效应与负面效应。

---

① 刘磊、邹旻：《教育评估报告撰写要义》，载《上海教育评估研究》，2020(2)。

本章小结

　　整体来看，特殊教育课程评价对象的范围很广，它既包括课程计划和调整本身，又包括参与课程实施的教师、特殊儿童、学校，还包括课程活动的结果，即特殊儿童和教师的发展。特殊教育课程评价是调节特殊教育课程发展的有效杠杆，也是完善特殊教育课程设计、改进教学方法、提升教学效果的有效途径，在不同时期都发挥了独特的作用。随着多元文化的发展以及人们的价值观念和评价方式的演进，特殊教育模式趋于多元。在特殊教育课程评价的过程中，我们需要因地制宜、因时制宜地选取最恰当的评价方式，从而促进特殊儿童、教师、特殊儿童家长等课程参与者的发展以及特殊教育课程各要素的完善，发挥特殊教育课程评价的导向功能、诊断功能和激励功能。

思考题

·单项选择题

1. 下列关于课程评价的含义哪个选项的表述不正确？（　　）

A. 课程评价是对课程目标实际达成程度的描述

B. 课程评价是以一定的方法、途径对课程的计划、活动及结果等有关问题的价值或特点做出判断的过程

C. 课程评价是对课程目标、课程实施和课程结果进行的评价，不包括对课程参与者的评价

D. 课程评价基于本地课程，通过各种测量手段进行直接的观察，并记录学生的行为，将结果作为教育决策的依据

2. 下列属于特殊教育课程评价功能的是（　　）。

A. 创造功能　　　　　　　　B. 评估诊断功能

C. 社会功能　　　　　　　　D. 个体功能

3. 下列属于总结性评价特点的是（　　）。

A. 在教学过程中实施评价

B. 注重及时反馈

C. 在教育活动结束后为判断其效果而进行

D. 提倡评价和教学相互交叉和融合

4. 按评价的方法来分，有量化评价和（　　）。

A. 质量评价　　　　　　　　B. 质性评价

C. 终结性评价　　　　　　　　D. 过程评价

5. 在评价中具有设计阶段、装置阶段、过程评价阶段、产出评价阶段和成本效益分析阶段的课程评价模式是(　　)。

A. 差距模式　　　　　　　　B. 目标模式

C. 过程模式　　　　　　　　D. 回应模式

6. 下列不属于学生本位评价模式特点的是(　　)。

A. 以学生需要为本位　　　　B. 以学生发展为本位

C. 以学生权利为本位　　　　D. 以学生学业为本位

· 简答题

1. 简要论述特殊教育课程评价的功能。

2. 有人认为特殊教育课程评价中只需要运用形成性评价，你赞同吗？为什么？

3. 特殊教育课程评价的环境生态模式具有哪些特点？

· 论述题

1. 你认为本章列举的特殊教育课程评价类型各具有怎样的优缺点？

2. 课程本位评价模式和学生本位评价模式的最大区别是什么？请举例说明。

本章阅读资料

[1]李雁冰. 课程评价论[M]. 上海：上海教育出版社，2002.

[2]张华. 课程与教学论[M]. 上海：上海教育出版社，2000.

[3]丁朝蓬. 新课程评价的理念与方法[M]. 北京：人民教育出版社，2003.

[4]拉尔夫·泰勒. 课程与教学的基本原理：英汉对照版[M]. 北京：中国轻工业出版社，2014.

第七章

特殊教育课程领导

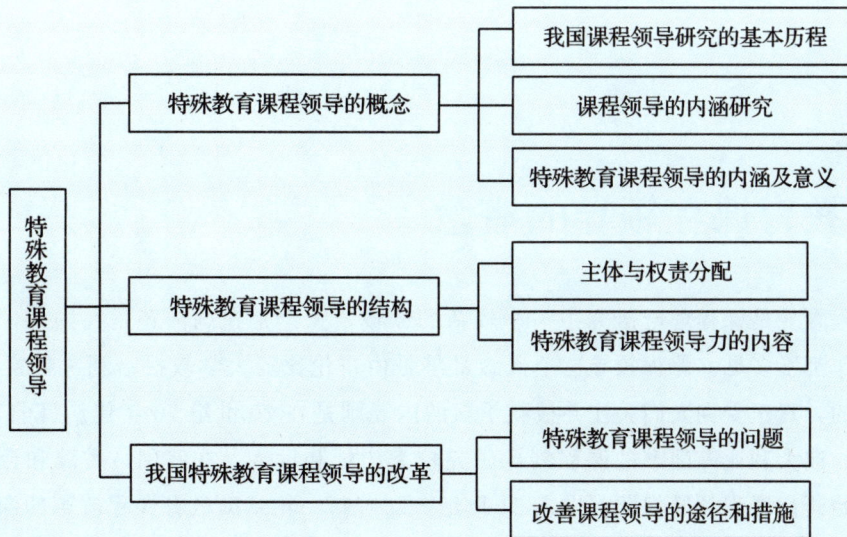

```
                                    ┌─────────────────────────┐
                              ┌─────│  我国课程领导研究的基本历程  │
                              │     └─────────────────────────┘
              ┌──────────────┐│     ┌─────────────────────────┐
          ┌───│ 特殊教育课程领导的概念 │├─────│     课程领导的内涵研究      │
          │   └──────────────┘│     └─────────────────────────┘
          │                   │     ┌─────────────────────────┐
          │                   └─────│ 特殊教育课程领导的内涵及意义 │
          │                         └─────────────────────────┘
 ┌──────┐ │   ┌──────────────┐      ┌─────────────────────────┐
 │ 特殊 │ │   │              │┌─────│       主体与权责分配       │
 │ 教育 │ │   │ 特殊教育课程领导的结构 ││    └─────────────────────────┘
 │ 课程 │─┼───│              │├─────│                         │
 │ 领导 │ │   └──────────────┘│     ┌─────────────────────────┐
 └──────┘ │                   └─────│  特殊教育课程领导力的内容   │
          │                         └─────────────────────────┘
          │   ┌──────────────┐      ┌─────────────────────────┐
          └───│ 我国特殊教育课程领导的改革 │┌─────│   特殊教育课程领导的问题   │
              └──────────────┘│     └─────────────────────────┘
                              └─────┤                         │
                                    ┌─────────────────────────┐
                                    │ 改善课程领导的途径和措施   │
                                    └─────────────────────────┘
```

课程领导是一个新兴概念，与课程改革密不可分。课程领导概念的提出是课程管理研究不断深入和发展的结果。特殊教育课程领导是当下三类特殊教育学校课程改革和实践的重要活动，在学校课程实践中发挥着重要作用。本章从课程领导的概念出发，了解课程领导在我国产生的背景与特殊教育课程领导的内涵及意义，并在特殊教育课程领导的结构中厘清不同主体与权责分配以及课程领导力的具体内容，从而探讨在我国特殊教育课程领导的改革过程中出现的问题及改善课程领导的途径和措施。

🎯 学习目标

①了解我国课程领导研究的基本历程。
②领会特殊教育课程领导的内涵、意义与结构。
③掌握特殊教育课程领导力的具体内容。
④了解改善特殊教育课程领导的途径和措施。

第一节
特殊教育课程领导的概念

课程领导是课程理论研究中一个较新的领域，无论是在国内还是在国外，相关研究和著作都不多见。课程领导这个概念最早是由哥伦比亚大学教授哈利·帕索于1952年提出的，真正受到人们关注并被赋予新的内涵则是在20世纪70年代。目前，美国、加拿大、澳大利亚等国家的课程领导研究较为广泛和深入。在我国，香港和台湾学者较早开始研究课程领导问题；进入21世纪，随着新一轮基础教育课程改革的深入，课程领导问题日益受到更多人的关注。实际上，课程领导概念的提出是课程管理研究不断深入和发展的结果，它强调课程领导者运用领导理论、方法和策略，通过发挥自身的影响力和权威作用，调动成员的积极性，并促进成员彼此合作，从而顺利推进课程设计、课程实施和课程评价等活动。

一、我国课程领导研究的基本历程

自中华人民共和国成立至 20 世纪 80 年代，课程管理一直是国家教育行政部门管理职责的重要组成部分，课程管理问题往往依靠行政手段来解决。例如，国家相关部门和机构通过召开行政会议或座谈会做出课程决策，借助行政指令将有关决策颁布执行。我国在 20 世纪 80 年代以前关于课程管理和课程领导的研究几乎处于空白状态。进入 20 世纪 80 年代后，随着课程管理权力下放，国家、地方和学校在课程管理中遇到新的问题，这对我国的课程管理和课程领导研究提出了客观要求。

(一) 20 世纪 80 年代和 90 年代

从 20 世纪 80 年代中期开始，我国教育改革逐步赋予了地方和学校适当的自主权。1985 年，《中共中央关于教育体制改革的决定》提出"实行基础教育由地方负责、分级管理的原则"，这标志着我国长期以来集中统一的课程管理模式开始松动。为适应我国课程管理政策改革的要求，许多学者开始研究我国课程管理体制的改革问题。王伟廉在《课程研究领域的探索》一书中指出了国家集中管理课程政策的弊端，并对以学校为基础的课程改革进行了简单介绍，论述了学校在课程管理中的作用。[1] 钟启泉在《现代课程论》一书中提出了国家、地方和学校三个层级课程开发的观点，肯定了学校在课程开发中的创造性作用。[2] 吕达等人在对英国中小学课程改革进行专题考察后，认为在我国中小学实行三级课程、三级管理的做法是可行的，而且是符合我国实际的。[3] 廖哲勋在论述我国课程管理的基本原则时提出了分级管理原则，对国家、地方和学校在课程管理中各自的职责进行了说明。[4]

进入 20 世纪 90 年代后，我国课程理论研究发展相当迅速。我国学者不仅对国外课程理论进行了比较全面、系统的介绍，而且在课程设计、课程实施、课程评价等方面有了自己的积累。随着课程管理权力的下放，乡土教材的编制、学校课程的开发逐渐引起重视，人们不仅开展了实践尝试，而且进行了理论探索。一些学者结合我国实际，对我国课程管理问题进行了较为深入的研究。有的学者对我国课程管理意识薄弱、行政手段多而技术手段少、管理目标有偏差等主要问题进行了反思。[5] 有的学者指出我国的课程管理体制不易顾及地区差异，不利于调动地方和学校的积极性，可能削弱教

---

① 王伟廉：《课程研究领域的探索》，215～218 页，成都，四川教育出版社，1988。
② 钟启泉：《现代课程论》，325～349 页，上海，上海教育出版社，1989。
③ 吕达等：《独木桥？阳关道？——未来中小学课程面面观》，132～140 页，北京，中信出版社，1991。
④ 廖哲勋：《课程学》，338～339 页，武汉，华中师范大学出版社，1991。
⑤ 李慧君：《我国课程管理的主要问题及改革建议》，载《课程·教材·教法》，1998(7)。

育为当地经济和社会发展服务的功能。同时提出应重新划分课程管理权力，建立集中分散式的课程管理体制。① 有的学者预测课程管理政策改革方向，对国家、地方和学校各自在课程管理中的角色和职责进行论述。② 还有学者介绍了世界课程管理的统一计划模式、分散管理模式、板块模式和蛋糕结构模式，指出其主流和趋势是统一管理和分散管理的结合。③ 以上研究虽然没有直接提出课程领导的概念，但实际上为课程领导的研究奠定了必要的基础。

（二）2000 年以后

21 世纪初，我国逐步推行新一轮基础教育课程改革，明确提出施行国家、地方和学校三级课程管理体制。地方课程、校本课程的开发成为中小学课程实践的重要任务之一。一方面，国家、地方和学校三级课程管理体制的具体运行思路和未来发展成为学者讨论的话题。雷顺利认为我国三级课程管理体制应以社会需要与个体发展相协调、统一性与灵活性结合为取向，取得集中与分散的平衡，做好管理权力下放和分享。④ 郭晓明分析了我国分级课程管理体制需要解决的问题，如进一步健全中央课程管理机构，明确地方课程管理的限度，建立系统的课程管理规范，改革单一的课程管理手段，等等。⑤ 余进利对三级课程管理体制的实施进行了回顾和总结，指出我国在实行三级课程管理过程中存在对教材编写的审查把关不严、地方自编教材质量不高以及学校课程管理没有明显改观等问题。⑥ 韩敬波、马云鹏分析了影响基础教育课程管理体制的政治、经济、文化传统等外部因素，以及教育目标、教育者素质、教育的阶段性等内部因素。⑦ 另一方面，对国家、地方和学校各自在课程管理中的职责和作用的研究也逐步深入。既有关于国家课程管理的职能转变、手段改革等问题的研究⑧，也有关于地方在课程开发中具体管理职责和策略的深入探讨⑨。与此同时，学校层面的课程管理问题逐渐成为课程管理研究的一个热点问题。从分析学校在课程管理中存在的问题、肯定学校在课程管理中的地位、探索学校课程管理的具体策略⑩，到学校课程管理体系的构建、

---

① 郭继东：《我国课程管理体制改革刍议》，载《教学与管理》，1998(Z2)。

② 崔允漷：《略论我国基础教育课程政策的改革方向》，载《教育发展研究》，1999(9)。

③ 贾非：《世界课程管理模式的主流与趋势——兼谈我国高中课程改革的困境与对策》，载《外国教育研究》，1994(6)。

④ 雷顺利：《我国三级课程管理体制的发展取向与运行思路》，载《教育发展研究》，2002(12)。

⑤ 郭晓明：《分级课程管理体制改革的几个迫切问题》，载《教育理论与实践》，2001(1)。

⑥ 余进利：《我国基础教育三级课程管理体制实施述评》，载《当代教育科学》，2004(4)。

⑦ 韩敬波、马云鹏：《影响基础教育课程管理体制的因素分析》，载《课程·教材·教法》，2004(1)。

⑧ 郭晓明：《试论我国课程管理手段的改革——走向多样化和现代化》，载《课程·教材·教法》，2002(3)。

⑨ 成尚荣：《为学校服务：地方对学校课程管理的本质》，载《课程·教材·教法》，2003(2)。

⑩ 杨中枢：《我国中小学学校课程管理：意义、问题与对策》，载《课程·教材·教法》，2003(7)。

管理内容的确定①，再到对教师参与学校课程管理、促进教师专业发展的讨论②，学校课程管理研究逐步深入。

　　随着课程管理研究尤其是学校层面课程管理研究的深入，加上后现代管理思潮的影响、教育领域民主管理的推行以及校本管理理念的盛行，人们意识到课程领导是课程管理的重要实践方式，它对提升学校课程管理的水平和效果具有重要意义。2002年，黄显华等人发表了《校本课程发展下课程与教学领导的定义与角色》一文，就课程领导概念的定义和性质以及课程领导在学校课程发展中的作用进行了反思和探讨。③　钟启泉发表了《从"课程管理"到"课程领导"》一文，从教育生态学的管理理念出发，区分了两种不同的课程管理观，探讨了课程领导的概念。④　2003年后，有关课程领导的内涵、角色、任务和类型等方面的研究成果陆续发表。例如，《课程·教材·教法》2004年第2期集中发表了关于课程领导的研究论文：李定仁、段兆兵的《试论课程领导与课程发展》⑤，靳玉乐、赵永勤的《校本课程发展背景下的课程领导：理念与策略》⑥，张廷凯的《革新课程领导的现实意义和策略》⑦。又如，《教育研究》2004年第10期发表了沈小碚、罗入会的《课程领导问题探析》⑧；《教育理论与实践》2005年第5期发表了马云鹏等人的《谈新课改下农村中小学校长的课程领导》⑨；《外国教育研究》2005年第9期发表了郑东辉的《试论课程领导的发展》⑩。课程领导问题成为课程研究的一个热点。

二、课程领导的内涵研究

　　由于课程领导的概念与我们比较熟悉的课程管理有一定的联系和区别，许多学者从课程领导与课程管理的关系入手分析课程领导的内涵。钟启泉认为，课程领导这一概念意在摆脱自上而下的"监控"和"管制"，强调诉诸学校自身的创意和创造力，学校将日常课程实践活动作为自身的东西加以创造性的实施。⑪　靳玉乐、赵永勤基本同意上述课程领导的概念，同时进一步指出课程领导与课程管理的含义具有交叉和包容的关

---

① 李亚东、朱琦：《试论学校课程管理体系的构建》，载《基础教育研究》，2003(4)。
② 罗刚：《教师参与课程的管理问题研究》，硕士学位论文，华东师范大学，2003。
③ 黄显华、徐蒋凤、朱嘉颖：《校本课程发展下课程与教学领导的定义与角色》，载《全球教育展望》，2002(7)。
④ 钟启泉：《从"课程管理"到"课程领导"》，载《全球教育展望》，2002(12)。
⑤ 李定仁、段兆兵：《试论课程领导与课程发展》，载《课程·教材·教法》，2004(2)。
⑥ 靳玉乐、赵永勤：《校本课程发展背景下的课程领导：理念与策略》，载《课程·教材·教法》，2004(2)。
⑦ 张廷凯：《革新课程领导的现实意义和策略》，载《课程·教材·教法》，2004(2)。
⑧ 沈小碚、罗入会：《课程领导问题探析》，载《教育研究》，2004(10)。
⑨ 马云鹏、王波、严劲松：《谈新课改下农村中小学校长的课程领导》，载《教育理论与实践》，2005(5)。
⑩ 郑东辉：《试论课程领导的发展》，载《外国教育研究》，2005(9)。
⑪ 钟启泉：《从"课程管理"到"课程领导"》，载《全球教育展望》，2002(12)。

系，它们在权责和组织关系上的内涵不同；从组织学和社会学的角度看，课程领导体现了一种民主、开放、沟通、合作的管理新理念。[1] 沈小碚、罗人会指出，课程领导是课程实践的一种方式，它是指引和统领课程改革、课程开发、课程实验、课程评价等活动的总称；它强调课程领导者运用领导学的理论、方法和策略，构建人性化的组织体系，促使所属成员之间互动与合作，借助教师的专业能力实现提升学生学习效果这一终极目的。[2] 郑先俐、靳玉乐提出课程领导是一种新的课程管理观，具有领导主体多元化、决策过程民主化、沟通模式网络化、领导动力内在化等显著特征。[3] 余进利在肯定课程领导和课程管理有不同含义的同时，指出课程管理和课程领导相辅相成，课程管理包括课程领导，并且有助于课程领导内涵的深入。[4]

也有学者通过考察领导学中"领导"一词的含义来分析课程领导的内涵，认为课程领导是为了实现课程目标，在一定条件下对课程领域的组织和人员施加影响的过程，具有决策、组织和引导三个基本职能，其中课程决策是课程领导的核心。[5] 许占权在对已有研究进行总结和梳理的基础上，依据领导学、学校管理学等相关理论，提出课程领导是在课程开发研制、实施、评价及改革活动中具有影响力的个人或集体，在一定的组织结构中引发、指引、统领和带动一个课程共同体实现课程改革和发展目标的过程。[6] 钟启泉结合我国基础教育课程改革实际和出现的一些问题，提醒人们要认识到课程领导既是政府行为，又是专业行为和合作行为。[7]

课程领导概念的提出是课程管理权力下放、课程决策重心下移的必然结果，是课程管理的一种实践方式，应该从以下五个方面理解其内涵：第一，课程领导强调领导者在课程与教学方面的专业影响力对于课程发展的意义；第二，在组织结构方面，课程领导主张建构能与所属成员沟通、合作的机制；第三，在组织行为方面，课程领导倡导引导和激励，而非控制和监管；第四，课程领导非常注重借助所有教师的专业发展实现课程目标；第五，课程领导的最终目的是促进学生的全面发展。

三、特殊教育课程领导的内涵及意义

特殊教育是整个社会教育系统的一个重要组成部分，是使用一般的或经过特别设

---

① 靳玉乐、赵永勤：《校本课程发展背景下的课程领导：理念与策略》，载《课程·教材·教法》，2004(2)。
② 沈小碚、罗人会：《课程领导问题探析》，载《教育研究》，2004(10)。
③ 郑先俐、靳玉乐：《论课程领导与学校角色转变》，载《河北师范大学学报(教育科学版)》，2004(3)。
④ 余进利：《对"课程领导"与"课程管理"的甄别》，载《当代教育科学》，2005(20)。
⑤ 李定仁、段兆兵：《试论课程领导与课程发展》，载《课程·教材·教法》，2004(2)。
⑥ 许占权：《课程领导的实质及其实践意义分析》，载《现代教育科学》，2006(12)。
⑦ 钟启泉：《从"行政权威"走向"专业权威"——"课程领导"的困惑与课题》，载《教育发展研究》，2006(7)。

计的课程、教材、教法、教学组织形式及教学设备，针对有特殊需要的儿童的旨在达到一般和特殊培养目标的教育。[①]其教育对象为有特殊教育需要的儿童，因此，特殊教育学校的管理工作具有特殊性和复杂性。特殊教育课程领导在教育变革中应运而生，它在课程领导的基础上结合了特殊教育的相关理论，所研究的是通过对三类特殊教育学校进行规划、设置和管理，做好课程规划、开发、实施和评价工作，使特殊教育学校的课程与教学卓有成效，更加符合特殊儿童的教育需要。特殊教育课程领导是特殊教育课程实施者发挥影响力和权威作用，促进成员彼此合作，推进课程发展的行为和历程。

特殊教育课程领导决定特殊教育课程改革和课程实施的主要方向，拥有特殊教育课程的权力，因此是特殊教育课程开发过程中的重要因素。特殊教育课程领导的存在使特殊教育学校的课程开发、实施和评价有更加清晰明确的方向，从而让特殊教育学校更加专注于教育的核心——课程与教学，有效地开展校本课程开发、实施与评价，加强特殊教育学校的内涵建设，提升学校的发展水平，为不断发展校园文化打下坚实的基础。

特殊教育课程领导也对人与人之间的互动产生重要影响，是三类特殊教育学校校园文化演变与发展的关键因素，影响特殊教育学校课程开发的进程和具体方式。特殊教育课程领导是特殊儿童的教育需求，同时对教师的专业发展和专业自主性的调动、特殊教育学校校园文化氛围的建设与改善、学校成员之间的团结都有很重要的意义。

第二节
特殊教育课程领导的结构

一、主体与权责分配

(一)我国三级课程管理

2001 年，教育部颁布了《基础教育课程改革纲要(试行)》，在总结以往课程管理改革的经验与教训、继承已有改革成果的基础上，明确提出要"实行国家、地方、学校三

---

① 朴永馨:《特殊教育辞典(第 3 版)》，32 页，北京，华夏出版社，2014。

级课程管理"。国家、地方和学校在课程管理中拥有各自的权力和应该承担的责任：教育部是国家一级课程管理的职能部门，主要负责国家课程计划、课程标准等宏观方针政策的制定，并监督地方和学校贯彻这些方针政策；地方教育行政部门作为地方一级课程管理职能部门，既要严格地执行国家课程计划、课程标准等宏观方针政策，根据地方实际情况与发展需要，为落实国家课程标准制定具体的方案并开发好地方课程，又要指导学校合理地实施地方制订的课程计划；学校的课程管理包括有效实施国家、地方课程以及合理开发校本课程（如表 7-1 所示）。

表 7-1　国家、地方、学校三级课程管理①

国　　家	地　　方	学　　校
· 制订课程计划和国家课程标准 · 制定教材编写、审查与选用的政策，并组织审定基于课程标准编写的教材 · 制定地方和学校的课程管理指南 · 负责审议地方课程的开发方案 · 制定基础教育课程的评价方案 · 监督国家有关课程政策的执行情况并组织全国性测验 · 根据教育改革和发展需要修订课程文件	· 制订本地课程计划和实施方案 · 组织审议学校课程实施方案，指导学校具体实施国家/地方课程、选用教材及开发校本课程 · 开发地方课程 · 为学校课程实施与开发提供服务，帮助学校解决教育中的问题 · 对本地课程实施、评价与考试等情况进行监控 · 整合社会的课程资源，引导各种社会力量参与课程开发与管理 · 加强教材、教辅用书及其他教学材料的使用管理 · 组织教师培训	· 制定学校课程实施方案 · 选用通过审查的教材 · 开发校本课程 · 对课程计划实施、教学、评价与考试、课程资源开发与利用等方面进行自我监控 · 建立教师、学生、家长及社区代表参与学校课程管理的机制 · 组织校本培训，建立以校为本的教研制度 · 为教师教学、学生学习等提供服务

　　《基础教育课程改革纲要（试行）》指出："学校在执行国家课程和地方课程的同时，应视当地社会、经济发展的具体情况，结合本校的传统和优势、学生的兴趣和需要，开发或选用适合本校的课程。""学校有权力和责任反映在实施国家课程和地方课程中所遇到的问题。"从以上表述可以看出，学校在有效实施课程、实现国家课程目标中的地位受到重视。该文件将国家在课程管理中的职责划定在总体规划基础教育课程、制定基础教育课程管理政策、确定国家课程门类和课时等宏观管理方面。

---

　　①　教育部基础教育司、教育部师范教育司：《新课程的领导、组织与推进》，27 页，北京，高等教育出版社，2004。

1. 国家

从决策形式来看，国家课程不宜采取单纯的自上而下的决策方式，而应为学校自主、创造性地实施课程留出空间，这可以增强教师对国家课程的认同感和责任感，使教师全身心地为实现课程目标努力。从这个意义上讲，国家的课程管理应该体现课程实施的客观规律，尊重学校和教师的主体性和创造性，从而增进学校和教师对国家课程的认同和理解。需要说明的是，绝不能否定国家在课程管理中的作用，也不能降低国家课程的质量水平。

另外，从世界各国课程管理改革的趋势看，原先非常注重学校和教师在课程管理中的自主权的国家也开始通过制定国家课程标准、提高国家课程质量水平等措施来提升国家在课程管理中的地位。例如，在英国，国家课程的制定经历了困难的选择和平衡，其主要目的最终指向促进学校的工作，提高学生的学业成就水平，提升教育质量，扩大学校依据学生和地区需要开发校本课程的自主权。[①] 这个例子极好地说明了国家在课程管理中的作用是不容忽视和否认的。国家要更好地体现自身在课程管理中的地位和作用，就要调动学校和教师的积极性，学校和教师的积极性发挥得越好，国家在课程管理中的作用就越积极。同时，国家课程是国家教育行政部门统一规定的课程，它的质量水平在一定程度上决定了一个国家基础教育的质量。国家的课程管理在保证国家课程具有较高质量方面负有不可推卸的责任。

2. 地方

就地方在课程管理中的作用而言，我国地方教育行政部门长期以来一直作为国家教育行政部门的延伸存在，它其实代表国家行使课程管理的权力，其课程管理任务集中于控制与监督学校的课程实施过程，其课程管理目标体现为对学校实施课程结果的评价。我国基础教育课程改革要求地方在课程管理中既要严格执行国家课程标准，制订适合本地社会、经济发展实际情况和需要的课程计划，又要开发地方课程。应该说，地方在课程管理中的作用并不只是组织力量开发地方课程，还应重视为国家课程的实施和校本课程的开发提供支持和服务。

一方面，地方教育行政部门一旦离开学校，就不可能严格执行国家课程计划、课程标准等方针政策，也无法制订出适合本地实际的课程计划和课程标准，开发具有地方特色的课程；另一方面。在课程总体目标上，地方课程与国家课程是一致的，地方课程的重要意义在于创造性地实施国家课程，而不应是独立于国家课程的一种课程形态。如果强调地方教育行政部门在课程管理中严格执行国家课程标准的职能，则容易使地方教育行政部门的课程管理停留在对学校的控制和监督层面，尤其是频繁地对课

[①]　钟启泉、张华：《世界课程改革趋势研究（上、中、下卷）》，370～371 页，北京，北京师范大学出版社，2001。

程实施的结果进行评比，把学校的主要精力引向应付上级的各种检查。

因此，要防止在打破国家统一的课程后形成地方统一的课程。① 从世界各国课程管理政策的改革趋势看，削减地方教育行政部门在课程管理方面的权力是一种较普遍的改革方向。这种改革主要是通过加强国家和学校在课程管理中的作用间接地实现的，而不是直接收回地方在课程管理中的权力。② 当地方教育行政部门在课程管理方面的权力比较有限时，其就必须转变观念，适应新课程的要求，为学校提供服务和支持。在我国，地方教育行政部门在课程管理中应侧重于对学校课程实施和开发过程的引导，把主要精力放在课程资源的开发与统整上，鼓励学校在创造性地实施国家课程的同时寻求学校课程的发展途径，并改革学校课程实施效果评价的制度和方法。同时，地方教育行政部门要发挥好自身在课程管理中的服务和指导作用，必须积极寻求与学术行为的有机结合。③

3. 学校

学校是课程实施的主要场所，也是课程问题最集中和突出的场所，由学校自己处理这些问题不但及时、方便，也能够很好地满足学校和学生的实际需要。同时，教师是课程的真正实施者，他们的积极性和能动性是影响课程实施效果的重要因素。④ 学校对于国家课程的实施应该超越绝对的"严格执行"的意义，着力于国家课程的创造性实施。事实上，那种绝对的"严格执行"是不可能的，也是不存在的。理想的课程与实际执行的课程之间的差距总是客观存在的。

林一钢、黄显华认为课程领导可以通过两条途径来进行：一是对课程开发技术的领导；二是对课程文化的领导，主要为转变学校原有的陈旧的基本假定，形成新的教师观、学生观、知识观、学习观、教学观等，改组与改造学校组织，进而促进教师的专业发展，提高课程开发的质量。基于此，他们建构了学校课程领导的分析模型（如图7-1 所示），试图全面刻画学校课程领导的要素及相互关系。⑤

(二)特殊教育学校课程领导的相关人员

1. 校长

课程领导强调具有影响力的个人或集体在课程开发研制、实施、评价及改革活动中引发、指引、统领和带动一个课程共同体实现课程改革与发展的目标。⑥ 研究肯定了

① 成尚荣：《地方课程管理和地方课程开发》，载《教育研究》，2004(3)。
② 黄嘉雄：《学校本位管理制度比较研究》，304 页，台北，五南图书出版公司，2001。
③ 李定仁、段兆兵：《试论课程领导与课程发展》，载《课程·教材·教法》，2004(2)。
④ 施良方：《课程理论：课程的基础、原理与问题》，146 页，北京，教育科学出版社，1996。
⑤ 林一钢、黄显华：《课程领导内涵解析》，载《全球教育展望》，2005(6)。
⑥ 许占权、孙颖：《课程领导及其实践意义分析》，载《当代教育论坛》，2006(22)。

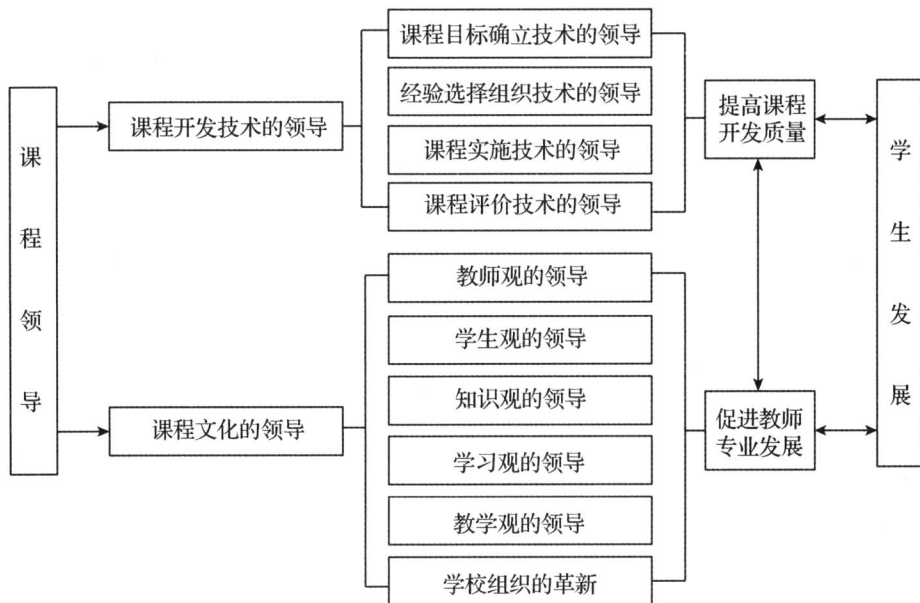

图 7-1　学校课程领导分析模型

校长在学校课程发展中的重要作用。一些研究资料显示，即使在最佳的教师领导模式中，也只有当校长不断地提供必需的领导时才能使教学发挥最大的作用；校长具备积极主动的引导风格是有效课程实施得以保证的重要原因。[①]　在课程改革中，我国中小学校面临许多新课题，校长应该突破行政领导的思维模式，积极履行学校课程领导的职责。

（1）课程开发和实施的发动者

校长作为学校的灵魂人物，不仅其专业知识和能力水平对学校的发展具有至关重要的作用，而且其个性特征、道德修养等人格因素也与学校文化的形成和发展有密切的关系。在课程改革的过程中会出现一些前所未有的问题，教师很可能由于多种原因而不能正确地认识问题，甚至在思想和行为上有拒斥的倾向。有学者指出，在课程改革过程中，校长是教育理想家，应清楚地沟通理想目标以获得认同，尤其当教师还不能领会课程改革的意图和价值时，校长应扮演倡导者的角色。[②]　在我国的课程改革中，校长应当走在思想转变的最前面，全面且深刻地学习新的课程理念，并运用自身的影响力激发教师践行新课程理念的意愿和使命感，形成课程改革的良好氛围。

（2）课程开发和实施的支持者

学校的课程开发和实施离不开校长的支持。具体而言，校长应做好以下五个方面

---

① ［美］Allan A. Glatthorn：《校长的课程领导》，27～28 页，上海，华东师范大学出版社，2003。

② 台湾海洋大学师资培育中心：《课程领导与有效教学》，22～32 页，北京，九州出版社，2006。

的工作：第一，与教师共同制订详细的计划和步骤，使课程开发、实施和评价能够顺利进行；第二，积极改革和建立相应的组织机构和规章制度，鼓励并保障教师参与课程开发、实施和评价；第三，鼓励教师开展研究和学习，为教师进修创造良好的条件和氛围；第四，及时提供相关信息，并保障信息沟通渠道畅通；第五，积极筹措经费，疏通社会关系，为课程开发和实施提供物质保障。

（3）课程开发和实施问题的研究者

课程的具体开发、实施和评价过程与事先制订的计划不可能完全一致，出现问题也很正常。在课程开发前，校长应该带头学习课程的新理论，并了解当前重要的课程研究问题以及未来课程研究与发展的趋势。在课程开发和实施过程中，校长应能敏感地发现其中的问题并分析原因，将一些典型问题整理出来并设立学校研究课题，带头参与研究，寻求解决途径。在课程实施结束后，校长要带领相关教师共同总结经验教训，进一步提高教师课程开发和实施的水平。

总之，在权力共享的领导模式中，校长发挥的是释放教师创造力的作用而不是控制作用。例如，对于大胆尝试课程改革的教师，校长应该保护其积极性，使其不要承受过大压力（如因改革而招致他人的误解或批评）。

2. 课程主任

课程主任的课程领导在特殊教育学校课程建设中起着统筹规划、承上启下的作用。课程主任应根据学生的实际情况、当地教育环境及学校发展现状，以一学年或一学期为一个周期，对某一年级的某一学科课程进行合理分析和整合。课程主任在特殊教育课程领导中发挥着中流砥柱的作用，是特殊教育学校课程开发、实施和评价的重要领导者。课程主任应提高自身研究、支持与服务的水平，把握课程实施的过程与质量。课程研讨的内涵与核心是引导特殊教育教师提高对课程的理解、规划、开发和执行水平。

课程主任的主要职责包括：①制订课程开发计划，提出课程开发的目标或标准；②收集、整理和提供课程开发所需要的重要学习材料和学习活动案例，为教师开发、实施课程提出框架性建议；③了解学生和教师在课程实施中的真实情况，并提出改进方案；④听取教师和学生的建议，拟订课程评价方案；⑤组织研讨会，分享教学和学习经验。

3. 教师

特殊教育教师是课程实施的一线人员，对学生能否适应课程、能否掌握课程以及学生对课程的评价有最清晰、最直接的了解和认识。因此，教师在特殊教育课程领导中扮演重要角色，不能因为教师是一线人员而忽视其专业自主性和创新性，他们能为特殊教育学校课程开发与改革提出宝贵意见和建议。教师专业能力的高低与其课程领导力密切相关，要提升教师的课程领导力就必须强化教师的专业能力。教师作为学校中的重要人力资源，其内在发展是学校发展之源。

教师要提高自身主动学习的意识和愿望，结合自己教授的学科，自觉学习先进的教育理论和课程理论。学校应积极开展文化建设，营造学习氛围，鼓励教师参与校本课程的开发及学校课程的决策等活动，在不断的学习与反思中，教师能提升自身的专业能力，同时为学校课程改革发展寻找切入点。教师也应积极与其他教师进行经验交流，分享成功经验，总结反思，共同提高。学校应鼓励教师之间的合作和相互支持，通过"青年教师导师"等制度帮助新教师尽快成长，定期举办有关活动，如课程开发、实施和评价的经验交流会。教师还应通过研究课题在问题解决过程中不断进步。斯滕豪斯提出教师即研究者，教师不仅要熟悉教学，还要精通教研，这可以使教师进行自主的专业判断，使教师不仅是经验和技术的传授者，还是真正的教育行家。

4. 家长及其他人员

在特殊教育课程领导中，鉴于特殊教育对象的复杂性与特殊性，家长是不可或缺的人员之一。根据特殊儿童的评估与诊断结果，教师、家长、社工、医生、康复治疗师等组成小组，专门为特殊儿童制订个别化教育计划和长期与短期的课程教学计划。家长是特殊儿童的监护人，最了解特殊儿童的知识能力和教育需求，因此家长是必不可少的课程领导者。其他人员包括学校的后勤人员和医生、社区工作人员以及医疗机构的康复治疗师等，他们是特殊儿童在适应社会、提升技能的过程中最频繁接触的人员。具体而言，家长及其他人员的主要职责是：①根据学校、教师提出的目标开发家庭、社区的实践活动课程，制订具体的活动计划；②确定实践活动课程的教学组织形式；③组织实践活动课程团队；④开展实践活动的校内评价、家庭内部评价及社区评价，明确实施效果，提出改进方向。

5. 校外咨询与合作组织

学校课程的开发实施不但需要积极争取相关专业研究机构（如大学）的支持，还需要寻求更加广泛的合作伙伴。这些校外组织可以为学校提供以下帮助：①对教师进行有针对性的培训，让他们掌握课程理论和先进的教学方法，提升教师参与课程发展和决策所必需的能力素质；②指导开展大量的研究和示范活动，既帮助解决学校课程与教学中存在的问题，又帮助提高教师的专业化水平；③提供课程开发和实施的成功经验，介绍可以推广的模式。

二、特殊教育课程领导力的内容

目前学者对领导力主要从能力、影响力、权力三个角度进行定义。从这三个角度综合理解，特殊教育课程领导力是指具备适当的个人能力和特殊教育相关专业能力的课程领导者在不同场合使用不同权力或非权力因素，影响和引领他人实现目标的能力。

特殊教育课程领导力可分为课程教学领导力、道德素质领导力、专业发展领导力、价值信念领导力和公共关系领导力五大方面（如图 7-2 所示）。

(一)课程教学领导力

特殊教育学校的核心工作是教育教学，其他所有活动都从属于这一核心。课程教学领导力包含两方面的要求，一是领导课程建设，二是推动教学发展，这是特殊教育课程领导力的核心。一般而言，教师通过自己掌握的与课程

图 7-2　特殊教育课程领导力的五大方面

和教学相关的知识、技能，直接或间接地参与学校的教学实践，与同事共同设立符合本校特色的课程目标，创设支持性教学环境，推进自身教学和专业发展，增进学生的学习效能，顺利实现学校教学目标的能力被称为教学领导力。特殊儿童在身心发展的某方面存在障碍，学生在智力程度、生理障碍程度上的差异导致教师很难使用统一的教材与课程来教学。普通的教育设施、内容、方法不能满足特殊儿童的教育需求，特殊教育更加注重个别差异，并以行为矫正为辅，强调建设有针对性的综合化课程，鼓励多方参与教学合作等。

(二)道德素质领导力

特殊教育的对象多在社会生活中遇到种种障碍，特殊教育的责任之一是为他们争取平等的公民权利。因此，特殊教育教师不仅是教育者，而且是特殊儿童利益的代言人和维护者，为他们的成长和最终融入社会提供服务，并对此负有责任。道德素质领导力是特殊教育课程领导力的基础，特殊教育教师要学会发现特殊儿童有什么、能够做什么，而不是他们没有什么、不能做什么。成功的特殊教育应是一种高期望的教育，教师应对自己职业的意义和价值充满信心。

特殊教育是一项艰苦繁杂的工作，教师必须有很强的责任感和坚实的职业信仰。同时，职业道德对于特殊教育教师的专业化来说也十分重要。

(三)专业发展领导力

专业发展领导力要求特殊教育教师不但要有系统的知识，还要有针对性的知识来为教育对象提供合适的教育服务。特殊教育需要教育学、特殊教育学、心理学、社会学、医学等多学科参与，且这种参与不是各学科知识的简单相加，而是以特殊儿童的教育需要为中心进行高水平的整合，从而使特殊教育者能在此基础上为特殊儿童提供

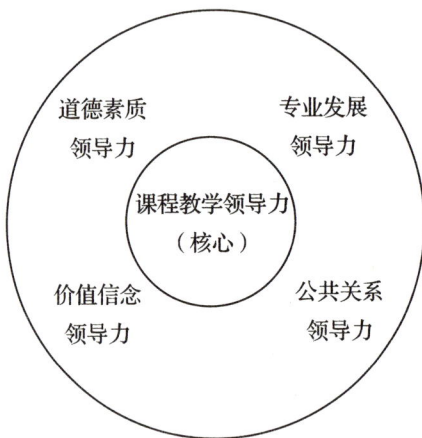

适当的教育，促进特殊儿童的身心发展。专业发展领导力是特殊教育课程领导力的基础，它要求从事特殊教育的校长、教师以及其他与特殊教育相关的人员在专业理念（专业态度、教育理念、专业道德）、专业知识（学科专业知识、教育理论知识、实践性知识）、专业能力（学科教学能力、教育科研能力、反思能力、课程能力）、专业伦理、自我专业意识等方面不断发展，内在专业结构不断更新、演进和丰富，以满足新形势对特殊教育的要求。

（四）价值信念领导力

价值是人基于一定的思维感官而做出的认知、理解、判断或抉择，也就是人认定事物、判别是非的思维或取向。信念指人们对自己的想法、观念、意识及行为倾向有强烈的坚定不移的确信与信任。在特殊教育课程改革中，领导者不仅要有一定的专业知识储备，也要有良好、健康的价值信念领导力，即基于个人的思维对特殊儿童与特殊教育做出适当的观念理解与价值判断，进而影响个人及他人教育行为的能力。

教育平等是人类社会平等的基础，朴永馨认为，特殊儿童首先是儿童，其次才是有些特点的儿童。[1] 在课程领导中，领导者要有正确的特殊儿童存在观、平等观、发展观及特殊教育观。价值信念领导力是特殊教育课程领导力的条件与支撑。只有对特殊儿童有正确看法，才能正确地对待他们；只有具有恰当的特殊教育观，才能准确地开展特殊教育工作。

（五）公共关系领导力

公共关系领导力指学校领导者通过加强与外部人员的交流和合作，与各界人士真诚沟通，建立和谐关系，以获得公众对学校的理解和支持，为学校争取更多、更优质的资源，从而促进学校的发展和学生的进步，有效地促进办学目标的实现。公共关系领导力是特殊教育课程领导力的条件与支撑，其面向的对象分为校外和校内两部分。校外公共关系主要是与教育行政部门、家长、社区之间的关系，校内公共关系主要是与其他领导、教师、学生之间的关系。学校领导者投身于公共关系实践，通过沟通交往与公众建立良好的关系，最终目的是实现办学目标，使学校获得成功。

---

[1]　朴永馨：《对残疾儿童的认识和特殊教育的发展》，载《江西教育科研》，1988(1)。

第三节
我国特殊教育课程领导的改革

一、特殊教育课程领导的问题

课程管理权力的下放，国家、地方、学校三级课程管理体制的实行，要求我国中小学必须自主解决课程开发、课程实施、课程评价等方面的问题。在学校课程管理中倡导课程领导理念，对教师的专业成长、学校的课程发展等都具有十分重要的意义。一些中小学在课程改革的过程中积极进行课程领导的实践探索，起到了推动学校课程发展的良好效果。例如，上海市曹杨第二中学在课程改革中根据课程领导理念，通过多年实践，探索出了"基于学生发展，切合学校实际，全员参与建设，重视教育价值"的课程实践模式。[①] 又如，上海市大同中学在课程改革方案校本化的过程中，积极倡导课程领导理念，总结出"美好的课程改革愿景必须与学校的文化相结合，理想的课程方案必须与学校的特点相融合"等宝贵经验。[②]

不过，应当承认的是，学校在实施课程领导的过程中还面临许多困难。余进利认为，目前我国中小学课程领导主要存在的问题有：校长在课程发展和领导方面的专业知识与能力不足，校长疏离课程与教学工作，学校组织和决策不良，校内人员参与专业发展的意愿不足，教育行政部门急功近利，等等。[③] 马云鹏等人对农村地区学校进行了研究，发现校长在课程领导方面还存在领导作用发挥得不够、领导方向失之偏颇及领导策略重教师而轻学生、重校内而轻校外等问题。[④] 阮莉洪从校长课程领导障碍因素的角度分析了课程领导的主要问题，认为课程政策制定不科学、校长自身课程领导能力不强、课程管理制度不够完善、课程领导团队文化没有形成凝聚力等是实践课程领导理念的主要障碍。[⑤]

除学校内部的原因外，还有课程管理体制方面的原因。在对我国中小学课程领导问题的反思中，许多学者认为我国的课程管理体制对学校课程领导有一定的制约和限制。钟启泉认为，在应试教育与课程改革理念冲突的背景下，课程领导面临许多困惑，

---

① 王志刚：《增强课程领导意识 提升课程领导能力》，载《上海教育科研》，2006(1)。
② 杨明华、郭金华：《加强学校课程领导的思考与实践》，载《课程·教材·教法》，2006(10)。
③ 余进利：《校长课程领导：角色、困境与展望》，载《课程·教材·教法》，2004(6)。
④ 马云鹏、王波、严劲松：《谈新课改下农村中小学校长的课程领导》，载《教育理论与实践》，2005(5)。
⑤ 阮莉洪：《校长课程领导的影响因素及其对策分析》，载《成都大学学报（教育科学版）》，2007(2)。

如"告状文化"的破坏性、应试的竞争性、功利追逐的劣根性、政策推进的断续性、权力分配的模糊性等。[1]他还指出，真正授权下放的课程权力并没有达到政策预期，中小学在夹缝中难以实现课程领导的内涵。[2] 因此，学校课程领导的改进不仅需要学校自身的努力，也需要良好、宽松的政策环境。这也要求今后的研究要关注课程领导与课程管理体制的关系。

综上所述，我国课程领导的主要问题可以概括为三个方面：一是教育管理体制和课程管理政策的不完善对于践行课程领导理念有制约作用；二是课程领导者、学校教师的专业能力有待提高；三是现有学校组织结构和组织文化对课程领导有阻碍作用。

二、改善课程领导的途径和措施

我国学者在这方面的研究大致有两个特色：一是从课程领导的角色和职责出发，重点从理论上探讨改善课程领导的途径和措施；二是结合实践研究，探索改善课程领导的有效方法和模式。

有学者提出，在校本课程发展的背景下，课程领导应在观念革新的同时，从远景创建、环境创设、教师专业发展、文化再生等方面积极实践。[3] 余进利认为，我国课程领导实践的改善既需要教育行政部门创造良好的条件，也需要校长提升课程发展方面的专业素质。[4] 张廷凯根据我国学校自身的状况，提出革新学校课程领导应该从学校的教育哲学和课程实施策略、学校课程与教学的整合、学校组织的重组和行为优化、评价制度和方式几个方面入手。[5] 骆玲芳、余进利结合一所实验学校的课程发展规划研究项目，从学校行政理念和行政策略两个方面提出了课程领导的改进措施。[6] 李朝辉、刘树仁主张学校课程领导要从"自在"走向"自为"，即从校长的自我完善和发展、学校内部环境的创设、寻求外部的支持与帮助等方面努力。[7] 赵同友从学校制度改革方面提出了改进课程领导的建议，如创建教师交流平台、营造合作性学习共同体、形成课程发展的稳定模式等。[8] 邹尚智从校长对校本课程发展的重要作用出发，认为应该通过制定校本课程发展规划、重建学校的组织结构和文化、提升教师的课程理论素养、鼓励教师开发高质量的校本课程以及把握好课堂教学质量等策略改进课程领导。[9]

---

[1] 钟启泉：《从"行政权威"走向"专业权威"——"课程领导"的困惑与课题》，载《教育发展研究》，2006(7)。
[2] 钟启泉：《从"行政权威"走向"专业权威"——"课程领导"的困惑与课题》，载《教育发展研究》，2006(7)。
[3] 靳玉乐、赵永勤：《校本课程发展背景下的课程领导：理念与策略》，载《课程·教材·教法》，2004(2)。
[4] 余进利：《校长课程领导：角色、困境与展望》，载《课程·教材·教法》，2004(6)。
[5] 张廷凯：《革新课程领导的现实意义和策略》，载《课程·教材·教法》，2004(2)。
[6] 骆玲芳、余进利：《课程领导：引领学校走向卓越》，载《教育发展研究》，2004(9)。
[7] 李朝辉、刘树仁：《从"自在"走向"自为"：校长走向课程领导的策略》，载《教育科学研究》，2006(12)。
[8] 赵同友：《学校课程领导的构建方式与职责》，载《现代中小学教育》，2006(12)。
[9] 邹尚智：《论中小学校长校本课程领导的功能和策略》，载《课程·教材·教法》，2007(1)。

本章小结

本章主要从特殊教育课程领导的概念、结构、改革三大方面对课程领导这个新兴概念在特殊教育视角下进行介绍。特殊教育课程领导决定特殊教育课程改革和课程实施的主要方向，掌握特殊教育课程的权力。特殊教育课程领导的主体，除了宏观层面上的国家、地方、学校三级课程管理，还包括微观层面上的校长、课程主任、教师、家长及其他人员、校外咨询与合作组织等特殊教育相关人员。特殊教育课程领导力可分为课程教学领导力、道德素质领导力、专业发展领导力、价值信念领导力和公共关系领导力五大方面。通过反思我国特殊教育课程领导改革中出现的问题，提出了改善的途径和措施：完善教育管理体制和课程管理政策；提高课程领导者、学校教师的专业能力；改进现有学校组织结构和组织文化对课程领导的作用。

思考题

·单项选择题

1.( )的课程领导在特殊教育学校课程建设中起着统筹规划、承上启下的作用。

A. 学校　　　　 B. 校长　　　　 C. 课程主任　　 D. 教师

2. 决定特殊教育课程改革和课程实施的主要方向，掌握特殊教育课程的权力的是( )。

A. 特殊教育课程领导　　　　 B. 学校公共设施建设

C. 教师专业能力提升　　　　 D. 课程信任的管理

3. 下列不属于特殊教育课程领导力的是( )。

A. 课程教学领导力　　　　 B. 道德素质领导力

C. 专业发展领导力　　　　 D. 学校领导力

4. 下列说法不正确的是( )。

A. 校长与课程领导之间关系是最密切的

B. 校长是课程实施的一线人员

C. 校长的课程领导力是校长领导力的核心

D. 校长的课程领导力是其最重要的技能之一

5. 2001 年颁布的《基础教育课程改革纲要(试行)》在课程管理方面制定的改革目标是( )。

A. 设置综合课程

B. 转变学生的学习方式

C. 体现课程结构的均衡性和选择性

D. 形成国家、地方、学校三级课程管理

6.（　　）不是校长积极实践学校课程领导的职责。

A. 课程开发和实施的发动者

B. 课程开发和实施的支持者

C. 课程开发和实施的服务者

D. 课程开发和实施问题的研究者

· **简答题**

1. 简述特殊教育课程领导在教育实践中的作用。

2. 简述我国课程领导出现的主要问题。

3. 简述特殊教育课程领导研究的内涵。

4. 简述校长如何做好课程开发和实施的支持者。

· **论述题**

1. 论述我国进一步完善三级课程管理体制对特殊教育课程领导的意义。

2. 论述课程主任的课程领导职责。

3. 论述课程领导与课程管理的联系和区别。

4. 论述我国课程领导研究的基本历程。

本章阅读资料

[1]余进利 . 课程领导研究[M]. 上海：上海教育出版社，2009.

[2]靳玉乐 . 学校课程领导论：理论研究与实践探索[M]. 北京：人民教育出版社，2011.

[3]刘峰峰，成勇 . 为教育涂色：园长课程领导力的提升[M]. 北京：北京师范大学出版社，2017.

[4]钟启泉 . 现代课程论（新版）[M]. 上海：上海教育出版社，2003.

第八章

特殊教育课程研究与改革的趋势

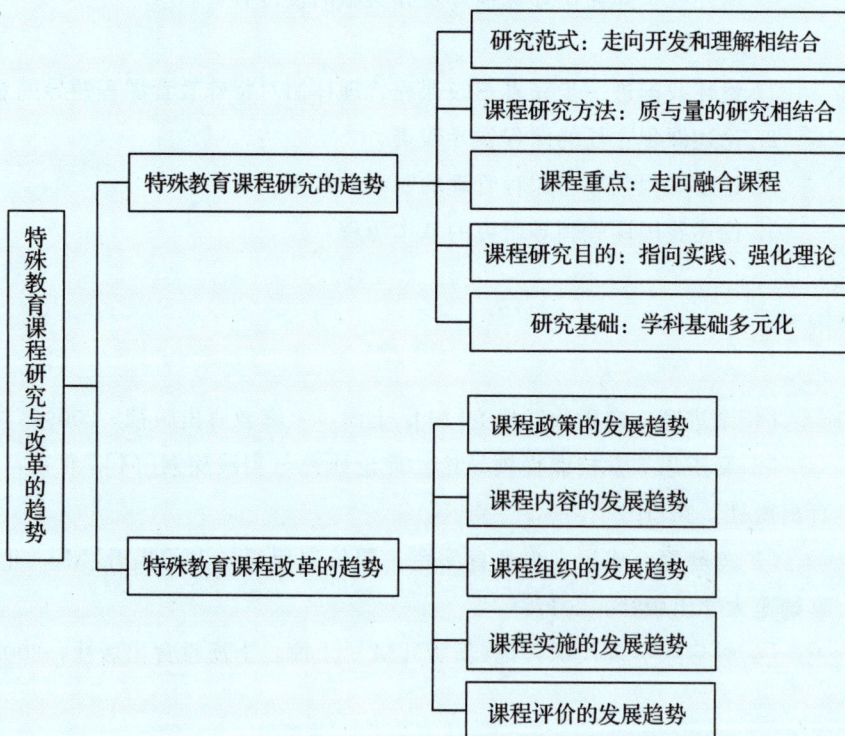

特殊教育课程研究与改革的趋势
- 特殊教育课程研究的趋势
  - 研究范式：走向开发和理解相结合
  - 课程研究方法：质与量的研究相结合
  - 课程重点：走向融合课程
  - 课程研究目的：指向实践、强化理论
  - 研究基础：学科基础多元化
- 特殊教育课程改革的趋势
  - 课程政策的发展趋势
  - 课程内容的发展趋势
  - 课程组织的发展趋势
  - 课程实施的发展趋势
  - 课程评价的发展趋势

课程作为一个专门的研究领域已有许多年的发展历史，特殊教育课程亦是如此。回顾历史，展望未来，特殊教育课程领域有怎样的发展趋势？世界特殊教育课程改革有哪些基本趋势？中国未来的特殊教育课程改革怎样才能既体现时代精神又具有国际视野？本章就这些问题进行探讨。

学习目标

①掌握特殊教育课程研究领域的基本发展趋势。
②了解世界特殊教育课程改革的基本走向。

第一节
特殊教育课程研究的趋势

一、研究范式：走向开发和理解相结合

1959 年，科学哲学家托马斯·库恩于《必要的张力：科学的传统和变革论文选》中最早提出了"范式"这一概念，并在 1962 年出版的《科学革命的结构》一书中对范式进行了详细论述："一方面，范式代表某一科学共同体的成员所共同分享的信念、价值、技术及诸如此类东西的集合；另一方面，范式指集合中的一种特殊要素——作为模型或范例的具体解决问题的方法……凡是具备这两个特点的科学成就，此后我就称为范式。"[①]

有学者认为课程开发范式已经终结，课程理解范式取而代之。其实，课程实践总是借助于某种形态的课程，而这些课程在很大程度上都是课程开发的结果。应将开发的课程置于更加广阔的社会、政治、经济、文化、种族背景中，使个人精神世界与课程文本联系起来，探询课程的深层意义，从而建构起个体生命意义。因此，开发与理

---

① Thomas S. Kuhn, *The Structure of Scientific Evolutions*, Chicago, Illinois, The University of Chicago Press, 1962, pp. 10, 175.

解相结合是特殊教育课程研究未来的走向。当然，对带有相对主义色彩的课程研究应适当予以限制，以避免特殊教育课程理论的普遍价值受到削弱。

二、课程研究方法：质与量的研究相结合

（一）实证研究

实证研究是基于事实和证据的研究，强调用科学的方法获得科学的数据，得出科学的结论，且接受科学的检验。[①]

在特殊教育中，教育研究方法是决定教育研究质量的关键因素。[②] 教育研究的主要目的是了解、掌握特殊儿童的身心发展及教育情况，从而探索出促进特殊儿童身心发展的方法和途径，最终弥补特殊儿童的缺陷，发展他们的潜能。正是在这种研究取向的引导下，实证研究在特殊教育中变得愈发重要。有学者指出应转变我国教育研究长期以来"重思辨、轻实证"的倾向。[③] 2017 年，教育实证研究联席会议发布了"加强教育实证研究"的行动宣言[④]，指出提升教育研究质量和影响力的主要方式是加强实证研究，促进研究范式转型[⑤]。在实证研究中，特殊教育研究者使用较多的是实验研究、问卷调查和干预研究等方法。以实证主义范式为基础的量化研究以追求数量化、准确性、可比较、可验证、可推广的特色占据绝对的主导地位。当前对更加精细化的量化研究的呼唤迎合了特殊教育发展的需要。[⑥]

（二）质性研究

量化研究以"科学—实证"为主，将教育活动中的"人"当作物理事物，这样就无法深入了解研究者，研究所得到的结果较为表面。于是，质的研究范式开始受到人们的关注，在特殊教育研究中展现出蓬勃发展的势头。

质的研究以研究者本人为研究工具，在自然情境下采用多种资料收集方法对社会现象进行整体性探究，使用归纳法分析资料、形成理论，通过与研究对象的互动对其行为和意义建构获得解释性理解。[⑦]

---

① 华东师范大学教育学部：《加强教育实证研究，华东师范大学行动宣言发布》，载《教育学报》，2017(1)。

② 侯怀银：《教育研究方法》，2 页，北京，高等教育出版社，2009。

③ 刘选：《实证研究怎么做：让研究者困惑的地方——来自华东师大第二届全国教育实证研究论坛的启示》，载《现代远程教育研究》，2017(3)。

④ 华东师范大学教育学部：《加强教育实证研究，华东师范大学行动宣言发布》，载《教育学报》，2017(1)。

⑤ 戚务念：《论中国教育研究的实证转向》，载《四川师范大学学报(社会科学版)》，2017(4)。

⑥ 吴春艳、罗娜、秦艳芳：《论特殊教育研究方法的发展特点及趋势》，载《四川民族学院学报》，2015(4)。

⑦ 陈向明：《质的研究方法与社会科学研究》，6、12、22 页，北京，教育科学出版社，2000。

建构主义及后现代主义思潮对特殊教育的发展产生了重要影响，引发了社会对于特殊教育、残疾人士的思考。以建构主义为基础的质的研究立足于多元的社会文化与批判主义的视角，采用具有归纳性质的观察与田野考察等手段对现象进行描述与解读，在此基础上形成一般性的概念联系或理论模式，其研究对象主要为宏观的社会和残疾群体以及中观的学校机构等。质的研究范式在特殊儿童发展和教育工作中具有非常独特的意义，主要表现为质的研究与特殊儿童发展的内在适应性。[1] 研究者亲自参与儿童生活，长期深入体验并记录儿童的行为表现；作为现场参与者，研究者把自己作为研究工具，通过与儿童的接触、对儿童的观察和聆听等，直接触碰儿童的内心世界，以自然的方式在自然状态下收集资料。特殊教育研究应该更多地借鉴质的研究方法，描述残疾群体的生存状况，使他们更好地融入社会生活。质的研究方法虽然不如量的研究精确，但它人性化、自然化的研究过程以及基于价值基础的研究理念为特殊儿童发展研究开拓了广阔的天地。

(三)质与量的研究相结合

虽然质性研究在一定程度上可以弥补量化研究的不足，但它并不是完美的，自身也存在一些不足，而量化研究恰好可以弥补这些不足。随着教育研究不断进步，研究者意识到量化研究与质性研究并不是相互对立、非此即彼、相互冲突的。只有将量化研究与质性研究有效结合起来，才能真正提升特殊教育课程研究的质量。罗生全认为，唯传统的思辨研究和唯科学控制的量化研究都不能最大限度地研判课程理论未来发展的脉络，必须要加强两者的有机融合，只有这样才能更好地推动课程理论的体系化建构。[2] 在教育研究中，任何一种研究方法都有自身的局限性，对于特殊教育研究来说更是如此。特殊教育研究应该走向多元的研究范式，即在坚守实证科学精神的同时纳入建构主义和人文主义情怀。[3] 随着特殊教育理论与模式的深入发展，特殊教育的研究方法也受到跨文化及现代教育技术手段等的影响。特殊教育研究应打破以假说—验证的演绎为主的实证主义话语霸权，同时不能盲目崇拜建构主义和后现代主义的权威；在坚持实证科学精神的同时融合人文主义情怀，进一步提高特殊教育研究的水平。

三、课程重点：走向融合课程

融合课程是普通学校为满足所有学生的学习需求、学习风格及文化背景等多方面

---

① 杜晓新：《试论特殊儿童心理学研究的特点与方法》，载《心理科学》，2002(5)。
② 罗生全：《70 年课程研究范式的回顾与展望》，载《湖南师范大学教育科学学报》，2019(3)。
③ 杨小微：《科学化的梦想与回声——基于反思的教育实验观重建》，载《华中师范大学学报(人文社会科学版)》，2008(3)。

的差异而设计的弹性的、相关的、可调整的综合课程体系。① 随着经济、社会、文化的不断发展，融合课程逐渐成为特殊教育课程研究的热点。过去融合课程更关注义务教育阶段，随着义务教育阶段融合课程不断完善，融合课程研究的重点不断向早期教育与高等教育两个方向延伸。

(一)早期教育融合课程

无论是超常儿童还是各类残疾儿童，早期发现、早期诊断与早期干预都能促进其智力和心理的发展，因此早期教育的融合课程受到世界各国的重视。1994 年，联合国教科文组织在世界特殊教育大会上颁布了《萨拉曼卡宣言》，明确反对隔离和歧视，强调特殊儿童有权接受平等的教育，应该为他们提供"最少限制环境"，使其可以和普通儿童一起学习。② 早期融合教育是把有发展障碍的 3～6 岁幼儿与普通幼儿安置在同一个教育环境，并为其提供特殊支持与服务，使特殊教育与普通教育融为一体的教育形式。③我国也出台了相关政策和文件支持早期融合教育的发展，《特殊教育提升计划(2014—2016 年)》明确提出："各地要将残疾儿童学前教育纳入当地学前教育发展规划，列入国家学前教育重大项目。支持普通幼儿园创造条件接收残疾儿童。"《第二期特殊教育提升计划(2017—2020 年)》提出："支持普通幼儿园接收残疾儿童。"从特殊儿童的身心发展出发，注重特殊儿童的早期教育，加强对特殊儿童早期教育的课程开发与研究，应是特殊教育课程研究发展的方向。

(二)高等教育融合课程

随着融合教育不断完善，越来越多的残疾学生进入高校接受教育。世界各国也陆续颁布法案，保障残疾学生的教育权利。部分国家通过相关法律保障残疾人的受教育权和就业权，残疾学生进入高校的比例逐年增加。④ 例如，从 1973 年颁布《康复法案》到 2004 年颁布《障碍者教育促进法》，美国从法律的角度保障了障碍者的受教育权，其中包括接受高等教育的权利。⑤英国于 2001 年颁布了《特殊教育需要与障碍法案》，明确提出高等教育机构应保证残疾学生不受歧视，不受到不当对待，以及必须为其提供合

---

① 赵勇帅、邓猛：《西方融合教育课程设计与实施及对我国的启示》，载《中国特殊教育》，2015(3)。

② UNESCO，"Final Report. World Conference on Special Needs Education：Access and Quality，"Salamanca Spain，1994.

③ 刘敏、李伟亚：《学前融合教育中 IEP 实践模式的探索——基于一所公立幼儿园的融合教育个案研究》，载《幼儿教育》，2014(1-2)。

④ 茅艳雯、马红英：《发达国家残疾人高等教育研究综述》，载《中国特殊教育》，2010(3)。

⑤ J. W. Madaus，S. F. Shaw，"The Impact of the IDEA 2004 on Transition to College for Students with Learning Disabilities，"*Learning Disabilities Research & Practice*，2006，21(4)，pp. 273-281.

理的支持。① 20 世纪 80 年代，我国残疾学生高等教育起步，至今仍在不断发展。这让越来越多的残疾学生有机会进入高校接受教育，但高等教育融合课程的实施仍然存在不足。为了保证高等教育融合课程的质量，英国政府颁布了多部法案，如 2005 年的《反歧视法案》，2006 年的《公平法案》，还有更早的《种族关系法》和《就业公平条例》等。高等教育课程的融合成为当今特殊教育研究的重点内容之一。

四、课程研究目的：指向实践、强化理论

一个好的课程研究要做到指向实践、强化理论。也就是说，课程研究不仅要关注课程的实践，还要重视课程理论的探讨。好的课程理论能够正确地指导课程实践，并产生良好的效果。课程理论可以解释、审视和概括课程实践中产生的各种现象以及它们之间的关系。另外，真正的课程理论并不是凭空捏造的，虽然有时会借助假设、思辨和较为抽象的思维，但这种假设和抽象也是建立在现实课程实践基础上的。课程研究建立在特定的基本理念基础上，一方面要坚持理论探究，不能只停留在经验层面，而要深入揭示课程现象中的一般规律，不断地提高课程研究的科学水平，建立和完善课程理论体系；另一方面要密切关注课程实践，为课程实践提供理论依据，在课程实践中进一步完善和丰富课程理论，使两者相互促进、和谐统一。②

五、研究基础：学科基础多元化

特殊教育研究的主体为特殊儿童，特殊儿童群体的最大特点是多样性与差异性，特殊儿童的发展与医学、社会学、哲学、心理学息息相关。这也就意味着特殊教育研究不能故步自封，只局限于自己的圈子。心理学、社会学和人类学成为独立学科后，为特殊教育研究提供了新的革命性研究视角。③ 多学科融合的典型途径有三条。第一，寻找焦点，建立融合。也就是运用两种以上的方法与观点分析同一个特殊教育问题。第二，相互启发，挖掘共源。特殊教育通过提问为相关学科开辟新的研究领域，相关学科同样把自己的问题提供给特殊教育，双方提供新视角和方法论，共同成长。第三，扩大领域，灵活运用。以特殊教育问题为核心，使不同的学科范式在特殊教育研究中

---

① L. Maudslay, "Policy Changes in Post-School Learning for People with Disabilities and Learning Difficulties and the Implication for Practice,"*Support for Learning*，2003，18(1)，pp. 6-11.

② 闫飞龙：《课程研究范式及其发展趋势》，载《教育考试》，2011(4)。

③ S. L. Odom，E. Brantlinger，R. Gersten，R. H. Horner，et al.，"Research in Special Education：Scientific Methods and Evidence-Based Practices,"*Exceptional Children*，2005(71)。

融合，为学科的整合提供更多的可能性。① 每门学科都有自身的特点，在特殊教育研究中引入其他学科时不能生搬硬套，而应该从特殊教育的学科视角引入其他学科的研究方法，与其他学科相互补充、相互合作，从而深化、促进特殊教育研究的发展。

总之，没有哪一门学科的研究方法是完美的、可以解决所有问题的，也没有哪一门学科的研究方法是无用的。正如哲学发展的观点，新事物的产生发展是建立在旧事物的基础上的。因此，我们应辩证地看待每一门学科的研究方法，抛弃"无用不学"的想法，况且我们对"无用"和"有用"的判断不一定是准确的。我们应避免受到功利主义的影响，要反思教育，特别是要反思特殊教育中"特殊"与"教育"的内涵。

第二节
特殊教育课程改革的趋势

一、课程政策的发展趋势

在过去一段时间里，许多国家相继进行了特殊教育课程改革。实践经验表明，任何改革都以统一认识，建立起系统全面、从上至下、覆盖整体的制度，进行国家顶层政策设计为第一步。要想进行深度且持续的特殊教育课程改革，就必须有国家政策的推动。从实质上讲，课程政策的平衡是一个不断调整的过程、是一个动态的过程，各国都在寻找国家、地方和学校之间的平衡。总结各国进行的特殊教育课程改革实践，可以看出在改革过程中政策发展有如下趋势。

第一，课程政策的变化是为了应对发展过程中来自各个方面（经济、社会、政治、科技、文化）的挑战。课程政策的核心是人才培养目标，而课程政策的制定又以社会的发展需要和人的发展需要为依据，且伴随其发展进行变革。特殊教育课程政策在制定与实施的过程中，应不断寻求与社会的发展需要和人的发展需要相适应的目标指向。在制定特殊教育课程政策的过程中，各国都十分注重本国国情以及社会对于特殊教育对象的接受规格与要求的变化。

第二，课程政策的变化是为了适应国内与国外的变化。教育作为国家文化传承的方式以及各国文化交流的媒介，其具体课程的政策变化也常常为适应国内外教育的发展而做出改动。

---

① 何侃：《特殊教育研究方法论的突破路径》，载《教育评论》，2008(5)。

第三，课程政策的变化确认了整体的课程取向，越来越强调儿童本位、活动本位的教学方式。关注儿童自身的教学活动有利于课程改革的进行和实施。

第四，课程政策的变化集中于地方课程和校本课程。尽管大多数国家的教育政策由国家统一制定，但随着时代的发展和社会的进步，越来越多的国家在课程开发的过程中会征询多方面的建议和意见，将课程开发和实施的权力下移到地方和学校，给予地方和学校更大的权限。

二、课程内容的发展趋势

首先，各种类型的障碍可能导致特殊儿童语言发展滞后，思维发展缓慢，感知和理解他人及事物较困难。[①] 其次，信息技术能使信息更为生动直观，更加符合特殊儿童的认知特点，使其学习效果更佳。再次，在网络信息技术环境下，通过构建校园网、建立个人学习平台等方式，引导特殊儿童进行网络学习，能更好地满足其学习需求。[②] 最后，网络信息技术对特殊儿童的身心发展及学习效果有显著的正向影响，既为特殊儿童打开一扇与社会接触的窗，帮助其广泛地学习知识，又有利于特殊儿童掌握信息技术，可以帮助其在离开校园后通过网络接受继续教育，获得终身学习的本领。

有研究探索了教育信息化对孤独症儿童教育康复的支持作用。孤独症是一种由中枢神经系统受损引发的广泛性发展障碍，主要具有沟通障碍、兴趣狭窄、行为刻板、感知异常等特点。研究表明，对孤独症儿童进行合适的早期教育与康复可有效改善其状况。[③] 多媒体信息技术集声音、图像、文字、动画于一体，形象直观，能够调动儿童的多种感官参与，并吸引他们的注意力，恰好满足了孤独症儿童的发展需要。因此，已有多个国家利用信息技术开发了孤独症儿童教育康复新方法，如研制 NAO 机器人对孤独症儿童进行干预治疗[④]、应用虚拟现实技术辅助孤独症儿童的日常生活和训练等。[⑤]

信息技术不仅可以服务于特殊儿童和教师，还可以帮助家长掌握有关特殊儿童的康复知识，并为其提供长期的指导和帮助。

[①] 邵辰：《基于信息技术的聋人大学生泛在学习研究——以天津理工大学为例》，硕士学位论文，天津理工大学，2015。

[②] 李天：《现行聋校课程内容的缺陷分析》，载《现代特殊教育》，2003(7-8)。

[③] 胡金萍、郭玉祺、刘金荣等：《自闭症儿童教育与康复体系建设的国际经验探析》，载《绥化学院学报》，2017(1)。

[④] 张婷：《NAO 机器人在自闭症干预中的应用》，载《系统仿真技术》，2013(4)。

[⑤] 林利、刘畅、李春梅：《现代教育技术在自闭症弱中央统合理论实践中的应用初探》，载《价值工程》，2012(9)。

三、课程组织的发展趋势

从世界各国进行的课程变革中我们可以总结出特殊教育课程组织的发展趋势：由过去的以文化知识为中心的学科课程转变为以生活适应为中心的综合课程，且不断加强对校本课程的开发；注重职业教育课程与校本课程的结合，教育康复课程、分科课程与信息化课程的结合。

以培智学校为例，智力障碍儿童的最终培养目标是自食其力、适应社会，因此，各国在培智学校的课程设置上注重培养学生的自理自主、沟通交往、适应社会等能力。例如，美国学校的培智类课程设置以生活自理、适应社会等为主要内容，并加入一些文化知识的教学；对低年级智力障碍儿童进行劳动技能教学，对高年级智力障碍儿童进行职业技能训练，而且注重各个年级学生的功能补偿和康复训练。[1] 教师不仅是课程的执行者，而且是课程的建设者，对校本课程的开发起着至关重要的作用。未来的校本课程开发应关注学生的个体差异，体现地域特色，注意综合性和系统性，由浅入深、由点及面、由近及远，同时加强校际合作，提高质量与效率。[2]

四、课程实施的发展趋势

回顾社会各方面的变革历史，不难发现变革的第一步都是制订计划，但在实施的过程中会发现计划和现实存在矛盾、无法顺利实施。课程变革也不例外，很多课程变革计划失败的原因都是计划无法顺利实施，达不到预期的效果。很多人认为课程变革是领导者和专家的事，忽视了教师在变革中的重要作用。以往教师只能作为课程变革计划的实施者，无法参与制订计划，这导致教师在计划实施过程中并不像预想的那样积极。因此，在特殊教育课程变革中，教师的主体地位应得到彰显。教师不再是单纯的实施者，而是参与者、课程的开发者和创建者。

总结各国的特殊教育课程变革，可以归纳出特殊教育课程实施的总体发展趋势。

第一，忠实取向（强调课程方案的优先性与重要性，强调事先规划的课程方案具有示范作用和权威作用，将课程方案看作固定的、不可变更的东西，实施就是一个执行的过程）逐渐被相互适应取向（把课程实施视为课程设计人员与课程实施者统一修正调整、采取最有效的方法以确保课程实施成效的过程，强调课程实施不是简单的单向传递和接受，而是双向的互动和改变，课程方案有必要因学校教育的实际情境而调整）和

---

① 王辉：《培智学校现行培养目标和课程问题的探析》，载《中国特殊教育》，2003(2)。

② 郁松华：《培智学校校本课程开发的类型分析》，载《中国特殊教育》，2005(10)。

创生取向(在教育情境中，教师与学生根据自己的实际情况与需要，在已有知识、经验、能力、技能、智慧的基础上整合既有的课程变革计划，联合发明、建造、谋划、创造并自然生成新的教育经验①)超越。

第二，教师的专业化发展是课程变革获得成功的基本保证。在特殊教育课程实施的过程中，教师无疑起主导作用。教师不再是单纯的教学活动实施者，而是整个教学活动的设计者、发动者、执行者和管理者，维持整个教学活动的进行和发展。特殊教育教师的参与度越高，课程实施的程度就越大。

第三，信息技术的应用日益增加，多媒体结合的作用日益明显。

第四，国家各级行政部门所下达的改革决策的弹性日益增加，赋予地方和学校在具体组织和安排教学活动时进行适当调整的权限，以达到课程方案最初的目标和期望。

五、课程评价的发展趋势

总体来看，各国特殊教育课程评价发展呈现如下趋势。

第一，课程评价的主体呈现多元化。评价的主体由教师作为权威且单一的评价者逐渐发展为教师、家长、医生、社会工作者、特殊儿童共同组成评价主体。同时，课程评价是一个主体积极参与、共同协商的过程。

第二，课程评价的对象越来越丰富。在特殊教育领域中，课程评价的对象不再局限于教师、学习者、教材、环境这四个被大家普遍接受的因素。在课程改革的过程中，课程评价的对象不断丰富，大体可从宏观、中观、微观三个层面来划分：从宏观层面来看，特殊教育课程评价的对象为课程标准、教材、课程方案等；从中观层面来看，特殊教育课程评价的对象为课程目标、课程组织及课程结构等；从微观层面来看，特殊教育课程评价的对象为教学实施。在不同历史时期中、不同探究层面上、不同评价模式下，课程评价的对象也大不相同。随着改革的推进，课程评价的对象势必会逐渐增加、细化。

第三，目标取向的评价正在被过程取向的评价和主体取向的评价超越。质性评价和量化评价相结合被认为是最基本的评价方略。

第四，课程本位评价和学生本位评价成为世界各国课程改革中不可或缺的一部分。各国越来越重视对课程本身的评价，采用不同的方法从不同的维度对本国特殊教育课程进行测量评价，并将本国的课程推向世界，向其他国家推荐。在这个过程中，对特殊儿童自身发展的评价也是课程评价改革的有机组成部分。

纵观我国特殊教育课程体系的发展历程，在课程政策、课程内容、课程结构、课

---

① 韦冬余、吴义昌：《创生取向课程实施：本质与涵义》，载《天津市教科院学报》，2010(1)。

程实施与课程评价诸方面日渐成熟，在实践过程中进一步结合我国国情，中国特色日益凸显。基于特殊教育课程改革的历程与现实，我国未来特殊教育课程改革需要加强统筹规划，立足于已有经验，继续深入探索、不断前行，追赶时代的步伐，使课程满足特殊儿童的发展需求。

第一，在课程政策上，国家课程、地方课程、校本课程需要不断整合。我国特殊教育课程改革要逐渐向均权化靠近，充分调动国家、地方及学校这三个主要课程改革主体的积极性，以探求国家课程、地方课程与校本课程的内在统一。课程政策是规范与推进课程改革的重要驱动力①，是特殊教育领域中课程知识选择的依据。特殊教育课程政策需要调节特殊教育课程领域内各个主体之间的关系，更好地规范与指导特殊教育课程实施，以实现特殊教育课程的目标。

第二，在课程内容上，学科知识与个体知识需要实现内在整合。过去较长一段时期，我国的课程体系主要为学科本位、社会本位，在这种课程体系下特殊儿童的主体性欠缺。若要建立主体教育观和个性发展观，则需要在相关课程内容的选择上尊重特殊儿童的个体知识，同时可以加入信息时代丰富多样的知识（如信息技术知识），以特殊儿童喜闻乐见的形式反映在课程体系中，并谋求学科知识与特殊儿童个人知识的内在整合。②

同时，特殊教育课程改革应不断更新概念，《特殊教育提升计划（2014—2016年）》明确提出要全面推行全纳教育。随着我国特殊教育课程改革的内容不断融入教育新理念，课程内容的安排越来越合理，能够面向所有特殊儿童，不断满足有不同学习能力与需要的特殊儿童。

第三，在课程结构上，不断更新课程的种类，处理好分科课程与综合课程的关系，以及国家课程、地方课程、校本课程之间的关系，注重普通教育与职业教育的结合。进入21世纪以来，我国不断优化特殊教育学校的课程结构，在九年义务教育阶段的低、中年级主要实施综合课程，在高年级则是综合课程与分科课程相结合。但我国特殊教育课程体系结构仍然需要完善，对各级各类课程改革的总体目标、主要任务、主要措施、组织实施与统筹规划还需要进一步明确和加强。③ 一方面，我国需要进一步加强特殊教育领域立法，为特殊教育课程建设与发展提供一定的法律保障；另一方面，我国需要系统地诠释各级各类特殊教育课程体系建设，帮助各地根据地方实际制定特殊教育课程建设实施方案。特殊教育的课程计划、实施方案及标准还应考虑各类特殊教育学校的课程建设。关于普通教育与职业教育相结合，应不断完善初等教育、初等

---

① 殷世东：《新中国基础教育课程政策变革70年回顾与反思》，载《现代教育管理》，2020(4)。
② 张华：《课程与教学论》，465页，上海，上海教育出版社，2000。
③ 李尚卫：《我国特殊教育课程发展战略：回顾与展望》，载《现代特殊教育》，2019(12)。

职业教育课程体系，进一步丰富九年义务教育阶段特殊教育课程的内涵与资源，而且应加快高中阶段特殊教育课程体系的建设。

第四，在课程实施上，必须最大限度地调动广大教师和学生的主动性、积极性。在课程价值观上必须超越课程实施的忠实取向，逐步转向课程实施的相互适应取向和创生取向。结合我国的实际情况，未来我国特殊教育课程改革可以从义务教育阶段向学前教育阶段和高中及以上教育阶段这两个方向延伸。[①] 20 世纪 90 年代之前，我国主要致力于特殊教育学校的恢复与重建，颁布了三类特殊教育学校的教学计划，着重进行特殊教育学校课程体系建设。20 世纪 90 年代后，我国在普及九年义务教育的同时重点发展残疾人中等职业教育，逐步形成较为系统的残疾人职业教育课程体系，高等特殊教育课程体系也日益受到关注。《特殊教育提升计划（2014—2016 年）》颁布后，我国全面推进全纳教育，不仅进一步完善了义务教育与残疾人职业教育课程，而且日益关注学前教育、残疾人高等教育的发展与高校特殊教育专业的建设。高等特殊教育课程体系日益完善，学前特殊教育课程建设受到关注。

我国特殊教育课程改革的顺利推行离不开强有力的支持和保障体系。在两期特殊教育提升计划的有力推动下，我国特殊教育教师队伍建设和课程教材建设已经取得了显著成效，教育教学质量进一步提升。但我国特殊教育仍然面临一些现实的困难和挑战，例如，部分地区的特殊教育办学条件有待改善、特殊教育教师短缺、教师的整体素质水平有待提高等。[②] 这些都会在一定程度上影响我国特殊教育课程改革的整体质量。因此，未来有必要进一步提升特殊教育保障的水平，为特殊教育课程改革的实施添砖加瓦。应通过多方协作努力增强特殊教育保障能力。特殊教育课程改革的有效实施需要人、财、物各方面的支持和保障。《第二期特殊教育提升计划（2017—2020 年）》明确指出："统筹财政教育支出，倾斜支持特殊教育。加强无障碍设施建设。全面改善特殊教育办学条件。全面加强随班就读支持保障体系建设。健全特殊教育教师编制动态调整机制和待遇保障机制。提高残疾学生资助水平。"各地教育行政部门应加强领导，调动多方力量，因地制宜，不断增强特殊教育保障能力，为特殊教育课程改革营造良好的氛围。

第五，在课程评价上，要超越目标取向的评价，逐步走向过程取向和主体取向的评价。变革课程评价是突破中国基础教育课程改革瓶颈的关键。[③] 在我国以往的课程改革中，评价带有明显的管理主义倾向，评价者往往基于自身进行评价，其目的是对评价对象进行有效控制。未来，我国的特殊教育课程改革首先应重视评价过程，把课程

---

① 李尚卫：《我国特殊教育课程发展战略：回顾与展望》，载《现代特殊教育》，2019(12)。

② 黄志军、曾凡林、刘春玲：《新中国成立 70 年来我国特殊教育课程改革的回顾与前瞻》，载《中国特殊教育》，2019(12)。

③ 张华：《课程与教学论》，465 页，上海，上海教育出版社，2000。

评价视为课程改革的有机构成；其次应在课程价值观上不断超越控制本位的目标取向评价，充分理解课程实践，尊重评价对象的主体性，使用多元价值标准；最后应注重发展性评价，课程评价以促进课程主体的发展为主旨。特殊教育学校应遵循目标多元、方式多样、注重过程的评价原则，通过评价促进每个学生的进步，帮助学生认识自我，促进学生整体素质的提高；各门课程的评价应以课程目标和课程内容为基本依据，充分体现课程的基本理念和特征，尊重学生的个体差异性，促进学生的身心发展。

本章小结

特殊教育课程研究是一个不断进步的过程，不论是在内容上还是在方法上，都有很多需要反思的地方。学者只有对特殊教育课程进行了不同维度的研究，才能为课程改革提出有效的建议和意见。我国特殊教育课程改革还需要借鉴其他国家的经验，结合我国具体国情，择善而从、去粗取精，不断完善我国特殊教育课程体系。

思考题

· **单项选择题**

1. 下列选项中不符合特殊教育发展趋势的是（　　）。

A. 重视早期教育、早期发现和早期干预

B. 实行一体化教育

C. 把特殊儿童安置到特殊教育学校

D. 实行整合教育

2. 下列选项中，完全符合量化研究的特点的是（　　）。

A. 数量化，准确性，可比较，可验证，可推广

B. 数量化，准确性，可比较，可验证，情境性

C. 数量化，准确性，可比较，典型性，可推广

D. 数量化，准确性，特殊性，可验证，可推广

3. 20 世纪（　　）以后，我国在普及九年义务教育的同时，还重点发展残疾人中等职业教育。

A. 70 年代　　　B. 80 年代　　　C. 90 年代　　　D. 60 年代

· **简答题**

1. 请根据自己的理解，谈谈特殊教育研究的趋势。

2. 在特殊教育课程改革中，课程评价应该从哪几个方面进行改革？

3. 在特殊教育课程改革中，课程结构应该从哪几个方面进行改革？

· 论述题

结合我国特殊教育课程改革的现状，从课程政策、课程内容、课程结构、课程实施与课程评价这几个方面论述我国未来特殊教育课程的走向。

本章阅读资料

[1]张华. 课程与教学论[M]. 上海：上海教育出版社，2000.

[2]钟启泉. 课程论[M]. 北京：教育科学出版社，2007.

[3]雷江华，方俊明. 特殊教育学[M]. 北京大学出版社，2016.

[4]顾定倩，朴永馨，刘艳虹. 中国特殊教育史资料选. 北京：北京师范大学出版社，2010.